目次

古文ジャンル解説

古文の作品は、大まかに「**説話**」「**物語**」「**日記**」「**随筆**」「**評論**」の五つのジャンルに分類することができます。ジャンルごとに特徴があるので、それぞれの特徴を知っておくと、読解の助けとなり、短い試験時間の中で正解を出すのに有利になります。

問題を解き始める前に、リード文（古文本文の前に示される説明文）や古文本文の最後に書かれている作品名（出典）を必ず確認しましょう。その作品のジャンルがわかる場合は、ジャンルの特徴や読むときの注意事項を頭に置きながら読み進めます。ジャンルがわからない場合や、作品名が書かれていない場合は、主語や主旨を問う設問などを参考にして、ジャンルを知る手がかりを見つけながら読み進めます。本書は、問題をジャンル別に掲載しています。本書をとおして、**ジャンルを意識した読み方**を身につけましょう。

説話

説話とは、伝説や民話を編者がまとめたものです。世事一般を扱いさまざまな階層の人々の姿を描いた**世俗説話**と、仏教信仰を広めるために書かれた**仏教説話**とに、大きく分けられます。どちらも意図を持って語られており、そこに教訓を読み取ることができます。

◎代表的な作品

世俗説話集＝宇治拾遺物語・今物語・十訓抄・古今著聞集

仏教説話集＝発心集・閑居友・撰集抄・沙石集

世俗説話・仏教説話とも収録した説話集＝今昔物語集・古本説話集

読解ポイント **編者の評価**

一話一話が比較的短く、入試に出題されるときも一話完結の形をとります。主人公の言動が中心に描かれ、長々とした心情描写などは少ないのが特徴です。

文章の構成としては、まず主人公が紹介されます。そして、主人公が出来事に遭遇し、それに対して発言したり行動したりします。最後に、**その言動に対する編者の評価や感想、教訓**が述べられます。編者の評価や感想、教訓を読み取ることが、重要な読解ポイントとなります。

1 主人公の置かれた状況を読み取る（前提）

2 出来事と主人公の言動を読み取る（発端・展開）

▽「動詞」に着眼して、主人公の言動を読み進めます。

3 編者の評価や感想、教訓を読み取る（結末）

▽「形容詞」などに着眼して、評価や感想、教訓を読み取ります。

物語

物語は、いくつかの種類に分類することができます。中でも入試で多く出題されるのは、作り物語と歌物語です。**作り物語**は、虚構の物語で、多くは長編です。**歌物語**は、和歌の詞書(説明文)が発達した、和歌を中心とした物語です。

物語には他に、歴史的事実を物語風に描いた**歴史物語**、武士たちの合戦を主題にした**軍記物語**などがあります。入試では、平安時代の作り物語を模した**擬古物語**も頻出です。

◎代表的な作品

作り物語＝竹取物語・うつほ物語・落窪物語・源氏物語・狭衣物語・堤中納言物語

歌物語　＝伊勢物語・大和物語・平中物語

歴史物語＝栄花物語・大鏡・今鏡・水鏡・増鏡

軍記物語＝保元物語・平治物語・平家物語・太平記

読解ポイント　登場人物の心情

作り物語は、多くは長編で、入試では一部分が切り取られて出題されます。そのため、多くの場合、リード文があり、**人物関係やそれまでの経緯**が説明されています。ですから、まず、リード文の内容をきちんと読み取ることが必要です。そのうえで、本文に書かれた状況の変化と、その変化を受けた**登場人物の心情**を読み取ります。登場人物の心情を描くのが、作り物語の特徴です。

歌物語は、一話一話が比較的短く、入試で出題されるときは一話完結の形をとります。リード文はない場合が多いので、本文から人物関係や状況を把握して、**歌に詠まれた心情**を読み取ります。

作り物語

1　リード文や注から人物関係や状況を読み取る

▽人物関係図があれば参照し、なければ自分で簡単に書きます。

2　本文から状況の変化を読み取る

▽時間の経過や状況の変化などを把握し、場面を確認します。

▽それぞれの場面(段落)の主要な人物を把握します。

3　変化に応じた人物の心情を読み取る

▽因果関係を理解し、人物の心情を読み取ります。

歌物語

1　本文から人物関係を読み取る

▽人物関係の把握によって、状況や心情の理解を深めます。

2　歌の詠まれた状況を読み取る

3 歌に詠まれた心情を読み取る

▽和歌の前後の文章も手がかりにして、掛詞などの修辞を見つけます。修辞は、強調したい部分に用いられるので、心情を読み取るヒントになります。

日記

日記とは、自分の身の周りで起きた出来事を回想的に記したもので、旅行中の見聞や感想を記した**紀行文**や、個人の和歌を集めた**私家集**のうち詞書が長く日記的要素の強いものも、日記のジャンルに含まれます。

◎代表的な作品

日記　＝土佐日記・蜻蛉日記・和泉式部日記・紫式部日記・更級日記・讃岐典侍日記・うたたね
紀行文＝海道記・東関紀行・十六夜日記・都のつと・おくのほそ道
私家集＝四条宮下野集・成尋阿闍梨母集・建礼門院右京大夫集

読解ポイント　「私」（＝筆者）の心情

入試では長い作品の一部が切り取られて出題されるので、多くの場合、リード文があります。まず、リード文で**人物関係やそれまでの経緯**を読み取ります。

日記の最大の特徴は、**「私」（＝筆者）という一人称の主語が省略されること**です。場合によっては、筆者の心を占めている相手（夫や恋人）を示す主語も省略されます。したがって、**主語を考えて読み進める**ことが鍵となります。そのうえで、「私」の身に起きた出来事、そのときの**「私」の心情**を読み取ります。

1 リード文から人物関係やそれまでの経緯を読み取る

2 省略されている主語（「私」など）を補って読み進める

▽「助詞」や「敬語」に着眼し、主語を決定します。

3 「私」の身に起きた出来事を読み取る

4 出来事に遭遇したときの「私」の心情を読み取る

▽「私」や他者の言動に着眼し、心情を読み取ります。

随筆

随筆とは、筆者が日常の中で感じたことや強いこだわりを持っていることを、思いつくままに書いたものです。

◎代表的な作品

枕草子・方丈記・徒然草・折たく柴の記・玉勝間・花月草紙

読解ポイント　筆者のこだわり（好悪）

一話が比較的短く、入試で出題されるときは、多くの場合、一話完結の形をとります。

リード文はない場合がほとんどなので、本文から**筆者の関心事（テーマ）**を把握します。具体例や対比に着目しながら読み進めて、**筆者の「こだわり（好悪）」や「価値観」**を読み取ります。強いこだわりは筆者の主義・主張に通じますから、その点は「評論」に似ていますが、論理的でないところが「随筆」の特徴です。

1　筆者の関心事（テーマ）を把握する
2　具体例や対比を読み取る
3　筆者の「こだわり」や「価値観」を読み取る
▽プラスの評価（好き）とマイナスの評価（嫌い）を把握して、結論を読み取ります。

評論

古文で出題される評論には、歌論や能楽論などがあります。歌論や能楽論は、歌や能に対する筆者の見解や是非を論じたものです。

◎代表的な作品
俊頼髄脳（としよりずいのう）・無名草子（むみょうぞうし）・無名抄（むみょうしょう）・毎月抄（まいげつしょう）・風姿花伝（ふうしかでん）・歌意考（かいこう）・源氏物語玉の小櫛（たまのおぐし）

読解ポイント　筆者の主張（是非）

入試では、一話完結の形で出題される場合はリード文がなく、長い文章を切り取って出題される場合にはリード文があります。リード文がある場合には、まずリード文をしっかり読んで、**評論のテーマ**を把握します。

本文は、具体例や対比に着目しながら読み進め、**論理的な根拠**を確認して、**筆者の「主張（是非）」**を読み取ります。具体例や対比が示される点は「随筆」と共通していますが、根拠を示して論理的に論じているのが「評論」の特徴です。

1　評論のテーマを把握する
2　具体例や対比を読み取る
3　論理的な根拠を読み取る
4　筆者の主張を読み取る
▽プラスの評価（是）とマイナスの評価（非）を把握して結論を読み取ります。

法政大学 古本説話集（こほんせつわしゅう）

学習テーマ▼ 初回は和歌を中心とした世俗説話を扱います。主人公の言動に通底する強い思いを意識しながら読み進め、編者の心を打った人間像はどのようなものか読み取りましょう。

目標解答時間 30分

本冊（解答・解説）p.16

◆次の文章を読んで、後の問に答えよ。

今は昔、長能（ながたう）(注1)、道済（みちなり）(注2)といふ歌詠みども、1いみじう挑み交はして詠みけり。長能は、蜻蛉の日記したる人の兄人（せうと）、伝はりたる歌詠み、道済、信明（さねあきら）といひし歌詠みの孫にて、いみじく挑み交はしたるに、鷹狩(注3)の歌を、二人詠みけるに、長能、

あられ降る交野（かたの）の御野（みの）の狩衣（かりごろも）ぬれぬ宿かす人しなければ

道済、

ぬれぬれもなほ狩りゆかむはしたか(注4)の上毛（うはげ）の雪をうち払ひつつ

と詠みて、おのおの「我がまさりたり」と論じつつ、四条大納言(注5)の許（もと）へ二人参りて、判ぜAさせ奉るに、大納言のたまふ、「ともによきにとりて、2あられは、宿借るばかりは、いかで濡れむぞ。ここもとぞ劣りたる。歌柄はよし。道済がは、さ言はれたり。末の世にも集などにも入りBなむ」とありければ、道済、舞ひ奏でて出でぬ。長能、物思ひ姿にて、出でにけり。さきざき何事も、長能は上手（うはて）を打ちけるに、この度は本意（ほい）なかりけりとぞ。

春を惜しみて、三月小(注6)なりけるに、長能、

心憂き年にもあるかな二十日あまり九日といふに春の暮れぬる

と詠み上げけるを、例の大納言、「春は二十九日のみあるか」とのたまひけるを聞きて、[3]ゆゆしき過ちと思ひて、物も申さず、音もせで出でにけり。さて、そのころより、[X]例ならで重きよし聞き給ひて、大納言、とぶらひにつかはしたりける返り事に、「「春は二十九日あるか」と候ひしを、[Y]あさましき僻事（ひがごと）をもして候ひけるかなと、心憂く嘆かしく候ひしより、かかる病になりて候ふ也」と申して、ほどなく失せにけり。[4]「さばかり心に入りたりしことを、よしなく言ひて」と、後まで大納言はいみじく嘆き給ひけり。あはれに[Z]すきずきしかりけることどもかな。

（『古本説話集』より）

注

1 長能 ―― 藤原長能。平安時代の歌人。
2 道済 ―― 源道済。平安時代の歌人。
3 鷹狩 ―― 鷹と犬を用いて、鳥を捕る狩。
4 はしたか ―― 狩に使う鷹。
5 四条大納言 ―― 藤原公任。平安時代の歌人で、この時代を代表する学才の持ち主であった。
6 三月小 ―― 陰暦で二十九日ある月を「小」、三十日ある月を「大」という。

問一 二重傍線部A「させ」B「なむ」について、文法的用法が同じものを次の中からそれぞれ一つ選べ。(各2点)

A「させ」

ア かへり入らせ給はむ事はあるまじくおぼして、しか申させたまひけるとぞ。

イ この帝、貞観九年丁亥五月五日、生まれさせたまふ。

ウ この宮に御覧ぜさせむとて、『三宝絵』は作れるなり。

エ 「小さきはあへなむ」と、おほやけも許させたまひしぞかし。

オ 王威の限りなくおはしますによりて、理非を示させたまへるなり。

B「なむ」

ア よそ人にてまじらひたまはむ、見ぐるしかりなむ。

イ その薬食ひたる人は、かく目をなむ病む。

ウ よひよひごとに、うちも寝ななむ。

エ さあらむ所に、一人往なむや。

オ 「こと出で来なむず、いみじきわざかな」とおぼしたり。

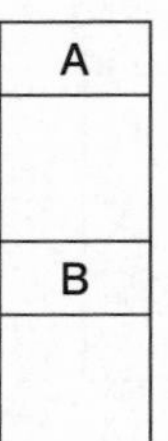

A
B

問二　傍線部X「例ならで重きよし」Y「あさましき僻事」Z「すきずきしかりけること」の本文中における意味として最も適切なものを次の中からそれぞれ選べ。（各2点）

X「例ならで重きよし」

ア　今までにないほど落ち込んでいること
イ　以前の出来事以上に憤っていること
ウ　投獄され重罪に処せられること
エ　病気になり状態が非常に悪いこと
オ　前代未聞の失敗で気後れしていること

Y「あさましき僻事」

ア　あきれるほどの失態
イ　浅はかに見える仕返し
ウ　前後の見境のない愚行
エ　おごり高ぶった悪事
オ　皆を驚かせるいたずら

Z「すきずきしかりけること」

ア　過ちに対し意固地になりすぎたこと

イ　風流の道に熱心であったこと

ウ　皆が興ざめに感じてしまったこと

エ　和歌の道にはそぐわなかったこと

オ　過ちに対し清廉潔白であったこと

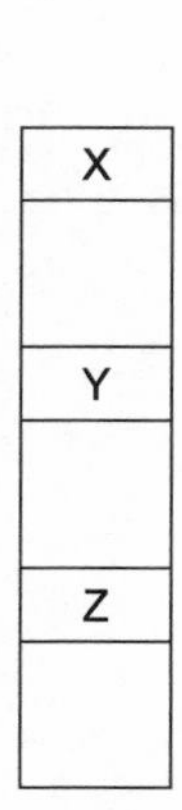

問三　傍線部１「いみじう挑み交はして詠みけり」とあるが、長能と道済の関係の説明として最も適切なものを次の中から選べ。（４点）

ア　鷹狩の歌の勝負には長能が勝ったが、以前の勝負では道済の方が優勢であった。

イ　鷹狩の歌の勝負には道済が勝ったが、以前の勝負では長能の方が優勢であった。

ウ　鷹狩の歌の勝負には長能が勝ったように、以前から長能の方が優勢であった。

エ　鷹狩の歌の勝負には道済が勝ったように、以前から道済の方が優勢であった。

オ　鷹狩の歌の勝負も互角であったように、普段から互角の勝負をくりひろげていた。

カ　鷹狩の歌の勝負では互角であったが、以前の勝負では道済の方が優勢であった。

キ　鷹狩の歌の勝負では互角であったが、以前の勝負では長能の方が優勢であった。

問四　傍線部２「あられは、宿借るばかりは、いかで濡れむぞ」を現代語訳し、記せ。（６点）

問五　傍線部３「ゆゆしき過ち」とはどのようなことか。最も適切なものを次の中から選べ。（４点）

ア　三月は小の月であるにもかかわらず、長能が三十日まである意の歌を詠んでしまったこと。

イ　四月から本格的に春になると思った大納言が、「春は二十九日に暮れるはずがない」と批判したこと。

ウ　まだ九日残っているにもかかわらず、長能が三月の終わりを惜しむ歌を詠んでしまったこと。

エ　歌の中で「二十九日」が強調されていたので、大納言が春は一日で終わると解釈してしまったこと。

オ　春は三ヶ月あるのに、長能が二十九日間しかないように誤解される歌を詠んでしまったこと。

問六　傍線部４「さばかり心に入りたりしことを、よしなく言ひて」といった大納言の心情として、最も適切なものを次の中から選べ。（4点）

ア　長能の苦しみの原因がわからないため、自身の和歌の評価が適切だったか顧みている。
イ　長能がどれほど和歌に一途であったかを十分に理解していなかったと悔やんでいる。
ウ　長能が二度も和歌を酷評されたことを恨みに思っていたのだとわかり、反省している。
エ　長能の和歌の真意を手紙ではじめて知り、自分の評価が至らなかったと恥じている。
オ　長能は和歌の失敗が原因で死んだと知ったが、その苦しみが理解できないでいる。

問七　波線部「蜻蛉の日記したる人」とは誰のことか。次の中から一人選べ。（2点）

ア　阿仏尼　　イ　菅原孝標女　　ウ　和泉式部
エ　建礼門院右京大夫　　オ　藤原道綱母

チャレンジ問題

18行目「あはれにすきずきしかりけることどもかな」で、この文章の作者（編者）は、どのような点を「あはれにすきずきしかりける」ととらえているのか。後半部の説話に関して、六十字以内で具体的に説明せよ。

（東京都立大学）

2 説話

青山学院大学 発心集（ほっしんしゅう）

学習テーマ ▼ 今回は仏教説話を扱います。対照的な二人の登場人物の価値観を捉えながら読み進め、主人公の生き方を通して見えてくる仏教の教えを読み取りましょう。

目標解答時間 30分

本冊（解答・解説）p.28

◆ 次の文章を読んで、後の問に答えよ。

八幡別当頼清が遠類にて、永秀法師といふ者ありけり。家貧しくて、心[1]すけりける。夜昼、笛を吹くよりほかの事なし。かしかましさにたへぬ隣り家、やうやう立ち去りて、後には人もなくなりにけれど、さらに[a]いたまず。さこそ貧しけれど、おちぶれたるふるまひなどはせざりければ、さすがに人いやしむべき事なし。

頼清聞き、あはれみて使ひやりて、「などかは何事ものたまはせぬ。かやうに侍れば、[2]さらぬ人だに、事にふれてさのみこそ申し承る事にて侍れ。うとくおぼすべからず。便りあらん事は、はばからずのたまはせよ」といはせたりければ、「返す返す、かしこまり侍り。年ごろも申さばやと思ひながら、身のあやしさに、かつは恐れ、かつははばかりてまかり過ぎ侍るなり。深く望み申すべき事侍り。すみやかに参りて申し侍るべし」といふ。「何事にか。よしなき情けをかけて、[3]うるさき事やいひかけられん」と思へど、「[4]かの身のほどには、いかばかりの事かあらん」と思ひあなづりて過ごすほどに、ある片夕暮に出で来たれり。すなはち、[b]出で合ひて、「何事に」などいふ。「あさからぬ所望侍るを、思ひ給へてまかり過ぎ侍りし程に、一日の仰せを悦びて、左右なく参りて侍る」といふ。「疑ひなく、所知など望むべきなめり」と思ひて、これを尋ぬれば、「筑紫に御領多く侍れば、漢竹（かんちく）の笛の、事よろしく侍らん、一つ召して給はらん。これ、身にとりてきはまれる望みにて侍れど、あやしの身には得がたき物にて、年ごろ、5（　A　）まうけ侍らず」といふ。

思ひのほかに、いとあはれに覚えて、「いといとやすき事にこそ。すみやかに尋ねて、奉るべし。そのほか、御用ならん事は侍らずや。月日を送り給ふらん事も心にくからずこそ侍るに、さやうの事も、などかは承らざらん」といへば、「御志はかしこまり侍り。されど、それは事欠け侍らず。二三月に、かく帷（かたびら）一つまうければ、十月までは、さらに望む所なし。また、朝夕の事は、おのづからあるにまかせつつ、とてもかくても過ぎ侍り」といふ。

「げに、すきものにこそ」と、あはれにありがたく覚えて、笛いそぎ尋ねつつ送りけり。また、6さこそいへど、月ごとの用意など、まめやかなる事どもあはれみ沙汰しければ、それが有るかぎりは、八幡の楽人（がくにん）呼び集めて、これに酒まうけて、日ぐらし楽（がく）をす。失すればまた、ただ一人笛吹きて明かし暮らしける。後には、笛の功つもりて、並びなき上手になりけり。

かやうならん心は、何につけてかは深き罪も侍らん。

（『発心集』による）

注
遠類――遠い親類。
所知――領地。
漢竹――竹の一種。中国産ともいわれるが、九州に多く産したか。
帷――裏地をつけない着物。

問一 傍線部1「すけりける」の「す」に漢字をあてる場合、最適なものを、次のア〜オから選べ。(2点)

ア 隙　イ 澄　ウ 空
エ 助　オ 好

問二 波線部a「いたまず」、b「出で合ひて」の主語にあたる言葉は、それぞれ何か。最適なものを、次のア〜オから選べ。(各2点)

ア 頼清　イ 永秀　ウ 頼清と永秀
エ 隣り家　オ 楽人

a
b

問三 傍線部2「さらぬ人だに、事にふれてさのみこそ申し承る事にて侍れ」の内容として最適なものを、次のア〜オから選べ。(4点)

ア 別に身よりでもない人でさえ、何かにつけて援助を頼みにくるものです。
イ 悪気のない人であっても、ことあるごとに問題をおこすことになります。
ウ 遠慮しない人たちは、いつも何かと相談をもちかけてきます。

エ　遠くに行ってしまったわけではなくとも、どうしても縁遠くなってしまいます。
オ　いつもはそ知らぬ顔をしている人でも、困った時には何かと話しかけてきます。

問四　傍線部3「うるさき事やいひかけられん」は、具体的にはどのようなことを予想した言葉か。文中から、それを示す言葉を、「〜こと」に続ける形で、六字以内(句読点を含む)で書き抜いて示せ。(4点)

こと

問五　傍線部4「かの身のほどには、いかばかりの事かあらん」の内容として最適なものを、次のア〜オから選べ。(4点)

ア　あのような者に、何ができるというのか。たいした期待はできないだろう。
イ　あのような者に、私はいったい何をしてあげられるというのか。何もできそうにない。
ウ　あのような者には、将来、どのような事件が待っているのだろうか。心配だ。
エ　あのような者が、どれほど大きな願い事をするというのか。気にすることもあるまい。
オ　あのような者でも、これから何をなしとげるかわからない。注目すべきだ。

問六　傍線部５「（　Ａ　）まうけ侍らず」が、「入手することができません」の意味になるように、空欄Ａにひらがな一字を入れよ。（２点）

問七　傍線部６「さこそいへど」の内容として最適なものを、次のア～オから選べ。（４点）

ア　頼清には関わらないことだが。
イ　頼清は、永秀を尊敬するようにはなったが。
ウ　永秀は、いらないと言っていたが。
エ　十月までは必要のないことだったが。
オ　もはや、すべて終わってしまったことではあったが。

問八　この文章の内容に合うものを、次のア～オから一つ選べ。（6点）

ア　永秀には望みがあったが、頼清に遠慮して、自分からは申し出なかった。

イ　頼清は、才能を秘めた永秀が、自分を頼ってくることを期待していた。

ウ　永秀の願い事は、頼清が予想していたとおりの内容だった。

エ　遠慮深い永秀は、頼清の厚意に甘えず、願い事を常識的なものにとどめた。

オ　頼清は、永秀のおかげで音楽の道に目覚め、共に暮らすようになった。

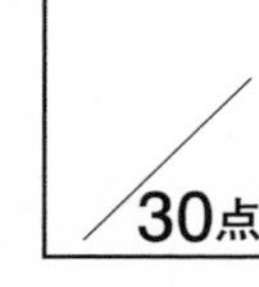

チャレンジ問題

24行目に、「かやうならん心は、何につけてかは深き罪も侍らん」という筆者の感想が述べられている。「かやうならん心」とは、どのような心か。二十字程度で簡潔に答えよ。（九州大学）

3 説話

学習院大学 今物語（いまものがたり）

学習テーマ▼ 今回は物語風の説話を扱います。この文章の主人公は誰なのか、またその主人公のどのようなふるまいが編者の心を捉えたのかを読み取りましょう。

目標解答時間 30分

本冊（解答・解説）p.40

◆次の文章を読んで、後の問に答えよ。

大納言なりける人、小侍従（こじじゅう）と<u>A聞こえし</u>歌よみにかよはれけり。ある夜、物いひて、暁帰られけるに、女の家の<u>Bかど</u>をやり出だされけるが、きと見返りたりければ、この女、なごりを思ふかとおぼしくて、車寄せの簾（すだれ）に<u>Cすき</u>て、ひとり残りたりけるが、心にかかりおぼえ［ア］ければ、供なりける蔵人に、「いまだ入りやらで見送りたるが、ふり捨てがたきに、<u>Dなにとまれ言ひて</u>［イ］」とのたまひければ、「ゆゆしき大事かな」と思へども、ほど<u>Eふ</u>べき事ならねば、やがて走り入りぬ。車寄せの縁（えん）のきはにかしこまりて、「申せと候ふ」とは、<u>F左右（さう）なく</u>言ひ出でたれど、なにと言ふべき言の葉もおぼえ［ウ］に、をりしもゆふつけ鳥、声々に鳴き出でたりけるに、「<u>Gあかぬ別れの</u>」といひける事の、きと思ひ出でられければ、

　ものかはと君が言ひけん鳥の音（ね）の<u>H今朝しもなどかかなしかるらん</u>

とばかり言ひかけて、やがて走りつきて車の尻に乗りぬ。

家に帰りて、中門（ちゅうもん）におりて後、「さても、なにとか言ひたりつる」と問ひ給ひければ、「<u>Iかくこそ</u>」と申しければ、いみじくめでたがられけり。「さればこそ、使ひにははからひつれ」とて、<u>Jかん</u>のあまりに、し

る所など［エ］たりけるとなん。この蔵人は内裏の六位などへて、「やさし蔵人」と言はれける者なりけり。この大納言も、後徳大寺左大臣の御事なり。

（『今物語』による）

注
小侍従――一二世紀後半の女流歌人。
きと――ふと。
ゆふつけ鳥――鶏。
中門――寝殿造りの建物で、南庭からの出入りの門。
後徳大寺左大臣――藤原実定（一一三九～九一）。

問一　傍線部B「かど」、C「す」、E「ふ」、J「かん」を漢字に直して、記しなさい。（各1点）

B	C	E	J

問二　傍線部A・D・F・Kの本文中の意味として、もっとも適切なものを、次の1～4の中からそれぞれ一つ選びなさい。（各2点）

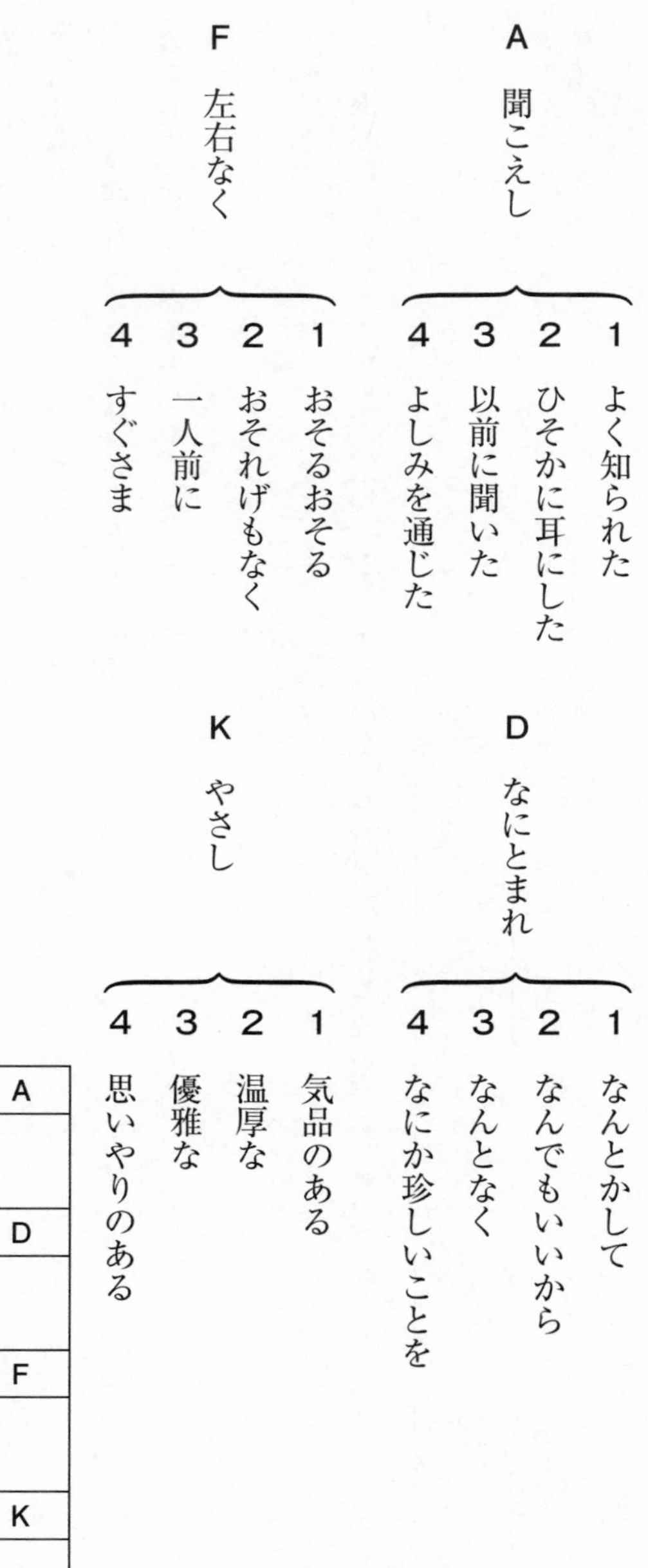

A　聞こえし
1　よく知られた
2　ひそかに耳にした
3　以前に聞いた
4　よしみを通じた

D　なにとまれ
1　なんとかして
2　なんでもいいから
3　なんとなく
4　なにか珍しいことを

F　左右なく
1　おそるおそる
2　おそれげもなく
3　一人前に
4　すぐさま

K　やさし
1　気品のある
2　温厚な
3　優雅な
4　思いやりのある

A
D
F
K

問三　空欄アには「つ」、イには「く」、ウには「ず」、エには「たぶ」を、それぞれ活用させた語が入ります。適切に活用させて記しなさい。（各1点）

ア	イ	ウ	エ

問四　傍線部G「あかぬ別れの」は、ある有名な和歌の一句です。この和歌について、次のa・b二つの問いに答えなさい。（各2点）

a　この「あかぬ別れの」の和歌として、もっとも適切なものを次の1～4の中から一つ選びなさい。

1　入りぬるかあかぬ別れのかなしさを思ひ知れとや山のはの月

2　ならひにきあかぬ別れの暁もかかるなごりはなかりしものを

3　もろともにあかぬ別れの後朝（きぬぎぬ）にいづれの袖か濡れまさるらん

4　待つよひにふけゆく鐘の声聞けばあかぬ別れの鳥はものかは

b　この和歌はだれによって作られたと思われますか。次の1～5の中から一つ選びなさい。

1　大納言なりける人　2　昔の有名歌人　3　小侍従

4　当代の有名歌人　5　蔵人

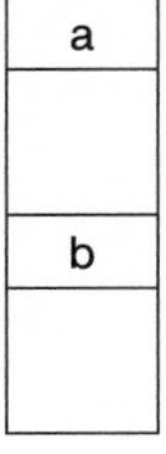

問五　傍線部Ｈ「今朝しもなどかかなしかるらん」の意味として、もっとも適切なものを次の１～４の中から一つ選びなさい。（２点）

１　今朝だけなんでせつないなどということがありましょうか。いやありません。
２　今朝もまたどうしてあなたのことがいとしいのでしょう。
３　今朝ほどなぜかあなたのことがいとしいと思われたことはありません。
４　今朝にかぎってなぜこんなにせつないのでしょう。

問六　傍線部Ｉ「かくこそ」は、係り結びの語句が省略されています。結びの語句として、もっとも適切なものを次の１～４の中から一つ選びなさい。（３点）

１　のたまひ侍りつれ。
２　申し候ひつれ。
３　のたまひおはしつれ。
４　申し給ひつれ。

問七　本文の内容に合致するものを、次の1〜5の中から一つ選びなさい。（5点）

1　小侍従は大納言が一人で出てゆくのが気がかりだったので、蔵人に供をするように命じた。

2　蔵人は和歌におぼえがあったので、命じられた役目に晴れがましい思いで臨んだ。

3　蔵人は無粋な男ではあったが、鶏の声でかろうじて一首の和歌を思いついた。

4　大納言は蔵人の和歌の才をあらかじめ知っていたので、彼を使いに出した。

5　機知にとんだ和歌を詠んだ蔵人は、ほうびとして朝廷から領地を与えられた。

30点

チャレンジ問題

12行目「やさし蔵人」について、蔵人にそのような異名がついたのはなぜか。本文の逸話をふまえて、その理由を三十五字以内で答えよ。（北海道大学）

4 物語

早稲田大学 文学部
平中物語（へいちゅうものがたり）

学習テーマ▼ 今回は物語の中でも「歌物語」を扱います。段落ごとの主要な人物に着眼して読み進め、歌の詠まれた状況を捉えて、歌に込められた詠み手の心情を読み取りましょう。

目標解答時間 **30分**

本冊（解答・解説）p.50

◆次の文章を読んで、後の問に答えよ。

また、この男、市（いち）といふところにいでて、透影（すきかげ）によく見えければ、ものなどいひやりけり。受領（ずりやう）などの娘にぞありける。まだ、男などもせざりけり。后（きさい）の宮のおもと人にぞありける。さて、男も女も、おのおの帰りて、男、尋ねておこせたる、

　ももしきの袂（たもと）の数は知らねどもわきて思ひの色ぞこひしき

かくいひいひて、あひにけり。

　そののち、文（ふみ）もおこせず、またの夜も来ず。かかれば、使人（つかひびと）など、わたると聞きて、「人にしもありありて。かう音（おと）もせず、〈イ〉みづからも来ず、人をも奉れたまは[a]ぬこと」などいふ。[1]心地に思ふことなれば、くやしと思ひながら、とかく思ひみだる[b]るに、〈ロ〉四五日になりぬ。女、ものも食はで、音（ね）をのみ泣く。ある人々、「なほ、かうな思ほしそ。人に知ら[c]れたまはで、異（こと）ごとをもしたまへ。[2]さておはすべき御身かは」などいへば、ものもいはで[3]籠りゐて、いと長き髪をかき撫（な）でて挟（はさ）みつ。使ふ人々嘆けど、かひなし。

A 、来て、つとめて、人やらむと4しけれど、官（つかさ）の督（かみ）、にはかにものへいますとて、率（ゐ）ていましぬ。さらに帰したまはず、からうして帰る道に、亭子（ていじ）の院の召使（めしつかひ）来て、やがて5まゐる。大堰（おほゐ）におはします御供に仕うまつる。そこにて二三日は酔（ゑ）ひまどひて、〈ハ〉もの覚えず。夜ふけて6帰りたまふに、いかむとあれば、〈ニ〉みな人々つづきて、たがへにいd ぬ。この女いかに思ふらむとて、夜（よ）さり、〈ホ〉心もとなければ、文やらむとて書くほどに、人うちたたく。「たれぞ」といへば、「尉（ぞう）の君に、もの聞えe む」と7いふを、さしのぞきて見れば、この女の人なり。「文」とてさしいでたるを見るに、切髪を包みたり。あやしくて、文を見れば、

あまの川空なるものと聞きしかどわが目のまへの涙なりけり

B になるべしと思ふに、目くれぬ。返し、男、

世をわぶる涙ながれて早くともあまの川にはさやはなるべき

ようさり、いきて見るに、いとまがまがしくなf む。

（『平中物語』による）

注
官の督 ―― 右兵衛督。
亭子の院 ―― 宇多法皇。
大堰 ―― 大堰川。現在の京都嵐山あたりを流れる。
尉 ―― 右兵衛尉。

問一　傍線部１「心地に思ふことなれば」の意味として最も適切なものを次の中から選べ。（3点）

イ　女は自分で考えてみても、男を通わせるのが早かったと思っていたので。

ロ　女は自分でも、頼みにできない男を通わせてしまったと思っていたので。

ハ　女の召使いは、男を通わせてはいけないと思っていたところなので。

ニ　女の召使いは内心、恋多き男だと思い始めていた時だったので。

ホ　女は近頃、男がなぜ通ってこないのかと疑問に思っていたので。

□

問二　傍線部２「さておはすべき御身かは」の意味として最も適切なものを次の中から選べ。（3点）

イ　そうしていらっしゃるようなご身分でありましたら。

ロ　そのままいらっしゃってかまわないお方でしょう。

ハ　そのままいらっしゃってよいお相手でしょうか。

ニ　そうしていらっしゃってよい方ではありません。

ホ　そのままいらっしゃるべきご身分でしょうね。

□

問三　傍線部3～7の主語をイ「男」、ロ「女」、ハ「イ・ロ以外の人物」に分類するとき、それぞれどれに該当するかをイ～ハの中から選べ。（各1点）

3
4
5
6
7

問四　波線部a～fのうち、助動詞を三つ選べ。（各1点　順不同）

問五　次の語句が入る最も適切な位置を、文中の〈イ〉～〈ホ〉のうちから選べ。（4点）

方ふたがりたれば、

問六　空欄 A に入る最も適切な語句を次の中から選べ。(5点)

イ　あはむとするやうは

ロ　来ざりけるやうは

ハ　文奉りたるやうは

ニ　率ていますやうは

ホ　通ひけるやうは

問七　空欄 B に入る最も適切な語(漢字一字)を、記せ。(5点)

問八　『平中物語』の成立から最も隔たった時期に成立した作品を一つ選べ。(2点)

イ　徒然草　ロ　方丈記　ハ　文華秀麗集　ニ　俊頼髄脳　ホ　建礼門院右京大夫集

チャレンジ問題

19行目「あまの川空なるものと聞きしかどわが目のまへの涙なりけり」の歌に込められた「女」の心情を説明しなさい。（岡山大学）

/30点

5 物語

立教大学 源氏物語

学習テーマ▼今回は作り物語の源氏物語を扱います。長編なので、出題される場面によって登場人物が異なります。段落ごとに登場人物や人物関係を把握して、それぞれの心情を読み取りましょう。

目標解答時間 30分

本冊（解答・解説）p.62

◆左の文章は、父・八の宮を亡くした姫宮（大君）と中の宮（中の君）が、宇治の地で女房（弁の尼）たちとわびしく過ごすところに、薫が慰問する場面である。これを読んで後の問に答えよ。

御服(注1)などはてて、脱ぎ棄てたまへるにつけても、(1)片時もおくれたてまつらむものと思はざりしを、はかなく過ぎにける月日のほどを思すに、いみじく思ひの外なる身のうさと、泣き沈みたまへる御さまども、いと心苦しげなり。月ごろ黒くならはしたまへる御姿、薄鈍(注2)にて、いと(2)なまめかしくて、中の宮はげにいと盛りにて、(3)うつくしげなるにほひまさりたまへり。御髪などすましつくろはせて見たてまつり(イ)たまふに、世のもの思ひ忘るる心地して、めでたければ、人知れず、近劣り(注3)しては思はずやあらむと頼もしくうれしくて、今はまた見譲る(注4)人もなくて、親心にかしづきたてて見(ロ)きこえたまふ。

かの人(注5)は、つつみ(注6)きこえたまひし藤の衣もあらためたまへらむ(4)九月も(5)静心なくて、またおはしたり。「例のやうにきこえむ」と、また御消息あるに、心あやまり(注7)して、わづらはしくおぼゆれば、とかく(6)きこえすまひて対面したまはず。「思ひのほかに心憂き御心かな。人もいかに思ひはべらむ」と、御文にてきこえたまへり。「今はとて脱ぎ棄てはべりしほどの心まどひに、(7)なかなか沈みはべりてなむ、(8)えきこえぬ」とあり。
恨(うら)みわびて、例の人(注8)召してよろづにのたまふ。(ハ)世に知らぬ心細さの慰めには、この君(9)をのみ頼みきこえたる人々なれば、思ひにかなひたまひて、世の常の住(す)み処(か)に移ろひなどしたまはむを、いとめでたかるべきことに言ひあはせて、「ただ入れたてまつらむ(10)」と、みな語らひあはせけり。

(『源氏物語』による)

注

1 御服 —— 八の宮が亡くなった後、姫宮と中の宮が喪に服す期間のこと。
2 薄鈍にて —— 姫宮と中の宮の服装が、喪服から薄ねずみ色の衣装に変わった様子をいう。
3 近劣り —— 側で見て、期待はずれでがっかりすること。
4 見譲る人 —— 中の宮のお世話を任せられる人のこと。
5 かの人 —— 薫。
6 つつみきこえたまひし藤の衣 —— 姫宮が藤の衣(喪服)を着用する喪服期間を口実に、薫との対面を遠慮してきたことを表す。
7 心あやまり —— 姫宮の気分がすぐれない様子をいう。
8 例の人 —— 弁の尼。

問一 ――線部(1)の解釈として最も適当なもの一つを、左記各項の中から選び、番号で答えよ。（3点）

1 一瞬でも八の宮亡き後まで生き残っていられるだろうとは思わなかったのに
2 いつまでも八の宮のおそばにいられるだろうとは思わなかったのに
3 近いうちに八の宮と別れて結婚できるだろうとは思わなかったのに
4 時がたてばすべてを忘れて生きていけるだろうとは思わなかったのに
5 いつかは幸せな日を迎えることができるだろうとは思わなかったのに

問二 ――線部(2)の現代語訳を五字以内で記せ。ただし、句読点は含まない。（4点）

問三　――線部(3)の解釈として最も適当なもの一つを、左記各項の中から選び、番号で答えよ。（3点）

1　かぐわしい香りに満ちていらっしゃった
2　心細そうな様子でひどく嘆いていらっしゃった
3　かわいらしい美しさは優れていらっしゃった
4　はかなげな風情ですがっていらっしゃった
5　幼い子供のように無邪気でいらっしゃった

問四　――線部(4)について。陰暦九月の異名を、平仮名・現代仮名遣いで記せ。（2点）

問五　――線部(5)の意味として最も適当なもの一つを、左記各項の中から選び、番号で答えよ。（2点）

1　名残おしくて
2　不満な気持ちで
3　嘆かわしくて
4　腹立たしくて
5　待ちかねて

問六　――線部(6)の解釈として最も適当なもの一つを、左記各項の中から選び、番号で答えよ。（2点）

1　聞き耳をお立てになって
2　お断り申しあげて
3　聞き捨てになって
4　寝たふりをなさって
5　様子をおうかがいになって

問七 ――線部(7)の解釈として最も適当なもの一つを、左記各項の中から選び、番号で答えよ。(2点)

1 ますます無口になりまして
2 ますます遠慮されまして
3 かえって気持ちが落ち着きまして
4 かえって白々しく思われまして
5 かえって悲しみが深まりまして

問八 ――線部(8)の文法的な説明として最も適当なもの一つを、左記各項の中から選び、番号で答えよ。(2点)

1 名詞＋動詞の未然形＋完了の助動詞の終止形
2 名詞＋動詞の連用形＋完了の助動詞の終止形
3 副詞＋動詞の連用形＋完了の助動詞の終止形
4 副詞＋動詞の未然形＋打消の助動詞の連体形
5 副詞＋動詞の連用形＋打消の助動詞の連体形

問九 ――線部(9)は誰のことか。左記各項の中から最も適当なもの一つを選び、番号で答えよ。(2点)

1 八の宮　2 姫宮　3 中の宮

4 薫　5 弁の尼

問十 ――線部(10)は、誰を入れるというのか。左記各項の中から最も適当なもの一つを選び、番号で答えよ。(2点)

1 八の宮　2 姫宮　3 中の宮

4 薫　5 弁の尼

問十一 〰〰線部(イ)〜(ハ)は、それぞれ誰に対する敬意を表すか。左記各項の中から最も適当なものを一つずつ選び、番号で答えよ。ただし、同じ番号を何度用いてもよい。(各2点)

1 八の宮　2 姫宮　3 中の宮

4 薫　5 弁の尼

(イ)	(ロ)	(ハ)

チャレンジ問題

14行目「ただ入れたてまつらむ」について、女房たちがこのように決めた理由を本文の内容に即して説明せよ。（オリジナル）

30点

早稲田大学 教育学部

今鏡（いまかがみ）

学習テーマ▼ 今回は歴史物語を扱います。年代順に歴史を述べる「編年体」ではなく、「紀伝体」で書かれていますので、英雄伝のように読むことができます。主人公の人物像を読み取りましょう。

目標解答時間 **30分**

本冊（解答・解説） p.72

◆次の文章を読んで、後の問に答えよ。

かの九条の民部卿の四郎にやおはしけむ、侍従の大納言成通と申すこそ、よろづの事、能多く聞こえ給ひしか。笛・歌・詩など、その聞こえおはして、今様うたひ給ふ事、たぐひなき人におはしき。また鞠足におはすることも、昔もありがたき事になむ侍りける。おほかたことに力入れ給へるさま、1ゆゆしくおはしけり。鞠も千日かかずならし給ひけり。今様も、碁盤に碁石を百数へ置きて、うるはしく装束し給ひて、帯などもとかで、「釈迦の御法はしなじなに」といふ同じ歌を、一夜に百返り数へて、百夜うたひ給ひなどしけり。

馬にのり給ふこともすぐれておはしけり。白河の御幸に、馬の川に伏したりけるに、鞍の上にすぐに立ち給ひて、つゆぬれ給ふ所おはせざりけるも、2こと人ならば、水にこそ打ち入れられましか。おほかた、早業をさへならびなくし給ひければ、そり返りたる沓はきて、高欄のほこぎ（注1）の上歩み給ひ、車のまへうしろ、築地のうらうへ、とどこほる所おはせざりける。

あまりにいたらぬ隈もおはせざりければ、宮内卿有賢と聞こえられし人のもとなりける女房に、しのびてよるよる様をやつして通ひ給ひけるを、侍ども、「いかなるもののふの、局へ入るにか」と思ひて、「うかがひて、あしたに出でむを打ち伏せむ」といひ、したくしあへりければ、女房いみじく思ひ嘆きて、例の日暮れにければおはしたりけるに、泣く泣くこの次第を語りければ、「いといと苦しかるまじきことなり。きと帰り来む」とて、出で給ひにけり。

女房の言へるごとくに、門どもさしまはして、さきざきにも似ず厳しげなりければ、人なかりける方の築地を、やすやすと越えておはしにけり。女房は、「[3]かく聞きておはしぬれば、またはよも帰り給はじ」と思ひけるほどに、とばかりありて、袋をてづから持ちて、[4]また築地を越えて帰り入り給ひにけり。

あしたには、この侍ども、「いづらいづら」とそぞめきあひたるに、日さし出づるまで出で給はざりければ、侍ども、杖など持ちて、打ち伏せむずるまうけをして、目をつけあへりけるに、ことのほかに日高くなりて、まづ折烏帽子のさきを差し出だし給ひけり。次に柿の水干の袖のはしをさし出だされければ、「あは、すでに」とて、各々すみやき(注2)合へりけるほどに、その後、新しき沓をさし出だして、縁に置き給ひけり。「こはいかに」と見るほどに、いと清らなる直衣に、織物の指貫着て、歩み出で給ひければ、[5]この侍ども、逃げまどひ、土をほりてひざまづきけり。

沓をはきて庭に下りて、北の対のうしろを[6]歩み参りければ、局々たてさわぎけり。中門の廊にのぼり給ひけるに、宮内卿もたたずみ歩かれけるが、[7]急ぎ入りて装束して、出であひ申されて、「こはいかなる事にか」と[8]騒ぎければ、「別の事には侍らず。日ごろ女房のもとへ、ときどき忍びて通ひ侍りつるを、侍の

6

『打ち伏せむ』と申すよし［ A ］て、『そのおこたり申さむ』とてなむ参りつる」と侍りければ、宮内卿おほきに騒ぎて、「このとがは、いかがあがひ侍るべき」と申されければ、「別の御あがひ侍るまじ。かの女房を賜はりて、出で侍らむ」とありければ、左右なきことにて、御車、供の人などは徒歩にて、門の外にまうけたりければ、具して出で給ひけり。女房、侍、すべて家のうちこぞりて、めづらかなることにてぞ侍りける。

（『今鏡』による）

注
1 ほこぎ —— 欄干の一番上の手すり。
2 すみやき —— いらだつ意。

問一 傍線部1「ゆゆしくおはしけり」の内容の説明として最も適切なものを、次のア～オの中から一つ選べ。（3点）

ア 成通は、馬に乗ることにも熱心であった。
イ 成通は、笛・歌・詩には特に習熟していた。
ウ 成通は、何に対しても熱中するタイプであった。
エ 成通は、蹴鞠ばかりして周りに迷惑をかけていた。
オ 成通は、今様に力を入れすぎて、仕事もしない有様であった。

［　　］

問二　傍線部２「こと人ならば、水にこそ打ち入れられましか」の解釈として最も適切なものを、次のア〜オの中から一つ選べ。（３点）

ア　特別の人だったから、川に馬を入れられたのだ。
イ　ほかの人だったら、川に落ちてしまっただろう。
ウ　ほかの人だったら、川に落とすことができただろう。
エ　特別の人だったから、川に落ちることがなかったのだ。
オ　ほかの人だったら、川に馬を入れることができただろうか。

問三　傍線部３「かく」の指示する内容として最も適切なものを、次のア〜オの中から一つ選べ。（３点）

ア　侍たちが、門や塀を厳しく守っていること。
イ　侍たちが、男を打ち伏せようとしていること。
ウ　有賢が、侍たちに男を打ち伏せるよう命じたこと。
エ　有賢が、侍たちに女房を厳しく守るよう命じたこと。
オ　有賢が、侍たちに男から女房を奪うように命じたこと。

問四　傍線部４「また築地を越えて帰り入り給ひにけり」の説明として最も適切なものを、次のア〜オの中から一つ選べ。（3点）

ア　成通が、屋敷の外へ出て、助けを要請して帰って来た。
イ　成通が、早業を女房に自慢するために、屋敷の内に戻って来た。
ウ　成通が、早業が通用するか試すために、屋敷の内と外とを行き来した。
エ　成通が、屋敷の外へ出て、女房を迎える準備などを整えてから帰って来た。
オ　成通が、屋敷の外の様子を窺い、女房を連れ出せるかを見届けて帰って来た。

問五　傍線部５「この侍ども、逃げまどひ、土をほりてひざまづきけり」について、侍たちはなぜそのように驚いたのか。最も適切なものを、次のア〜オの中から一つ選べ。（3点）

ア　男が、思いも寄らないほどすばやく出て来たから。
イ　男が、有賢が仕えている成通であるとわかったから。
ウ　男が、成通という有名な武士であるとわかったから。
エ　男が、想像もしなかった立派な貴族の装束をして出て来たから。
オ　男が、早業の術を駆使して想像もしなかった所から出て来たから。

問六　傍線部6「歩み参りければ」・7「急ぎ入りて装束して」・8「騒ぎければ」の主語は誰か。その組み合わせとして最も適切なものを、次のア〜オの中から一つ選べ。（3点）

ア　6　成通　7　有賢　8　有賢
イ　6　有賢　7　成通　8　侍
ウ　6　成通　7　女房　8　有賢
エ　6　成通　7　有賢　8　侍
オ　6　有賢　7　女房　8　成通

問七　空欄 A には、動詞「聞く」の一語の謙譲語が入る。その語を本文に入るように適切に活用させて、ひらがな（歴史的仮名遣い）で記せ。（2点）

問八　傍線部9「そのおこたり申さむ」の解釈として最も適切なものを、次のア～オの中から一つ選べ。（3点）

ア　その怠慢を注意しよう。
イ　その間違いを訴えよう。
ウ　そのお詫びを申し上げよう。
エ　そのご無沙汰の挨拶をしよう。
オ　その運の悪さを申し上げよう。

問九　本文の内容と合致するものとして最も適切なものを、次のア～オの中から一つ選べ。（5点）

ア　成通は優れた武士であった。
イ　女房は有賢のことを嫌っていた。
ウ　有賢は女房を取られたことを悔しく思った。
エ　有賢は成通が女房のもとに通っていることを知っていた。
オ　侍たちは女房のもとに通って来るのは武士だと思っていた。

問十　この本文は『今鏡』の一節である。『今鏡』とほぼ同時代に作成されたと考えられる、男女が入れ替わって成長する物語は何か。ひらがな（歴史的仮名遣い）で記せ。（2点）

物語

30点

チャレンジ問題

29行目「別の御あがひ侍るまじ。かの女房を賜はりて、出で侍らむ」の発言から、成通のどのような性格がうかがわれるか、わかりやすく説明せよ。（大阪市立大学　現・大阪公立大学）

6

7 日記

同志社大学　うたたね

学習テーマ▼今回は、日記文学を扱います。筆者がどのような状況にあるかを把握しながら読み進め、筆者の心情を読み取りましょう。

目標解答時間　30分

本冊（解答・解説）p.86

◆次の文章を読んで、後の問に答えよ。

筆者は、ある貴族に失恋し、京の西山の尼寺で出家した。

日頃降りつる雨のなごりに、立ち舞ふ雲間の夕月夜の影ほのかなるに、「押し明方（あけがた）」ならねど、「憂（う）き人しも」とあやにくなる心地すれば、妻戸はア引きたてつれど、門近く細き川の流れたる、水のまさるにや、常よりも音する心地するにも、いつの年にかあらん、この川に水の出でたりし世、人知れずイ波を分けし事など、只今のやうに覚えて、

［　　　］

荒れたる庭に、呉竹（くれ）のただ少しうちなびきたるさへ、そぞろにa恨めしきつまとなるにや、

世とともに思ひ出づれば呉竹の恨めしからぬその節もなし

「おのづから事のついでに」などばかり、ウおどろかし聞（きこ）えたるにも、「世のわづらはしさに、エ思ひながらのみなん、さるべきついでもなくて、みづから聞えさせず」など、bなほざりに書き捨てられたるもいと心憂くて、

消え果てん煙の後の雲をだに　A よもながめじな人目もるとて

と覚ゆれど、心の中ばかりにてくたし果てぬるは、いと甲斐なしや。

　そのころ心地例ならぬことありて、命も危ふき程なるを、ここながらともかくもなりなば、わづらはしかるべければ、思ひかけぬ便りにて、愛宕(をたぎ)の近き所にて、はかなき宿り求め出でて、移ろひなんとす。かくとだに聞えさせまほしけれど、問はず語りもあやしくて、泣く泣く門を引き出づる折しも、先に立ちたる車あり。前(さき)はなやかに追ひて、御前(ごぜん)などことごとしく見ゆるを、誰ばかりにかと目とどめたりければ、B かの人知れず恨み聞ゆる人なりけり。顔しるき随身(ずいじん)など、まがふべうもあらねば、かくとは思(おぼ)し寄らざらめど、そぞろに車の中はづかしくはしたなき心地しながら、いま一たびそれとばかりも見送り聞ゆるは、いとうれしくもあはれにも、さまざま胸静かならず。遂にこなたかなたへ行き別れ給ふ程、いといたう顧(かへり)みがちに心細し。

(阿仏尼『うたたね』)

注　「押し明方」ならねど、「憂き人しも」と ―― 「天の戸を押し明け方の月見れば憂き人しもぞ恋しかりける」(『新古今和歌集』恋四)の歌をうける。「憂き人」は、つれない恋人のこと。

愛宕 ―― 現在の京都市東山区小松町のあたりの地名。

問一　傍線――a・bの意味として適当なものを、次のうちからそれぞれ一つ選び、その番号を記せ。（各2点）

a　恨めしきつま

1　恨めしい夫（つま）
2　恨めしい気持
3　恨めしさのきっかけ
4　恨めしい爪音（つまおと）
5　恨めしさのわけ

b　なほざりに

1　なおさらに
2　あっさりと
3　荒々しく
4　思い乱れて
5　いいかげんに

a	b

問二　傍線――A・Bの解釈として適当なものを、次のうちからそれぞれ一つ選び、その番号を記せ。（各3点）

A　よもながめじな人目もるとて

1　あの人は、とうてい眺めてはくれまい、人目をはばかるといって
2　あの人は、ひどくふさぎこんだりはするまい、人目ばかり気にして
3　あの人は、まさかふりむいてはくれまい、人目をさけて
4　あの人は、とても気づいてはくれまい、人目につくことなのに
5　あの人は、決して嘆いてはくれまい、人目をはばかって

B　かの人知れず恨み聞ゆる人なりけり

1　あの方は、私がこっそりと恨み言を申しあげた人なのであった。
2　あの方は、行方も知らせてくれなくて、私が恨んでいた人なのであった。
3　あの方は、私の心を知らず、私を恨み通している人なのであった。
4　あの方は、私がひそかにつれなさを恨み申している人なのであった。
5　あの方は、ひそかに私を恨んでいるという噂の聞えてくる人なのであった。

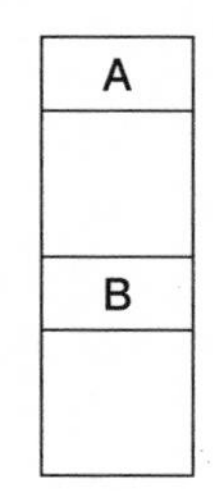

問三　傍線――「や」と同じ文法的用法のものを、次のうちから一つ選び、その番号を記せ。（3点）

1　いでやこの世に生まれては（徒然草）
2　夜や暗き道やまどへるほととぎす（古今和歌集）
3　わづかにひま見ゆるを、明けにけるやと思ひて（調度歌合）
4　わが思ふ人はありやなしやと（古今和歌集）
5　あつぱれ大将軍や。この人一人討ち奉つたりとも（平家物語）

問四　傍線═══ア～エの動作主として適当なものを、次のうちから一つ選び、その番号を記せ。（各1点）

1　筆者
2　相手の男性

ア	イ	ウ	エ

問五　傍線「かく」は、どのようなことを指しているか。次のうちから適当なものを一つ選び、その番号を記せ。（3点）

1　病いのため、命も危うくなったので、死を覚悟して、火葬場に近い愛宕の家に移ること。
2　体調は悪いが、彼への思いをたち切り、修行に励むために、愛宕近くの家に移ること。
3　気分を変え、静養するために、快適な住いを求めて、愛宕近くの家に移ること。
4　病いが重くなり、今いる尼寺に迷惑をかけそうなので、愛宕近くの家に移ること。
5　彼に対する熱い思いにたえられなくなって、彼の家に近い愛宕の家に移ること。

問六　空欄［　　］に入る和歌として適当なものを、次のうちから選び、その番号を記せ。（4点）

1　ここよりはまたそなたへとかたかへて流るる川の水の白波
2　川の瀬になびく玉藻の水隠れて人に知られぬ恋もするかな
3　朝ぼらけ宇治の川霧絶え絶えにあらはれわたる瀬々の網代木
4　書き流す言の葉をだに沈むなよ身こそかくても山川の水
5　思ひ出づる程にも波は騒ぎけりうき瀬を分けて中川の水

問七　傍線------「いといたう顧みがちに心細し」について、このように表現されている筆者の心境は、どのようなものか、説明せよ（句読点とも三十字以内）。（6点）

30点

チャレンジ問題

19行目「いとうれしくもあはれにも、さまざま胸静かならず」のように述べられている理由を具体的に説明せよ。（大阪大学）

8 日記

中央大学 四条宮下野集（しじょうのみやしもつけしゅう）

学習テーマ▼ 今回は、私家集を扱います。歌集でありながら、日記的な性質を持っています。省略された主語や和歌の詠まれた状況を把握し、この話のおもしろさを読み取りましょう。

目標解答時間 **30分**

本冊（解答・解説）p.98

◆次の文章を読んで、後の問に答えよ。

内裏（うち）より夜まかでて、清水に詣（まう）でたるに、かたはらの局（つぼね）に、ただ今まで宮に候ひつる為仲が行なひしてある。「かく詣でたりと、思ひかけじかし」とて、もろともに詣で給へる人の、「昔見ける人の詣であへると思はせてはからむ」など言ひて、人の多く詣でて、騒がしきに、書く所も覚えず、暗きに硯（すずり）求めて、あやしき人して、「京より」とてやる。急ぎ出でて⑴見るなり。「あやしあやし」とたびたび言ふ⑵なり。

清水の騒ぐにかげは見えねども昔に似たる滝の音かな

宮に参りたるに、「清水に詣でたりしに、いみじき事こそ候へ」とて語るを、⑶人の上になして聞くがをかしけれど、気色にも出ださで、⑷まことにをかしがる。「さるにても、誰とか⑸覚え給ふ」と⑹言へば、「それならむと思ふ人のがり、返り事は遣はしてき」と語る。

⑺滝の音も昔聞きしに変はらずは流れて絶えぬ心とを知れ

誰待ちえて、心得ずと⑻思ふらむとをかし。「返り事やある」と問へば、「⑼候ひしかど、心得ず」と言ふこそそことわりなれ。

（『四条宮下野集』による）

注 為仲――橘為仲。歌人として有名。一〇八五年没。

問一 傍線(1)「見るなり」(5)「覚え給ふ」(6)「言へば」(8)「思ふらむ」の主語は誰か。もっとも適当と思うものを左の中から選び、それぞれ符号で答えなさい。ただし、同じ符号を繰り返し用いてもよい。(各2点)

A 為仲　B もろともに詣で給へる人　C 昔見ける人
D あやしき人　E それならむと思ふ人　F 筆者

(1)	(5)	(6)	(8)

問二 傍線(2)「なり」と同じ「なり」を含むものを左の中から一つ選び、符号で答えなさい。(2点)

A 六月六日に子生まるべくなりぬ
B 見るもの聞くものにつけて言ひ出だせるなり
C 笛をいとをかしく吹き澄まして過ぎぬなり
D 浜を見れば播磨(はりま)の明石の浜なりけり
E 極楽に往生するを、念仏往生といふなり

問三　次の文ア～オのうち、傍線(3)「人の上」と同じ意味の「人の上」が含まれていると思うものに対してはA、そうではないと思うものに対してはBの符号で答えなさい。（各1点）

ア　仁は国天下の民を安んじ候事にて、もと人の上たるものの道にて候

イ　絵にうつす昔の人の上もなきかたちをみても袖はぬれけり

ウ　年の中にあひてもあはずなげきけむ人の上こそわが身なりけれ

エ　渡世のいとなみも人の上をみるときは、小利大損なることのみ多し

オ　この僧この道にすすみ学ばば、人の上にたたむこと、月を越ゆべからず

ア	イ	ウ	エ	オ

問四　傍線(4)「まことにをかしがる」についての説明としてもっとも適当と思うものを左の中から選び、符号で答えなさい。（5点）

A　「まことに」とは「誠意をもって」、「をかしがる」とは「趣をくみ取る」という意味で用いられている。

B　「まことに」とは「心底から」、「をかしがる」とは「滑稽に思う」という意味で用いられている。

C　「まことに」とは「真実のこととして」、「をかしがる」とは「興味を示す」という意味で用いられている。

D　「まことに」とは「飾らない気持ちで」、「をかしがる」とは「かわいらしく思う」という意味で用いられている。

E　「まことに」とは「偽りなく」、「をかしがる」とは「見事に思う」という意味で用いられている。

□

問五　傍線(7)「滝の音」とは何をたとえているか。もっとも適当と思うものを左の中から選び、符号で答えなさい。（4点）

A　自分の詠歌　　B　僧の読経　　C　流れる時

D　仏の加護　　E　為仲の声

□

問六　傍線(9)「候ひしかど、心得ず」は、何を「心得ず」と思ったのか。もっとも適当と思うものを左の中から選び、符号で答えなさい。（6点）

A 「清水の」の和歌の意味を、「心得ず」と思った。

B 「滝の音も」の和歌の意味を、「心得ず」と思った。

C 相手の女性から返歌が届いたことを、「心得ず」と思った。

D 相手の女性からの返歌の意味を、「心得ず」と思った。

E 為仲から返歌が届いたことを、「心得ず」と思った。

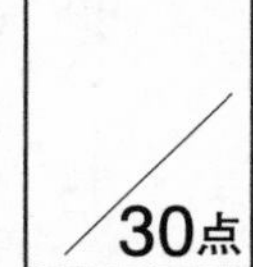

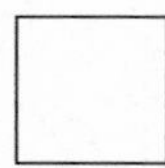

チャレンジ問題

11行目「ことわりなれ」とあるが、その理由を、本文の内容に即して説明せよ。（名古屋大学）

8

9
随筆

立命館大学
枕草子（まくらのそうし）

学習テーマ▼今回は、随筆を扱います。本文は、『枕草子』の中でも日記的章段と呼ばれる章段です。日常の中で起きた出来事から、登場人物の人物像や筆者の価値観を読み取りましょう。

目標解答時間　30分

本冊（解答・解説）p.108

◆次の文章を読んで、後の問に答えよ。

〔Ⅰ〕左衛門の尉則光が来て物語などするに、「昨日宰相の中将のまゐりたまひて、『いもうとのあらむところ、さりとも知らぬやうあらじ。いへ』といみじう問ひたまひしに、さらに知らぬよしを申ししに、あやにくに強ひたまひしこと」などいひて、則光「あることは、あらがふはいとわびしくこそありけれ。ほとほと笑みぬべかりしに、わびて、台盤の上に布のありしを取りてただ食ひに食ひまぎらはししかば、中間にあやしの食ひものやと人人見けむかし。されど、かしこう①それにてなむ、そことは申さずなりにし。笑ひなましかば、不用ぞかし。まことに知らぬなめりとおぼしたりしもをかしくこそ」などかたれば、清少納言「さらに［A］きこえたまひそ」などいひて、日ごろひさしうなりぬ。夜いたくふけて、門をいたうおどろおどろしうたたけば、なにのかう心もなう、遠からぬ門を高くたたくらむと聞きて、問はすれば、滝口なりけり。「左衛門の尉の」とて文を持て来たり。みな寝たるに、火とりよせて見れば、則光「明日御読経の結願にて、宰相の中将、御物忌にこもりたまへり。『いもうとのありどころ申せ、いもうとのありどころ申せ』とせめらるるに、②ずちなし。さらに［B］かくし申すまじ。さなむとや聞かせ奉るべき。いかに。おほせにしたがはむ」といひたる。返事は書かで、③布を一寸ばかり紙につつみてやりつ。

〔Ⅱ〕さて、後来て、則光「一夜はせめたてられて、すずろなるところどころになむ率てありき奉りし。④まめやかにさいなむに、いとからし。さて、などともかくも御返はなくて、すずろなる布の端をばつつみてたまへりしぞ。あやしのつつみものや。人のもとにさるものつつみて送るやうやはある。取り違へたるか」といふ。⑤いささか心を得ざりけると見るがにくければ、ものもいはで、硯にある紙の端に、

清少納言 かづきするあまのすみかをそこだにゆめいふなとや⑥めを食はせけむ

と書きてさし出でたれば、「歌よませたまへるか。さらに見はべらじ」とて、あふぎ返して逃げていぬ。

（『枕草子』）

注 いもうと —— 清少納言のこと。
布（め） —— 海藻のこと。

問一　傍線①の「それ」は何をさすか。次のなかから最も適当と思われるものを選べ。（2点）

1　いもうとのいる所　2　知らないこと　3　あらがうこと
4　笑うこと　5　布を食うこと

問二　A 、 B に入れるのに、最も適当と思われる副詞を書け。（各2点）

問三　傍線②の「ずち」の漢字として、最も適当と思われるものを次のなかから選べ。（2点）

1　術　2　筋　3　籤
4　種智　5　修持　6　誦詩

B	A

問四　傍線③の「布を一寸ばかり紙につつみてやりつ」はどういう意味を表すなぞか。次のなかから最も適当と思われるものを選べ。（4点）

1　からし　2　にくし　3　かづきするあま
4　あまのすみか　5　ゆめいふな　6　めを食はす

□

問五　傍線③の「布を一寸ばかり紙につつみてやりつ」を則光はどのように理解したか。次のなかから最も適当と思われるものを選べ。（4点）

1　せめたてられた　2　すずろなるところに率て歩け　3　まめやかにさいなむ
4　つつみてたまへ　5　取り違へたるか

□

問六　傍線④の「まめやかにさいなむ」、⑤の「いささか心を得ざりける」を現代語訳せよ。（④4点、⑤4点）

④	⑤

問七　傍線⑥の「めを食はせ」の掛けことばについて、指示に従って漢字で書け。（各2点　順不同）

「めを食はせ」の「め」は［　　］と［　　］の掛けことば

問八　本文の〔Ⅰ〕の部分を二つの段落に分けるとすると、どこで切るのが最も適当か。第二段落のはじめの五字を書け。（2点）

［　　　　　］

／30点

チャレンジ問題

15行目「人のもとにさるものつつみて送るやうやはある」の発言から考えて、則光は清少納言の意図をどの程度理解したか。和歌を差し出された彼の反応とあわせて、三十字以内で述べよ。（和歌山大学）

9

10 随筆

関西学院大学

鶉衣(うずらごろも)

学習テーマ▼ 今回は江戸時代後期の俳文集を扱います。筆者が何をテーマとし、それをどのように捉え、どう表現しているかを読み取りましょう。

目標解答時間 30分

本冊(解答・解説) p.118

◆次の文章を読んで、後の問に答えよ。

(1)芭蕉翁は五十一にて世を去り給ひ、(A)作文(さくもん)に名を得し難波(なには)の西鶴も、五十二にて［(Ⅰ)］を終り、「見過(注1)しにけり末二年」の(B)辞世を残せり。我が虚弱多病なる、それらの年もかぞへこして、今年は五十三の秋も立ちぬ。為頼の中納言の、若き人々の逃げかくれければ、「(2)いづくにか(注2)身をばよせまし」とよみて歎(なげ)かれけんも、やや思ひしる身とは成れりけり。

されば、うき世に立ち交じらんとすれば、なきが(注3)多くも成りゆきて、松も(注4)昔の友にはあらず。たまたま一座につらなりて、若き人々にもいやがられじと、心かろく打ちふるまへども、耳うとくなれば咄も間違ひ、たとへ聞こゆるささやきも、当時のはやり詞(ことば)をしらねば、それは何事何ゆゑぞと、根問(ねどひ)(注5)・葉問(はどひ)を(C)むつかしがりて、枕相撲(まくらずまふ)(注6)も拳酒(けんざけ)(注7)も、騒ぎは(D)次へ遠ざかれば、奥の間にただ一人、火燵蒲団(こたつぶとん)の嶋守(しまもり)となりて、「お迎ひがまゐりました」と、(3)問はぬに告ぐる人にも「かたじけなし」と礼はいへども、(4)何のかたじけなき事かあらむ。

六十の(注8)髭を墨にそめて、北国の軍(いくさ)にむかひ、五十の(注9)顔におしろいして、三がの津(注10)の舞台にまじはるも、いづれか老を歎かずやある。歌も浄瑠璃も落とし咄も、昔は今(5)のに増さりし物をと、(6)老人ごとに覚えたるは、おのが心の愚かなり。物は次第に面白けれども、今のは我が面白からぬにて、昔は我が面白かりしなり。

しかれば、人にもうとまれず、我も心のたのしむべき身のおき所もやと思ひめぐらすに、わが身の老を忘れざれば、しばらくも心たのしまず。わが身の老を忘るれば、例の人にはいやがられて、あるはにげなき酒(注11)色のうへに、あやまちをも取り出(い)でん。されば老は忘るべし。また老は忘るべからず。二つの境まことに得がたしや。今もし蓬莱(注12)の店をさがさんに、「不老の薬は売り切れたり。不死の薬ばかりあり」といはば、たとへ一銭に十袋得るとも、不老を離れて何かせん。不死はなくとも不老あらば、十日なりとも足んぬべし。「神仙不死何事をかなす、ただ秋風に向かつて感慨多からむ」と、薊(けい)子訓(注13)を(7)そしりしもさる事ぞかし。

ねがはくは、(8)人はよきほどのしまひあらばや。兼好がいひし四十足らずの物ずきは、(9)なべてのうへには早過ぎたり。かの稀なりといひし(Ⅱ)まではいかがあるべき。ここにいささかわが物ずきをいはば、あたり隣の耳にやかからん。とても願ひの届くまじきには、不用の長談義いはぬはいふに増さらんをと、この論ここに筆を拭(のご)ひぬ。

（横井也有『鶉衣』「歎老辞(たんろうのじ)」より）

10

注

1 見過しにけり末二年 —— 一句としては「浮き世の月見過しにけり末二年」。

2 いづくにか —— 藤原為頼「いづくにか身をばよせまし世の中に老をいとはぬ人しなければ」による。

3 なきが多くも —— 藤原為頼「世の中にあらましかばと思ふ人なきは多くもなりにけるかな」による。

4 松も昔の友 —— 藤原興風「誰をかも知る人にせむ高砂の松も昔の友ならなくに」による。

5 根問(ねどひ)・葉問(はどひ) —— 根掘り葉掘り聞くこと。

6 枕相撲(まくらずまふ) —— 枕を使った遊戯。

7 拳酒(けんざけ) —— 拳を使った遊戯で負けると酒を飲まされる。

8 六十の髭 —— 平家方の六十余歳の斎藤実盛が、北陸での木曾義仲との戦いに、髪や髭を染めて挑んだという故事。

9 五十の顔におしろい —— 歌舞伎の老優のさま。

10 三がの津 —— 京・大坂・江戸の三都。

11 にげなき —— 年齢にふさわしくない。

12 蓬莱の店をさがさん —— 不老不死の仙人が住むとされる蓬莱山へ薬を求めに行くことをユーモラスに表現した。

13 薊子訓(けいしくん) —— 斉(せい)の薊子訓は三百余年生きたが、顔色は衰えることがなかったという故事。

問一 傍線部(1)「芭蕉」の作品では**ない**ものを次のイ〜ホから一つ選びなさい。(2点)

イ 海道記　ロ 笈の小文　ハ 奥の細道

ニ 更科紀行　ホ 野ざらし紀行

□

問二　傍線部(A)～(D)の意味として最も適当なものを次のイ～ホからそれぞれ一つずつ選びなさい。(各1点)

(A)　作文(さくもん)

イ　狂歌を作ること
ロ　川柳を作ること
ハ　戯作を書くこと
ニ　日記を書くこと
ホ　随筆を書くこと

(B)　辞世

イ　今の世の中の証
ロ　死に際に残す詩歌
ハ　時代の趨勢を示すもの
ニ　自己の態度への反省文
ホ　今の世の中への皮肉

(C)　むつかしがりて

イ　うるさがって
ロ　大げさに装って
ハ　仲良くして
ニ　詮索して
ホ　執拗に食い下がって

(D)　次へ

イ　次の人たちへ
ロ　次の間へ
ハ　次の遊びへ
ニ　次の日へ
ホ　次の時間帯へ

(A)	(B)	(C)	(D)

問三　空欄(Ⅰ)に入る語として、最も適当なものを次のイ～ホから一つ選びなさい。(1点)

イ　一期　ロ　一会　ハ　一句
ニ　一道　ホ　一芸

10

問四　傍線部(2)「いづくにか身をばよせまし」を現代語訳しなさい。(3点)

問五　傍線部(3)「問はぬに告ぐる」の品詞分解として、最も適当なものを次のイ～ヘから一つ選びなさい。(1点)

イ　上二段動詞＋助動詞＋助詞＋四段動詞＋助動詞
ロ　上二段動詞＋助動詞＋助詞＋下二段動詞＋助動詞
ハ　下二段動詞＋助動詞＋助詞＋四段動詞＋助詞
ニ　下二段動詞＋助動詞＋助詞＋下二段動詞＋助詞
ホ　四段動詞＋助動詞＋助詞＋四段動詞
ヘ　四段動詞＋助動詞＋助詞＋下二段動詞

問六　傍線部(4)「何のかたじけなき事かあらむ」の現代語訳として、最も適当なものを次のイ〜ヘから一つ選びなさい。(2点)

イ　何の面目がないことがあろうか
ロ　何の恥ずかしいことがあろうか
ハ　何のありがたいことがあろうか
ニ　何の面目がないことがあったろうか
ホ　何の恥ずかしいことがあったろうか
ヘ　何のありがたいことがあったろうか

問七　傍線部(5)「の」と文法的に同じ用法のものとして、最も適当なものを次のイ〜ホから一つ選びなさい。(2点)

イ　家のうちなる男君の来ずなりぬる、いとすさまじ。(『枕草子』)
ロ　春たてば花とや見らむ白雪のかかれる枝に鶯の鳴く(『古今和歌集』)
ハ　赤い月これは誰のぢや子供たち(『一茶集』)
ニ　なうなう。うれしやの。うれしやの。(狂言『米市』)
ホ　父の大納言はなくなりて(『源氏物語』)

10

問八　傍線部(6)「老人ごとに覚えたるは」とはどういうことか。最も適当なものを次のイ〜へから一つ選びなさい。（2点）

イ　老人どもがいつも思ってしまうのは

ロ　どの老人もつい思ってしまうのは

ハ　老人が特に思ってしまうのは

ニ　老人どもがいつも自慢してしまうのは

ホ　どの老人もつい自慢してしまうのは

へ　老人が特に自慢してしまうのは

問九　傍線部(7)「そしりしもさる事ぞかし」とあるが、「薊子訓（けい）」の故事が非難されるのはなぜか。最も適当なものを次のイ〜ホから一つ選びなさい。（2点）

イ　彼のように現実的には長生きできないから

ロ　彼のように美しく生きられないから

ハ　彼のように長生きしても寂しさは増すばかりだから

ニ　彼のように目的もなく生きても意味がないから

ホ　彼のように老いを楽しまずに生きても仕方ないから

問十　傍線部(8)「人はよきほどのしまひあらばや」を現代語訳しなさい。(3点)

問十一　傍線部(9)「なべてのうへ」の意味として、最も適当なものを次のイ〜ホから一つ選びなさい。(2点)

イ　一般の人の身の上
ロ　一般の人より身分の高い人
ハ　すべての人の年齢
ニ　すべての人の上に立つ人
ホ　すべての風流人

問十二　空欄(Ⅱ)に入る数字を漢数字で記しなさい。(2点)

10

問十三　問題文の内容と合致するものを、次のイ～へから二つ選びなさい。（各2点　順不同）

イ　筆者は、若い人たちと楽しく交わりたいと思っているが、若い人たちから疎外されて、自暴自棄となり、孤立している。

ロ　筆者は、若い人たちと楽しく交わり、話をしたいと思っているが、流行の話題についていけずかえって迷惑をかけるのではないかと遠慮している。

ハ　筆者は、老いていると思われてはいけないので、例えば芸能面などにおいて、できるだけ今の物が昔の物よりすぐれていると評価しようとしている。

ニ　筆者は、年がいもない老人と言われようが、若い人に嫌われようが、自分らしい身の置き所を求めて自由に行動したいと思っている。

ホ　筆者は、不老不死ということについて、不死がいくら得られても不老が得られなければ意味がないと思っている。

へ　筆者は、老人の繰り言にすぎないが、古代中国でも真剣に考えた不老不死という神仙思想を若い人にも理解して欲しいと言っている。

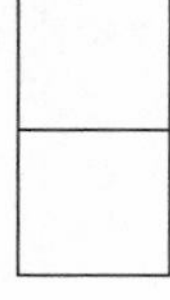

チャレンジ問題

17行目「老は忘るべし。また老は忘るべからず」とあるが、それは何故か。本文に即して八十字（句読点を含む）以内で説明しなさい。

（千葉大学）

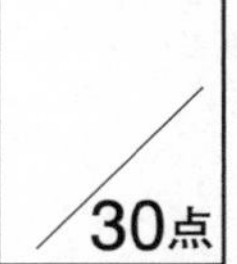

11 評論

上智大学 歌意考(かいこう)

学習テーマ ▼ 今回は歌論を扱います。筆者がどのような経験をきっかけに、どのような考えに至ったのかを、読み取りましょう。

目標解答時間 30分

本冊（解答・解説）p.132

◆ 次の文章を読んで、後の問に答えよ。

おのれいと若かりける時、母刀自(ははとじ)の前に古き人の書けるものどもの在(あ)るが中に、「いにしへの事は知らぬをわれ見ても久しくなりぬ天の香具山」「旅人のやどりせむ野に霜ふらば吾子(わがこ)はぐくめあまの鶴群(つるむら)」「長らふるつま吹く風の寒き夜にわがせの君はひとりか寝(ぬ)らむ」（以下五首省略）などいと多かり。こをうちよむに、刀自ののたまへらく、「近ごろそこ達の手習ふとていひあへる歌どもは、1わがえ詠まぬおろかさには何ぞの心なるらむもわかぬに、このいにしへなるは、2さこそとは知られて心にもしみ、となふるにも安らけくみやびかに聞ゆるは、いかなるべき事とか聞きつや」と。3おのれもこの問はするにつけてはげにと思はずしもあらねど、下れる世ながら名高き人たちのひねり出だし給へるなるからは、4さるよしこそあらめと思ひて黙(もだ)しをるほどに、父のさしのぞきて、「誰もさこそ思へ。いで物習ふ人はいにしへに復(かへ)りつつまねぶぞと、賢き人たちも教へおかれつれ」などぞありし。5にはかに心ゆくとしもあらねど、「うけ給はりぬ」とて去りにき。とてもかくても6その道に入り給はざりけるけにやあらむなどおぼえて過ぎにたれど、さすがに親の言なれば、まして身まかり給ひては、書(ふみ)見歌詠むごとに思ひ出でられて、古き万(よろづ)の書(ふみ)の心を人にも問ひ、をぢなき心にも心をやりて見るに、おのづからいにしへこそとまことに思ひなりつつ、7年月にさるかたになむ入りたちたれ。しかありて思へば、先に立ちたる8賢しら人にあどもはれて遠く悪き道にまどひつる哉。知らぬどちも心静かにとめゆかば、なかなかによき道にも行きなまし。歌詠まぬ人こそ9直きいにしへ歌と苦しげなる後のをしもわいだめぬるものなれと、今ぞまよはし神の離れたらむ心ちしける。

（賀茂真淵『歌意考』）

問一　傍線部1はどういう意味か、1〜4のうち、もっとも良いものを一つ選べ。（2点）

1　歌を詠めない愚かな私にもこれらの歌の心は分かるのに、
2　歌を詠めない私の無教養さからはどんな意味なのか分からないが、
3　歌を詠まないという私の愚かな行為からすると人の心は理解できないが、
4　歌を詠まないような教養のない人には人間の心は理解できないものであるのに、

問二　傍線部2はどういう意味か、1〜4のうち、もっとも良いものを一つ選べ。(2点)

1　なるほどと分かって
2　それほどには分からないで
3　はたしてそうだと人に知られて
4　こういうものだと世間によく知られていて

問三　傍線部3はどういう意味か、1〜4のうち、もっとも良いものを一つ選べ。(2点)

1　わたしもこういう問い掛けはよくするが納得はしないでいるのに、
2　わたしのこういう問いにもっともだと思わない人はいないのだが、
3　わたしもこの御質問についてはまさしくそうだと思わなくはなかったが、
4　わたしもこの質問を受けたときは本当にそうだと意外には思わなかったのだが、

問四　傍線部4はどういう意味か、1～4のうち、もっとも良いものを一つ選べ。（3点）

1　（いまの世の歌に）良い点があるはずがない
2　（だめなものだという）定まった評価があるのだろう
3　（手本にするだけの）ちゃんとした理由があるのだろう
4　（尊重するだけの）はっきりしたわけがあるのだろうか、そんなものはない

問五　傍線部5はどういう意味か、1～4のうち、もっとも良いものを一つ選べ。（2点）

1　急に納得がいったわけではなかったが、
2　突然気持ちが清々しくなったわけではないが、
3　早急に歌に心が向かうというわけではなかったが、
4　どんどん歌の道の理解が深まっていくというわけではないが、

問六　傍線部6はどういう意味か、1〜4のうち、もっとも良いものを一つ選べ。（2点）

1　専門に歌の道に入られなかったせいであろう

2　歌の道にお入りにならない理由があるからなのだろう

3　絶対に歌の道に入るということはなさらないであろう

4　いずれ歌の道にお入りにならないではいられないだろう

問七　傍線部7はどういう意味か、1〜4のうち、もっとも良いものを一つ選べ。（3点）

1　年月だけでなく別の面も受け入れるようになった。

2　年月によって次第にいまの歌の良さが分かるようになった。

3　年月を十分かけたことによって歌に心を入れ込むようになった。

4　年月がたつにつれ古い時代を尊重する立場を取るようになった。

問八　傍線部8はどういう意味か、1〜4のうち、もっとも良いものを一つ選べ。（3点）

1　利口ぶった人に指導されて

2　賢い人のすぐれた点を吸収して

3　小賢しい人にあとについて来いと言われて

4　すぐれた人のあとについてすべてが分かって

問九　傍線部9はどういう意味か、1〜4のうち、もっとも良いものを一つ選べ。（3点）

1　簡単に詠んだ昔の歌と苦労して詠んだ後世の歌を否定するのだ

2　率直な昔の歌と窮屈に技巧をこらした後世の歌を弁別するのだ

3　素直に作った昔の歌と苦しんで作った後世の歌を同一視するのだ

4　楽な生活の昔の歌と苦しい生活の後世の歌を別のものと考えるのだ

11

問十　左の各文のうち、本文と主旨が一致するものをAとし、そうでないものをBとせよ。（各1点）

1　母は昔の歌のほうが今の歌より良いと感じていた。
2　父は昔の歌のほうが今の歌より良いと感じていた。
3　わたしは初めから両親の意見に賛成だった。
4　わたしは最後まで両親の意見には賛成できなかった。
5　わたしは初めは両親の意見に賛成だったが、のちに違う意見をもつようになった。
6　昔の歌も今の歌も、歌である以上、本質は同じである。
7　歌も時代にしたがって進歩してくる。
8　今の人は今の歌を学ぶことが大切だ。

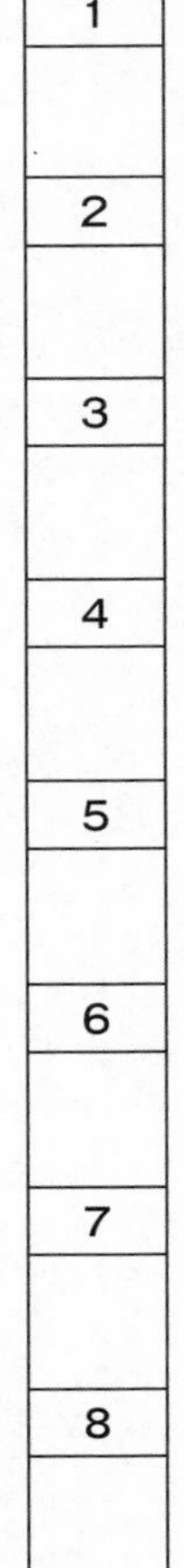

チャレンジ問題

本文の趣旨を五十字以内で簡潔にまとめなさい。

（岐阜大学）

11

12 評論

明治大学 歌学提要（かがくていよう）

学習テーマ▼第11講に続いて、今回も歌論を扱います。筆者の主張を、根拠や例をまとめながら読み解きましょう。

目標解答時間 30分

本冊（解答・解説）p.144

◆次の文章を読んで、後の問に答えよ。

見るもの聞くものにつけ、あるは悲しびあるは喜び、その事に物に臨みたらんをり、①うちつけにあはれと思ふ初一念を詠み出づるこそ歌なるべけれ。二義にわたる時は、1道理に落ちて感なきものなり。実景といへばとて、②見聞あるがままをのみいふものならむや。aあるがままをいはむには、たとへば垣根の梅に鶯（うぐひす）の来鳴くを、二人三人にて聞かむに、みな「垣根の梅に鶯の鳴く」とより外さらにいふべくもあらじかし。さるものならむや。その鶯の鳴くを聞いて、あるはbひとへに声のあやをゆかしみ、あるは契りもおかぬ人を待ち、あるは時の移りやすきを驚き、あるは旅なる人は故郷の荒れゆく宿を思ふなど、c一方ならず百に千に変はるものなり。そは人の面の同じからざるがごとく、性情もなど変はらざるべき。されば、師つねに「d月花を見て、月花の上をのみいふ輩（ともがら）はともに語りがたし」と諭さeれたり。しかるに、大方の歌詠む人、実景といへば見聞あるがままをいふものと心得、あるは思ふままをいふものなりといふを、③口より出づるままをいふものと心得るたぐひも少なからず。こは2いみじきひがごとなり。ただ④その思ふままの実情を偽らず歌と詠み出でむのみ。

注 二義――付随的な問題。

問一　傍線1・2の部分を口語訳せよ。（各4点）

1　道理に落ちて感なきものなり

2　いみじきひがごと

1	2

問二　傍線a「あるがままをいはむには」の訳として適切なものを、次の中から一つ選べ。（3点）

①　あるがままをいうためには
②　あるがままをいわなければ
③　あるがままをいうのだとすれば
④　あるがままをいうに際しては

12

問三　傍線b「ひとへに声のあやをゆかしみ」という気持の詠まれている歌を、次の中から一つ選べ。（3点）

① 梅が枝に降り積む雪は鶯の羽風に散るも花かとぞ見る
② 春の色は花ともいはじ霞よりこぼれてにほふ鶯の声
③ 谷の戸の閉ぢや果てつる鶯の待つに音せで春の暮れぬる
④ 谷川の打ち出づる波も声立てつ鶯誘へ春の山風

問四　傍線c「一方ならず」の意味として適切なものを、次の中から一つ選べ。（2点）

① さまざまに
② 片寄ることなく
③ 特別に
④ なみなみでなく

問五 傍線d「月花を見て、月花の上をのみいふ」と同じ態度について述べているものを、傍線①〜④の中から一つ選べ。（4点）

① うちつけにあはれと思ふ初一念を詠み出づる
② 見聞あるがままをのみいふ
③ 口より出づるままをいふ
④ その思ふままの実情を偽らず歌と詠み出でむ

問六 傍線e「れ」と同じ意味のものを、次の中から一つ選べ。（2点）

① 筆をとれば物書かれ楽器をとれば音を立てんと思ふ
② 飢ゑを助け嵐を防ぐよすがなくてはあられぬわざなれば
③ むさぼる心に引かれてみづから身を恥づかしむるを
④ 大臣の寝殿に鳶（とび）ゐさせじとて縄を張られたりけるを

問七　筆者の歌についての主張に合致するものを、次の中から二つ選べ。（各4点　順不同）

① 実景を詠むに当っては、実際に見聞したありのままの姿を素直に表現することが大切だ。

② 実景を詠むに当っても、その人独自の感じ方が反映されるように心がけることが大切だ。

③ 実景を詠むに当っては、同じ対象でも人により見方が違うことを知っておくことが大切だ。

④ 実景を詠むに当っても、優れた先人たちの作品から多くを学びとろうと努めることが大切だ。

⑤ 実景を詠むに当っては、そのおりもっとも強く受けた感動を忠実に言い表すことが大切だ。

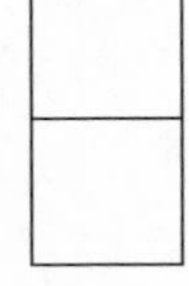

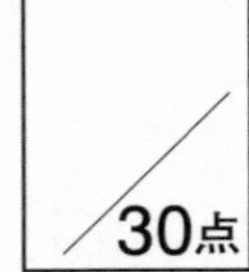

チャレンジ問題

筆者は歌とはどのように詠むものだと言っているか、「実景」「道理」「実情」の三語を用いて五十字以内で説明せよ。

（オリジナル）

13

説話

東北大学

続古事談(ぞくこじだん)

学習テーマ▼今回は世俗説話を扱います。主人公の言動がどのようなものであり、それがどう評価されたかを読み取りましょう。記述問題の対策も行います。

目標解答時間 30分

本冊(解答・解説) p.154

◆次の文章を読んで、後の問に答えよ。

六波羅(ろくはら)の太政入道(だいじやうにふだう)、福原の京たてて、みなわたりゐてのち、ことのほかにほどへて、「(ア)『古京と新京といづれかまされる』と言ひさだめをせむ」とて、古京に残りゐたる(1)さもある人どもみな呼びくだしけるに、人みな入道の心をおそれて、思ふばかりも言ひひらかざりけり。長方卿(ながかたのきやう)ひとり少しもところを置かず、この京をそしりて、ことばも惜しまずさんざんに言ひけり。さて、もとの京のよきやうを言ひて、つひにその日のこと、かの人のさだめによりて、古京へかへるべき儀になりにけり。

のちに、その座にありける上達部(かんだちめ)の、長方卿にあひて、「さても(イ)あさましかりしことかな。さばかりの悪人の『いみじ』と思ひてたてたる京を、さほどにはいかに言はれしぞ。言ひおもむけて帰京の儀あればこそあれ、言ふかひなく腹だちなば、いかがし給はまし」と言ひければ、「このこと、我が思ひには似ざる儀なり。(ウ)『入道の心にかなはん』とてこそ、さは言ひしか。そのゆゑは、ひろく漢家、本朝をかんがふるに、よからぬ新儀おこなひたるもの、はじめに思ひたつ折は、なかなか人に言ひあはすることなし。そのしわざ少しくやしむ心ある時、人には問ふなり。これもかの京、ことのほかにゐつきてのち、両京のさだめをおこなひしかば、『はや、このことくやしうなりにけり』といふことを知りにき。されば、なじかはことばを惜しむべき」とぞ言はれける。

まことにも、のちに人に超えられんとしける時も、この入道よきやうに申して、「長方卿は、ことのほかに(2)ものおぼえたる人なり。たやすく人に超越せしむべからず」とて、のちまでも方人（かたうど）をせられけるなり。(エ)「梅小路中納言（うめのこうぢのちゆうなごん）の両京のさだめ」とて、その時の人の口にありけり。

（『続古事談（ぞくこじだん）』による）

注

六波羅の太政入道 ―― 平清盛。

福原の京たてて ―― 平安京から福原（現在の神戸市）に都を遷（うつ）して。

長方卿 ―― 藤原長方。

古京へかへる ―― 福原から平安京に都を戻す。

上達部 ―― 公卿（くぎょう）。

梅小路中納言 ―― 藤原長方。

問一　傍線の箇所⑴⑵の語句の意味を文脈に即して記せ。（各3点）

⑴	⑵

問二　傍線の箇所(ア)「『古京と新京といづれかまされる』と言ひさだめをせむ」を口語訳せよ。（6点）

問三　傍線の箇所(イ)の「あさましかりしこと」とは、だれのどのような言動を指しているのか、四十五字以内で答えよ。（6点）

13

問四　傍線の箇所(ウ)の「『入道の心にかなはん』とてこそ、さは言ひしか」について、藤原長方がこのように考えて行動したのはなぜか、八十字以内で説明せよ。（6点）

問五　傍線の箇所(エ)「『梅小路中納言の両京のさだめ』とて、その時の人の口にありけり」について、「その時の人」のこの言動には、藤原長方の言動に対するどのような気持ちが現れていると考えられるか、二十字以内で答えよ。（6点）

30点

九州大学
大鏡（おおかがみ）

学習テーマ ▼ 今回は歴史物語を扱います。登場人物の言動や心理から、それぞれの人物像を読み取りましょう。記述問題の対策も行います。

目標解答時間 30分

本冊（解答・解説）p.164

◆次の文章は『大鏡』の一節である。これを読んで、後の問に答えよ。

この粟田殿（あはたどの）の御男君達ぞ三人おはせしが、太郎君は福足君（ふくたりぎみ）と申ししを、幼き人はさのみこそはと思へど、①いとあさましう、まさなう、悪（あ）しくぞおはせし。東三条殿の御賀に、この君、舞をせさせたてまつらむとて、習はせたまふほども、あやにくがりすまひたまへど、よろづにをこつり、祈りをさへして、②教へ聞こえさするに、その日になりて、いみじうしたてたてまつりたまへるに、舞台の上にのぼりたまひて、ものの音調子吹き出づるほどに、「わざはひかな。あれは舞はじ」とて、鬢頬（びづら）引き乱り、御装束はらはらと引き破（や）りたまふに、粟田殿、御色真青にならせたまひて、Aあれかにもあらぬ御気色なり。ありとある人、「Bさ思ひつることよ」と見たまへど、すべきやうもなきに、御伯父（をぢ）の中関白殿のおりて、舞台にのぼらせたまへば、「言ひをこつらせたまふべきか、また憎さに③え耐へず、追ひおろさせたまふべきか」と、かたがた見はべりしに、この君を御腰のほどに引きつけさせたまひて、御手づからいみじう舞はせたまひたりしこそ、楽もまさりおもしろく、かの君の御恥もかくれ、その日の興もことのほかにまさりたりけれ。祖父殿（おほぢどの）もうれしと思したりけり。C父おとどはさらなり、よその人だにこそ、すずろに感じたてまつりけれ。かやうに、人のためになさけなさけしきところおはしましけるに、など御末かれさせたまひにけむ。

この君、人しもこそあれ、蛇（くちなは）れうじたまひて、その祟（たた）りにより、頭にものはれて、うせたまひにき。

注 粟田殿――藤原道兼。　東三条殿――藤原兼家。　御賀――六十歳のお祝い。
をこつり――だましすかして。なだめて。　あれは――我は。私は。　鬢頬――結い上げた髪。
中関白殿――藤原道隆。　れうじ――いじめて。　ものはれて――腫物（はれもの）ができて。

問一 傍線部①～③について、文脈に即してそれぞれ現代語訳せよ。（各2点）

①	②	③

問二 二重傍線部「かれさせたまひにけむ」を例にならって品詞分解せよ。（5点）

例「定められぬ」：下二段動詞「定む」未然形＋尊敬の助動詞「らる」連用形＋完了の助動詞「ぬ」終止形

問三　傍線部A「あれかにもあらぬ御気色なり」とあるが、何が原因で、どのような状態になったのか。本文に即して説明せよ。（5点）

問四　傍線部B「さ思ひつることよ」とあるが、指示語「さ」の内容を明らかにしながら現代語訳せよ。（3点）

問五　傍線部C「父おとどはさらなり、よその人だにこそ、すずろに感じたてまつりけれ」とあるが、

ア　傍線部について、現代語訳せよ。（3点）

イ　誰の、どのような態度に対して、このように感じたのか。本文に即して説明せよ。（6点）

問六　『大鏡』と同じジャンルの作品を次の中から三つ選び、成立順に記号で答えよ。（完答2点）

ア　大和物語　　イ　栄花物語　　ウ　増鏡

エ　義経記　　オ　水鏡

↓

↓

/30点

14

千葉大学
建礼門院右京大夫集（けんれいもんいんうきょうのだいぶしゅう）

学習テーマ▼ 今回は日記的な性質を有する私家集を扱います。作者がどのような過去の出来事をどのような気持ちで回想しているかを読み取りましょう。

目標解答時間 30分

本冊（解答・解説）p.178

◆次の文章を読んで、後の問に答えよ。

春ごろ、宮[a]の西八条に出でさせ給へりしほど、大方に参る人はさることにて、御はらから、御甥たちなど、みな番にをりて、二、三人はたえずさぶらはれしに、花の盛りに月明かりし夜を、「①ただにやあかさむ」とて、権亮朗詠し、笛吹き、経正琵琶ひき、御簾のうちにも琴かきあはせなど、おもしろく遊びしほどに、内より隆房[b]の少将[c]の御文持ちて参りたりしを、やがて呼びて、さまざま[d]のことども尽くして、のちには昔今[e]の物語りなどして、明け方までながめしに、花は散り散らず同じ匂ひに、月もひとつにかすみあひつつ、やうやう白む山際、いつと言ひながら、言ふ方なくおもしろかりしを、御返し給はりて、隆房出でしに、「②ただにやは」とて、扇のはしを折りて、③書きてとらす。

かくまでのなさけ尽くさでおほかたに花と月とをただ見ましだに

少将、かたはらいたきまで詠じ誦（ずん）じて、硯乞ひて、「この座なる人々、何ともみな書け」とて、わが扇に書く。

かたがたに④忘らるまじき今宵をば誰も心にとどめてを思へ

権亮は、「歌もえ詠まぬ者はいかに」と言はれしを、なほせめられて、

心とむな思ひ出でそといはむだに今宵をいかがやすく忘れむ　　経正の朝臣

うれしくも今宵の友の数に入りてしのばれしのぶつまとなるべき

と申ししを、⑤「我しも、分きてしのばるべきことと心やりたる」など、この人々の笑はれしかば、「いつかはさは申したる」と陳ぜしも、をかしかりき。

（『建礼門院右京大夫集』による）

注

宮――高倉天皇の中宮、平徳子。

西八条――平清盛の邸宅である西八条邸。清盛は徳子の父。

御はらから――御兄弟。

番にをりて――当番として詰めて。

権亮――平維盛。中宮の甥。このとき中宮権亮であった。

経正――平経正。中宮のいとこ。

隆房――藤原隆房。清盛の女婿。このとき右少将。

15

問一　二重傍線部a「の」と文法的に同じ意味のものを、二重傍線部b～eから一つ選び、記号で答えなさい。（4点）

問二　傍線部①「ただにやあかさむ」をわかりやすく口語訳しなさい。（6点）

問三　傍線部②「ただにやは」とあるが、このあとに省略されていることばを古語で答えなさい。（4点）

問四　傍線部③「書きて」の主語として最もふさわしいものを左のア～エから選び、記号で答えなさい。（4点）

ア　帝　イ　宮　ウ　隆房　エ　作者

問五　傍線部④「忘らるまじき」より助動詞をすべて抜き出し、それぞれの文法的な意味を答えなさい。（4点）

問六　傍線部⑤は、この文章の中でどのような機能を果たしていますか。次の中から最もよく言い表しているものを一つ選び、記号で答えなさい。（4点）　（岐阜大学）

ア　やや辛辣なやりとりのあったことをあえて示すことで、楽しいことばかりの話を引き締めようとしている。

イ　一見辛辣なやりとりに見えるものの、あえて示すことで、気の置けない場の雰囲気を表現しようとしている。

ウ　辛辣な評言に抗弁する経正を、情趣を解さないものと捉え、残念に思う気持ちを表そうとしている。

エ　辛辣に思える評言を真に受けた経正を笑い飛ばすことで、たしなめる気持ちと場の雰囲気を活写しようとしている。

オ　辛辣な評言を経正に投げかける人に同意を示しつつ、滑稽なさまについては同情を示して、公平に記述しようとしている。

15

問七　波線部の表現からは、平安時代のある文学作品が連想されます。その作者名と作品名を漢字で記しなさい。

（各2点）（岐阜大学）

作者名

作品名

30点

大学入試 全レベル問題集

伊藤紫野富 著

4 私大上位・私大最難関・国公立大レベル

改訂版

はじめに

皆さんはなぜ古文を学ぶのでしょうか。多くの人は受験のためと答えるでしょう。英語ほどの配点がないにしても、古文が受験に必要不可欠な科目であることは間違いありません。しかし、英語の学習がその後の人生で大いに役立つのに比べると、古文の学習の実用性はほとんどないように見えます。また、英語や現代文では、世界平和や地球環境、市場経済のグローバル化などのテーマが扱われることがありますが、古文は、文字どおり「古い文」ですから、そのような現代的なテーマは一つも扱いません。しかし、そこにこそ古文の味わい深さがあると言えます。古文に描かれているのは、〝人の営み〟です。生きることの意味や愛することの苦悩、芸術への熱情など、時の流れにとらわれない普遍のテーマを投げかけてくれる、激変する世の中で生きる私たちに不変の確かなものを示してくれる、それが古文です。

この問題集は、言うまでもなく、受験生の一助になってほしいという目的で書きましたが、それだけでなく古文の面白さを知ってもらいたいとの願いもあって、文章を厳選しました。得点アップは、もちろん狙ってください。この問題集は必ず応えてくれるはずです。でもそれだけではもったいないです。古文の真髄に少しでも触れて、それを心にとどめていただきたいと思います。それはいつかきっと皆さんの心の糧となってくれることでしょう。

伊藤 紫野富

伊藤 紫野富（いとう しのぶ）
元代々木ゼミナール講師。長年、受験生や高校生を指導し、東大京大から早慶、共通テスト対策まで幅広く担当。『全国大学入試問題正解国語』（旺文社）解答者。著書に『ビルドアップノート古典文法基本ドリル』（三省堂）などがある。

目次

この問題集の構成と使い方

本書は、別冊に問題を、本冊に解答と解説を掲載しています。

別冊（問題）掲載内容

古文ジャンル解説 …巻頭に古文の五ジャンルの特徴と読解ポイントを示した解説を掲載しています。それぞれのジャンルの特徴を理解して古文本文を読みましょう。

学習テーマ …各講のはじめに学習テーマを設けています。テーマを意識して問題に取り組みましょう。

問題 …目標解答時間を目安に時間を計って解いてみましょう。採点の目安として、本書オリジナルの配点を示しています。

チャレンジ問題 …第1～12講の私立大学の入試問題の後に、国公立大学の入試問題から抜粋した記述式問題を各一問掲載しています。読解の総仕上げ・記述対策として、取り組んでみてください。

本冊（解答・解説）掲載内容

作品紹介 …掲載作品の文学史に関する知識をまとめています。

合格点 …〈予想される平均点＋一問分〉として示しています。

問題文の概要 …「あらすじ」と要旨をまとめた「内容解説」を掲載しています。

設問解説

● 読解ルール …どの問題にも適用できる、読解に役立つルールを示しています。

● 着眼点 …設問を解く際に着眼すべきポイントを示しています。

● □ …単語・文法・文学史などの重要事項をまとめています。

● □ …重要な箇所を品詞分解・訳出しています。

【品詞の略称】

名→名詞　代名→代名詞　動→動詞　補動→補助動詞
形→形容詞　形動→形容動詞　副→副詞　連体→連体詞
感→感動詞　助動→助動詞　格助→格助詞　係助→係助詞
接助→接続助詞　副助→副助詞　終助→終助詞
間助→間投助詞　接尾→接尾語

● 関連メモ …設問内容から一歩踏み込んだ、知っておくと役立つ知識をまとめています。

● 難 …高度な読解力や分析力を要する問題に示しています。

現代語訳

別冊の古文本文を再掲載し、その右側には重要文法事項を、左側には現代語訳を、さらに下段には重要語句を掲載しています。

●重要文法事項…設問で問われやすい語に次の情報を示しています。

・助動詞…意味・活用形

例 推量の助動詞「む」の終止形→推量・終

・助詞…意味

例 格助詞「が」の連体格→連体格

・係り結び・疑問の副詞と文末の連体形は、次のように示した。

例 ぞ〔強意（→）〕 たる〔存続・体（←）〕／いかで〔反語（→）〕 む〔推量・体（←）〕

＊結びの省略は（→省）。結びの流れ（消滅）は（←流）。

【活用形の略称】

未→未然形　用→連用形　終→終止形　体→連体形

已→已然形（いぜん）　命→命令形　（撥・無）→撥音便（はつおんびん）の無表記

●重要語句…問題文に登場した語の中から、入試頻出の語をまとめました。覚えたら上の□にチェックしましょう。

志望校と「全レベル問題集　古文」シリーズのレベル対応表

シリーズラインナップ	各レベルの該当大学　※掲載の大学名は購入していただく際の目安です。
① 基礎レベル	高校基礎～大学受験準備
② 共通テストレベル	共通テストレベル
③ 私大標準レベル	日本大学・東洋大学・駒澤大学・専修大学・京都産業大学・近畿大学・甲南大学・龍谷大学・成蹊大学・成城大学・明治学院大学・國學院大學・聖心女子大学・日本女子大学・中京大学・名城大学・京都女子大学　他
④ 私大上位・私大最難関・国公立大レベル	[私立大学] 早稲田大学・上智大学・明治大学・青山学院大学・立教大学・中央大学・法政大学・学習院大学・東京女子大学・南山大学・同志社大学・関西学院大学・立命館大学・関西大学・福岡大学・西南学院大学　他 [国公立大学] 東京大学・京都大学・北海道大学・東北大学・名古屋大学・大阪大学・九州大学　他

学習アドバイスと志望私大別出題分析（2023年現在）

上位私大・最難関私大

傾向

古文の分量……ほとんどの大学が中程度（およそ五百字～千字）ですが、関西の一部の大学では長い文章が出題されることがあります。

古文の難易度…比較的読みやすい文章を出題する大学が多いですが、一部の難関大ではやや難解な文章が出題されることもあります。

設問形式………ほとんどの大学が選択肢方式ですが、一部の大学（学部）では現代語訳や抜き出し問題などが記述式で出題されます。

設問内容………文法、解釈、内容説明、内容合致、文学史などを軸とした総合的な内容ですが、読解の難しいところに傍線が引かれることが多いのが特徴です。多くの大学で和歌の修辞や解釈を問う設問があり、その内容もやや難しくなっています。選択肢の作り方も、ひねりのある内容になっているものがあります。

対策

まず、古典文法は基礎的な内容は言うまでもなく、やや難しい識別問題などにも触れておいてください。次に、古文単語は450語ぐらいを目安にできる限り多く覚えておきましょう。単語の意味だけでなく、語感や働きなども学習しておくとよいでしょう。そのうえで、比較的難解な文章にも触れて一段高い読解力を身につけてください。文学史や和歌の修辞などはしっかり学習しておきましょう。また、問題演習をとおしてさまざまな設問形式に対応できる応用力を身につけておくことも大切です。

国公立大

傾向

古文の分量 ……標準的な長さ、あるいはそれよりも短めのものが出題されます。

古文の難易度…比較的読みやすい文章が出題されます。

設問形式 ………ほとんどが記述式です。

設問内容 ………現代語訳や内容説明問題がほとんどです。

対策

古典文法と古文単語を覚えるのは言うまでもありませんが、その知識を活かした読解力と記述力を身につけることが大切です。上手な解答例などを参考にしながら、設問の趣旨に応じた解答の書き方を身につけましょう。

大学名	古文の分量	古文の難易度	設問形式	設問内容
早稲田大学	中程度	難	選択肢方式。学部によっては一部記述式（抜き出しなど）	文法、文学史、解釈、脱文挿入、内容合致など
上智大学	中程度	やや難	選択肢方式。学部によっては一部記述式（現代語訳など）	主体判定、内容説明、和歌の説明、文学史など
明治大学	中程度	標準	選択肢形式。学部によっては一部記述式（現代語訳など）	主体判定、文法、内容合致、文学史など
青山学院大学	中程度	標準	選択肢方式。一部記述式（抜き出しなど）	解釈、主体判定、内容説明、文学史など
立教大学	中程度	やや難	選択肢方式。一部記述式（現代語訳など）	主体判定、文学史、現代語訳、解釈など
法政大学	中程度	標準	選択肢方式。一部記述式（現代語訳）	文法、語句の意味、内容説明、文学史など
中央大学	やや短め	標準	選択肢方式	解釈、文法、内容説明、内容合致など

大学名	古文の分量	古文の難易度	設問形式	設問内容
学習院大学	中程度	標準	選択肢方式	文法、漢字、解釈、内容合致、文学史など
同志社大学	中程度	やや難	選択肢方式。一問記述式（30字以内）	文法、和歌の説明、解釈、語句の意味など
関西学院大学	やや長め	標準	選択肢方式。一部記述式（現代語訳など）	文法、現代語訳、内容説明、文学史など
立命館大学	やや長め	やや難	選択肢方式。一部記述式（現代語訳など）	文法、内容説明、内容合致、文学史など
関西大学	長め	難	選択肢方式。一部記述式（現代語訳）	内容合致
南山大学	中程度	標準	選択肢方式	主体判定、文法、現代語訳、内容説明、和歌の説明など

読解ルール解説

古文を読解する際には、**「と・て・ば・ど・を・に」**等の助詞に着眼しましょう。これらの助詞は、**語句の関係を示し**、**文の構造を理解する**のに役立ちます。また、**設問の傍線部の多くは、これらの助詞の前後にある**ので、助詞に着眼すると正解を導くヒントが得られます。

「全レベル問題集 古文」シリーズでは、こうした助詞に関する重要ポイントを**読解ルール**として取り上げています。ここでは、**読解ルール**を大きく二つに分けて解説します。

助詞に着眼して、文の構造を理解し、読解に活用しましょう！

語句の関係を示す「と・て・ば・ど」の読解ルール

読解ルール **「と（とて）」「て」は同じことの言い換えを表す！**

「と（とて）」は引用を表す格助詞。「て」は接続助詞です。

例 「いかに」と問ふ。

（「なぜ」と尋ねる。）

「と」は、同じ事柄を別の表現にする**言い換え**を表します。例文は、「と」をはさんで、前の「いかに」が後の「問ふ」の内容を表しており、「いかに」＝問い、と理解できます。

例 悲しくて泣く。

（悲しくて泣く。）

「て」も**言い換え**を表します。例文は、「て」をはさんで、前の「悲し」という気持ちを後の「泣く」という行為で表現しており、「悲し」＝「泣く」と単純化して捉えることができます。文章を単純化して読むことは、速読にも役立ちます。

読解ルール **「ば」の前に理由あり！**

「ば」は順接の接続助詞です。

例 悲しければ泣く。

（悲しいので泣く。）

「ば」は**原因・理由**を表します。例文では、「ば」をはさんで前の「悲し」（原因・理由）→後の「泣く」（結果）という関係だと理解できます。

読解ルール　「ど（ども）」は前後が対比関係にあることを表す！

「ど（ども）」は、逆接の接続助詞です。

例　悲しけれど笑ふ。
（悲しいけれど笑う。）

「悲し」＝「泣く」（笑わない）ということを前提として、「ど」をはさんで、前の「悲し」と後の「笑ふ」とが**対比関係**になっています。

これらの読解ルールで、助詞「と（とて）・て・ば・ど（ども）」に着眼すると、助詞の前後の語句の関係を捉えやすくなります。「と（とて）・て・ば・ど（ども）」を見逃さずにチェックして、文の構造を理解し、文脈を正しく把握して読解を進めましょう。

主語判定に役立つ「を・に」の読解ルール

読解ルール　「を」「に」に着目して、文の構造を捉えよ！

古文では主語が省略され、また述語が主語から離れたところにあることが多いので、文意を正しく理解するのが困難ですが、英語や漢文のように、文の構造を捉えるとわかりやすくなります。その着眼点となるのが、格助詞の「を」と「に」です。

～が	～する	～を	～に
主語（S）	**述語（V）**	**目的語（O）**	**補語（C）**

目的語と補語を厳密に区別するのは難しいので、簡単に「～を」で表されるものを「目的語」（O）、「～に」で表されるものを「補語」（C）とします。現代語と同じで**「を」は省略されること**があります。

また、動作の主体を「主語」（S）、動作を表す動詞を「述語」（V）と捉えます。

次の例文で見てみましょう。

例 大和に住みける女に男文をやりけり。

（大和に住んでいた女に男が手紙を送った。）

> C₁|V₁|S₁ → 大和に｜住みける｜女に（C₂）
> 男（S₂）｜文を（O₂）｜やりけり。（V₂）

大和に（C_1）住み（V_1）ける女（S_1）に ＝ C_2　男（S_2）　文を（O_2）　やり（V_2）けり。

このような単純な文においては、SVOCは簡単にわかりますが、あえて「を」と「に」に着眼して文の構造を見てみましょう。

まず、述語（V_1）「住み」に注目します。「住み」の上の「に」に着眼すると、「大和に」が補語（C_1）で、「住み」の動作主体である主語（S_1）は「女」と確認できます。

次に、述語（V_2）「やり」に注目します。「やり」の上の「を」に着眼すると、「文を」が目的語（O_2）だと確認できます。動作主体である主語（S_2）は「男」です。また、その上にある「に」に着眼すると「大和に住みける女に」が補語（C_2）だとわかります。

目的語（O）を示す「を」が省略されている場合も、同じように文の構造を捉えることができます。

このように、「を・に」に着眼することで、SVOCの文の構造を把握できます。例のように単純な文でなくても、**「を・に」に着眼して目的語（O）・補語（C）を確認しながら文脈をたどると、省略されている主語（S）が見えてきます。**「を・に」をチェックして、文意の正確な理解に役立てましょう。

例外

※「に」が貴人を表す語に付く場合、「に」は主語を示すことがあります。

例 御前にも笑はせたまふ。

（中宮様におかれてもお笑いになる。）

※「を」が形容詞の語幹（＋み）の前に付く場合、「を」は格助詞でなく、間投助詞です。目的語を示しているのではないので注意しましょう。

例 山を高み

（山が高いので）

＊「～を…み」で「～が…なので」の意。

この他の主語判定の読解ルール

「を・に」に着眼する以外にも、主語判定に役立つ読解ルールがあります。「全レベル問題集 古文」シリーズでは、次のような読解ルールを取り上げています。

読解ルール 「て」「して」は主語を継続させる！

「て」は単純接続の接続助詞です。同じ人物の行為が連続する場合、「て」によってつながっています。よって、その行為（動詞）のどれかの主語がわかれば、他の行為の主語も同じであると判断できます。（ただし、例外もまれにあるので要注意です。）

主語の判定は敬語に着目せよ！

登場人物に身分の差がある場合は、敬語の使われ方によって、その敬語が用いられた行為の主体や客体を判断できることがあります。また、**会話文では、自分には尊敬語は用いず、相手に敬意を表すために敬語を用いる**ことが多く、それによって、省略された主語を判断できます。

読解ルール 主人公の主語は省略される！

読解ルール 日記文において一人称（私）の主語は省略される！

主語が省略されているということは、明記しなくてもわかる人物が主語だということです。つまり、主語が省略されている場合には、多くは、その文章における主要な人物（主人公）が主語であると判断できます。

ジャンル別　省略されることがある主語

説話……主人公

物語……主人公（あるいは、その場面の主要人物）

日記……私（日記の主人公は筆者）

本文初出の動詞の主語は、リード文の主語と一致する！

長い物語などの一部が切り取られて問題文本文となっているときは、リード文で主要な人物の状況や行動が説明されます。そのため、本文の最初の主語は、リード文で説明された人物と一致します。

1 説話

法政大学 古本説話集（こほんせつわしゅう）

作品紹介 ■ 平安時代末期あるいは鎌倉時代初期に成立したとみられる説話集。一九四三（昭和十八）年に発見された。本来の書名は不明で、研究者による仮称が定着している。編者も未詳。王朝歌人の逸話を集めた世俗説話四十六話と仏教説話二十四話を収録。

別冊（問題） p. 6

解答

問一	A	ウ	B	ア	2点×2
問二	X	エ	Y	ア	Z	イ	2点×3
問三	イ	4点
問四	あられは、宿を借りるほどには、どうして濡れるだろうか、いや、濡れはしない	6点
問五	オ	4点
問六	イ	4点
問七	オ	2点

合格点 24／30

チャレンジ問題

大納言から欠点を指摘されるような歌を詠んだ自分の失態を苦にして病死してしまうほど、長能が和歌に真剣に打ち込んでいたこと。（60字）

問題文の概要

あらすじ ● 長能（ながとう）と道済（みちなり）はお互いに競い合って歌を詠んでいた。鷹狩（たかがり）の歌を詠んだとき、互いに勝ちを譲らなかったので、四条大納言に判定を求めたところ、長能が負け、道済が勝った。以前は長能が優勢であったが、今回は残念な結果となった。また、長能は惜春の情を歌に詠んだが、その歌の欠点を大納言に指摘され、それを苦にして病死してしまった。大納言は批判したことを後々まで後悔した。

内容解説 ● 主人公長能の、歌道に執心したエピソードが二つ語られています。一つはライバル道済と競い合う姿で、もう一つは、失態を苦に病死してしまうほどに歌に打ち込んだ姿です。

設問解説

問一　文法（「させ」「なむ」の識別）

この設問における「文法的用法が同じ」とは、「品詞と意味が同じ」ということです。

二重傍線部A

二重傍線部の前後を含めて品詞分解すると「判ぜ／させ／奉る／に」です。

「判ぜ」はサ変動詞の未然形で、「奉る」は謙譲の補助動詞です。**下に尊敬の補助動詞がない「す・さす」は「使役」の意味になります。**よって、二重傍線部A「させ」は、使役の助動詞「さす」の連用形となります。

では、選択肢を順に見ましょう。

ア「しか／申さ／せ／たまひ／ける／と／ぞ。」

→「さ」は動詞の活用語尾。「せ」は、使役・尊敬の助動詞「す」の連用形。（文脈上、尊敬の意と判断される。）

イ「生まれ／させ／たまふ。」

→「帝（みかど）」が主語なので、「させ」は、尊敬の助動詞「さす」の連用形。

ウ「こ／の／宮／に／御覧ぜ／させ／む／と／て、」

→「させ」の下に尊敬の補助動詞がないので、「させ」は、使役の助動詞「さす」の未然形。

エ「おほやけ／も／許さ／せ／たまひ／し／ぞ／かし。」

→「さ」は動詞の活用語尾。「おほやけ（＝帝）」が主語なので、「せ」は、尊敬の助動詞「す」の連用形。

オ「理非／を／示さ／せ／たまへ／る／なり。」

→「さ」は動詞の活用語尾。「王」が主語と考えられるので、「せ」は、尊敬の助動詞「す」の連用形。

よって、**正解はウ**です。

この設問では、**ア・エ・オ**の助動詞「せ」の意味を判別する必要はありませんが、「す・さす」の意味の判別の基準はしっかり覚えておきましょう。**ア・イ・エ・オのように直下に尊敬の補助動詞がある場合は、「す・さす」は多く尊敬の意味になりますが、使役の対象となる人物が存在する場面では、使役の意味になることもあります。**

【選択肢の現代語訳】

ア（帝が宮中へ）お帰りなさるようなことがあってはならないとお思いになって、（藤原道兼（みちかね）殿は）そのように申し上げなさったということだ。

イ　この帝は、貞観（じょうがん）九年丁亥（ひのとい）五月五日、お生まれになる。

ウ　この宮にご覧にいれようとして、『三宝絵（さんぼうえ）』は作ったのである。

エ 「幼い者は差し支えないだろう」と、帝も(連れていくのを)お許しになったよ。

オ (天皇の)ご威光がこの上なくおありになることによって、道理にかなうこととかなわないことをお示しになったのである。

二重傍線部B

> ●「なむ」の識別●
>
> 1 未然形＋「なむ」→願望の終助詞[～してほしい]
>
> 2 連用形＋「な」＋「む」
> →完了(強意)の助動詞「ぬ」の未然形＋推量の助動詞
>
> 3 名詞など＋「なむ」→強意の係助詞
> ＊文末は係り結びで連体形になる。
> ＊「なむ」がなくても文意は通じる。
>
> 4 ナ変動詞の未然形活用語尾「―な」＋推量の助動詞「む」
> 例 死なむ 訳 死ぬだろう

2の連用形に接続する「なむ」のうち、形容詞の連用形には例外があり注意が必要です。

> ●形容詞の連用形の下の「なむ」の識別●
>
> 1 ―く ＋「なむ」→強意の係助詞
> 例 口惜しくなむ 訳 残念である
>
> 2 ―かり ＋「な」＋「む」
> →完了(強意)の助動詞「ぬ」の未然形＋推量の助動詞
> 例 口惜しかりなむ 訳 きっと残念だろう

二重傍線部Bの前を含めて品詞分解すると「入り―な―む」で、直前の「入り」が四段活用動詞「入る」の連用形なので、「なむ」は完了(強意)の助動詞「ぬ」の未然形＋推量の助動詞「む」とわかります。

では、選択肢を見ます。

ア 「見ぐるしかり―なむ。」
→「見ぐる(苦)しかり」は形容詞の補助活用(カリ活用)の連用形。**カリ活用には助動詞が接続する**ので、「なむ」は、完了(強意)の助動詞＋推量の助動詞。

イ 「目―を―なむ―病む。」
→助詞の下にあり、なくても意味が通じるので、「なむ」は係助詞。(「病む」は係り結びによって連体形。)

ウ 「うち―も―寝―な―なむ。」

↓直前の「な」が完了の助動詞「ぬ」の未然形なので、「なむ」は、願望の終助詞。

エ 「一人一往な一む一や。」

↓「な」は、ナ変動詞「往ぬ」の未然形活用語尾。「む」は、推量の助動詞。

オ 「こと一出で来一な一むず、」

↓「な」は、完了の助動詞「ぬ」の未然形。「む」は、推量の助動詞「むず」の一部。

よって、**正解はア**です。

【選択肢の現代語訳】

ア (新帝とは)縁のない身で宮仕えなさるのは、みっともないだろう。

イ その薬を飲んだ人は、このように目を病む。

ウ 毎晩、寝てしまってほしい。

エ そのような所に、一人で行けるだろうか。

オ 「一大事が起きてしまうだろう、大変なことだなあ」とお思いになった。

解答 A ウ B ア

問二 語句の意味

傍線部X

「で」は打消接続を表すので、「例ならで」は「例ならず」+「て」と同じです。「例ならず」は「いつもと違う・病気である」の意味です。本文17行目には「かかる病になりて」とあり、さらに17行目の「失せにけり」は「亡くなってしまった」の意味なので、ここは「病気」を表していると判断できます。よって、**エ「病気になり状態が非常に悪いこと」が正解**です。

長能が、病気になって重篤な状態になったということです。

傍線部Y

「あさましき」の終止形「あさまし」は驚きを表し「驚きあきれるほどだ」の意味、「僻事(ひがごと)」は「間違い」の意味です。また、「あさましき僻事」は、傍線部**3**「ゆゆしき過ち」を言い換えたものです。「過ち」は「過失」の意味です。よって、**ア「あきれるほどの失態」が正解**です。

傍線部Z

「すきずきしかり」の終止形「すきずきし」は「好き好きし」と書き、「物好きだ・風流の道に熱心だ」などの意味です。よって、**イ「風流の道に熱心であったこと」が正解**です。

この「すきずきし」は、筆者の評価を表す重要な言葉ですが、それについては、**チャレンジ問題**で詳しく解説します。

解答 X エ Y ア Z イ

問三 **状況の説明**

まずは傍線部**1**を訳します。

いみじう（①）—挑み（②）—交はし（③）—て—詠み—けり

①形「いみじ」の連用形「いみじく」のウ音便。程度のはなはだしさを表す。たいそう。

②動【挑む】競争する。張り合う。

③動【交はす】互いにやり取りする。

直訳▼ たいそう（互いに）競い合って（歌を）詠んでいた

二人は歌で競い合う関係です。選択肢を見比べると、**その勝負の結果が問われている**ことがわかります。

そこで本文を見ると、第一段落のエピソードの最後（10行目）に二人の勝負の結果についての記述があります。この一文を訳してみます。

さきざき何事も、長能は上手（うはて）を打ちけるに、この度は本意（ほい）なかりけりとぞ。

訳 以前は何事も、長能が上に立っていたが、今回は残念だったことだ。

「本意なし」は「不本意である・残念である」という意味の形容詞です。「残念だった」ということは、今回は長能が負けたということです。一方、9行目の「道済、舞ひ奏でて」は、勝負に勝った道済の喜びを表しています。

選択肢の中で、**「以前は長能が上だったが、今回は道済が勝った」**としているものを選びます。よって、イが正解となります。

解答 イ

問四 **現代語訳**

●**現代語訳・解釈の手順**●

1 品詞分解

2 直訳

3 手直し——⑴言葉を補う
　　　　　　⑵不自然な表現を改める

右の手順に従って、傍線部**2**を訳します。

あられ—は、—宿—借る—ばかり（①）—は、—いかで（②）—濡（ぬ）れ—む（③）—ぞ

①副助 程度［〜ほど］

②副 どうして（〜か）。疑問や反語を表す。

③ 助動「む」の連体形。推量［～だろう］

直訳▼あられは、宿を借りるほどは、どうして濡れるだろうか（、いや、濡れない）

「あられ」は漢字では「霰」と書きます。空気中の水蒸気が氷結して降るものです。「雹（ひょう）」よりは小さく軽い粒で、パラパラと音を立てて降り、雪のように着物に付着することはないので、着物が濡れることはありません。ですから、「いかで」は反語の意味になります。あられがどういうものか知らなくても、傍線部**2**の下に「ここもとぞ劣りたる」とあるので、傍線部**2**で歌の欠点を述べていると考えられ、「いかで」が反語を表すと判断できます。

解答では、反語の意味を「どうして～だろうか、いや、～ない」という形で明確に訳すのがベストです。

「あられで狩衣（かりぎぬ）が濡れてしまった」と詠んでいる長能の歌を、**事実に反している**と四条大納言は批判しています。それに対して、道済の歌は「（雪に）濡れても狩りを続けよう」と詠んでいて、**理にかなった歌だ**というのです。それで、道済が勝ち、長能が負けたのです。

解答 あられは、宿を借りるほどには、どうして濡れるだろうか、いや、濡れはしない

配点
「宿借る」の訳……………………1点
「ばかり」の訳……………………2点
「いかで濡れむぞ」の反語の訳出…3点

問五 内容の説明

まずは、傍線部**3**を訳します。

①ゆゆしき ②過ち

① 形【由々し】「ゆゆし」の連体形。恐れ多い。不吉だ。立派だ。とんでもない。

② 名 過失。失敗。

直訳▼とんでもない失敗

ここは大納言から欠点を指摘されるような下手な歌を詠んでしまったことを「過ち」と言っているので、「ゆゆしき」は「とんでもない」の意味になります。

次に、長能の歌を訳します。

心憂き年にもあるかな二十日あまり九日といふに春の暮れぬる

訳 嘆かわしい年であるよ。二十九日だというのに春が終

わってしまうとは。

これに対する大納言の批判の言葉が「春は二十九日のみあるか」です。これを聞いて、長能は「とんでもない失敗」だと思ったということなので、大納言の発言の意味がわかれば「ゆゆしき過ち」の具体的な内容がわかるはずです。

大納言の言葉を直訳すると「春は二十九日だけあるのか」となりますが、「だけある」という訳は不自然なので、「しかない」に直すと、「春は二十九日しかないのか」となりますが、これでも意味はわかりません。訳しても意味がわかりにくい場合は、選択肢を見て、**明らかに内容が間違っているものを除く消去法**が有効です。

ア 三月は小の月であるにもかかわらず、長能が三十日まである意の歌を詠んでしまったこと。
→歌には「二十日あまり九日」とあり、「二十九日」と言っている。

イ 四月から本格的に春になると思った大納言が、「春は二十九日に暮れるはずがない」と批判したこと。
→古文の「春」は一月～三月の三ヶ月を指す。また、「過ち」は、大納言が批判したことではなく、長能の批判された行為を指す。

ウ まだ九日残っているにもかかわらず、長能が三月の終わりを惜しむ歌を詠んでしまったこと。
→「二十日あまり九日」は「二十九日」の意味で、この月の末日にあたる。また、歌は「春が暮れる」のを惜しんだもの。

エ 歌の中で「二十九日」が強調されていたので、大納言が春は一日で終わると解釈してしまったこと。
→「過ち」を大納言の行為として捉えているので、誤り。また、大納言の解釈の内容も誤り。

オ 春は三ヶ月あるのに、長能が二十九日間しかないように誤解される歌を詠んでしまったこと。

ア～**エ**が消去されたので、**オ**が正解となるはずです。「春は三ヶ月ある」は間違いではありません。古文では一月～三月の三ヶ月間が春です。また、長能が「(春は)二十九日間しかないように」取れる歌を詠んだのも間違いではありません。陰暦では「大の月」は三十日、「小の月」は二十九日で、同じ月でも年によって日数が異なっていました。長能は「今年は三月が二十九日で終わって(いつもより早く)春が終わった」という意味で詠んだのですが、「二十九日間で春が暮れた」の意味にも取れます。「誤解される」という記述は本文にはありませんが、大納言はそう誤解したということです。よって、オ

が正解で間違いありません。

解答 オ

問六　心情の説明

傍線部**4**に至るまでの、第二段落の内容をまとめます。

> ・長能が詠んだ歌を大納言が批判した。
> ・それを聞いた長能はものも言わないで退出し、その後病気になった（傍線部**X**）。
> ・大納言からの見舞いの使者に、長能は「あきれるほどの失態（傍線部Y）をしたと思って病気になった」と説明し、その後亡くなった。

この事情を知った大納言が嘆いた言葉が、傍線部**4**です。

傍線部**4**を訳すと、「あれほど打ち込んでいたことに、つまらないことを言って」となります。

「打ち込んでいた」とは、長能が、大納言から批判されるような下手な歌を詠んだことを苦にして病死してしまうほど歌に打ち込んでいたことを指し、「つまらないこと」とは、**問五**で見た、大納言の批判の言葉を指します。

読解ルール　「と」は同じことの言い換えを表す！

傍線部**4**の下に言い換えを表す「と」があるので、「さばかり心に入りたりしことを、よしなく言ひて」＝「後まで大納言はいみじく嘆き給ひけり」となり、傍線部**4**は大納言の嘆きだということです。「つまらないことを言ったことを嘆いている」とは、「悔やんでいる」ということです。つまり、大納言は、長能があれほど歌に打ち込んでいたのに、つまらないことを言ってしまったことを後悔しているのです。これを踏まえて選択肢を見ると、長能が歌に打ち込んでいたことと大納言の後悔の気持ちについて言及しているのは**イ**「長能がどれほど和歌に一途であったかを十分に理解していなかったと悔やんでいる。」しかありません。**ア**「顧みている」**ウ**「反省している」**エ**「恥じている」も大納言の嘆きと取れなくはありませんが、長能についての記述が間違いで、**オ**は後悔についての言及がないので間違いです。

解答 イ

問七　文学史（190ページ参照）

「蜻蛉の日記したる人」とは、「『蜻蛉日記』を書いた人」という意味なので、**オ**「藤原道綱母」が正解です。選択肢の人物について、古い順に並べて主な作品を確認しておきましょう。

藤原道綱母――『蜻蛉日記』
和泉式部――『和泉式部日記』
菅原孝標女――『更級日記』
建礼門院右京大夫――『建礼門院右京大夫集』（私家集）
阿仏尼――『十六夜日記』

解答 オ

チャレンジ問題

最後の一文「あはれにすきずきしかりけることどもかな」の「すきずきし」は**問二のZ**で見たように、「風流の道に熱心である」様子を表します。18行目の大納言の「嘆き」の後に該当部分がありますが、「嘆く」ことを「風流だ」とは評価しないので、これは大納言への評価ではなく、本文の**主人公である長能に対する評価**を表していると判断できます。設問には、「後半部の説話に関して」「具体的に」と指示があります。後半の長能の言動は**問六**の解説で見たとおりです。それを、「風流の道に熱心である」という内容につなげる形にします。つまり、次の三つのポイントを六十字以内でまとめます。

・長能が大納言から歌の欠点を指摘されたこと。
・病死するほど自分の失態を苦にしたこと。
・和歌に真剣に打ち込んでいたこと。

解答 大納言から欠点を指摘されるような歌を詠んだ自分の失態を苦にして病死してしまうほど、長能が和歌に真剣に打ち込んでいたこと。（60字）

関連メモ **四条大納言　藤原公任**

この大納言は、古文によく登場する有名人です。名は藤原公任。四条に住んでいたことから四条大納言と称されました。諸芸に通じ、漢詩、和歌、管弦に優れていたことから、「三舟の才（三船の才）」の人として名声を得ました。和歌の世界における権威的存在です。

現代語訳

今は昔、長能、道済といふ歌詠みども、いみじう挑み交はして詠みけり。長能は、
今となっては昔のこと、藤原長能と源道済という歌人たちが、たいそう競い合って歌を詠んでいた。長能は、

蜻蛉の日記したる人の兄人、伝はりたる歌詠み、道済、信明といひし歌詠みの孫に
『蜻蛉日記』を書いた人の弟で、代々続いた家柄の歌人であり、道済は、信明といった歌人の孫で、

て、いみじく挑み交はしたるに、鷹狩の歌を、二人詠みけるに、長能、
たいそう競い合っていたが、鷹狩りの歌を、二人が詠んだときに、長能は、

あられ降る交野の御野の狩衣ぬれぬ宿かす人しなければ
あられが降る交野の御領地で鷹狩りをしていると、（蓑も借りることができず）狩衣が濡れてしまった。雨宿りの場所を貸してくれる人もいないので。

道済、
道済は、

ぬれぬれもなほ狩りゆかむはしたかの上毛の雪をうち払ひつつ
（降る雪に）濡れながらもやはり鷹狩りを続けて行こう。このはし鷹の上羽の（上に降りかかる）雪を払い落としながら。

と詠みて、おのおの「我がまさりたり」と論じつつ、四条大納言の許へ二人参りて、
と詠んで、二人とも「自分のほうが優れている」と論じながら、四条大納言のところへ二人で参上して、

重要語句

□いみじ　①すばらしい。②ひどい。恐ろしい。③たいそう。

□せうと【兄人】兄弟。

判ぜ[A]させ〔使役・用〕奉るに、大納言のたまふ、「ともによきにとりて、[2]あられは、宿借る
判定していただいたところ、大納言がおっしゃることには、「どちらもよい（歌である）が、あられは、宿を借りるほど

ばかりは、いかで〔反語(↓)〕濡れむ〔推量・体(↑)〕ぞ。ここもとぞ〔強意(↓)〕劣りたる〔存続・体(↑)〕。歌柄はよし。道済が〔準体格〕は、
には、**どうして**濡れるだろう**か**（、**いや**、濡れはし**ない**）。この点が劣っている。（しかし）歌の品格はよい。道済の歌は、

さ言はれたり。末の世にも集などにも入り[B]なむ〔推量・終〕」とありければ、道済、舞ひ奏
理にかなった言い方をしている。将来勅撰集（ちょくせんしゅう）などにもきっと入集するであろう」とおっしゃったので、道済は、（うれしさ

でて出でぬ〔完了・終〕。長能、物思ひ姿にて、出でに〔完了・用〕けり。**さきざき**何事も、長能は
のあまり）舞い踊りながら退出した。長能は、物思いに沈む姿で、退出していった。**以前は**何事も、長能が上

上手を打ちけるに、この度は**本意なかり**けりとぞ〔強意(↓省)〕。
に立っていたが、今回は**残念だっ**たということだ。

春を惜しみて、三月小なり〔断定・用〕けるに、長能、
春（が過ぎ行くの）を惜しんで、旧暦三月が小の月であったときに、長能が、

心憂き年に〔断定・用〕もあるかな二十日あまり九日といふに春の〔主格〕暮れぬる
嘆かわしい年であるよ。まだ二十九日だというのに、春が終わってしまうとは。

と詠み上げけるを、例の大納言、「春は二十九日のみあるか〔反語〕」とのたまひけるを聞き
と詠み上げたのを、あの四条大納言が、「春は二十九日間しかないのか（三ヶ月ある）」とおっしゃったのを（長能が）

て、[3]**ゆゆしき**過ちと思ひて、物も申さず、音もせで出でに〔完了・用〕けり。さて、そのころより、
聞いて、**とんでもない**失敗（をした）と思って、何も申し上げず、そっと退出してしまった。そして、その頃から、

□**はんず【判ず】** 判定する。和歌などの優劣を定める。

□**いかで** ①（疑問）どうして。②（反語）どうして〜か、いや、〜ない。③（願望）なんとかして。

□**さいはれたり【さ言はれたり】** そのとおりだ。ごもっともだ。

□**さきざき【先先】** ①以前。過去。②将来。未来。

□**ほいなし【本意なし】** 不本意だ。残念だ。

□**こころうし【心憂し】** ①つらい。情けない。②いやだ。

□**ゆゆし【由々し】** ①恐れ多い。恐ろしく不吉だ。②はなはだしい。たいへん。③すばらしい。立派だ。④とんでもない。

X**例ならで重きよし**聞き給ひて、大納言、**とぶらひ**につかはしたりける返り事に、「『春は二十九日あるか〔反語〕』と候（さぶら）ひし〔過去・体〕を、Y**あさましき僻事**をもして候ひけるかなと、心憂く嘆かしく候ひし〔過去・体〕より、かかる病になりて候ふ也〔断定・終〕」と申して、**ほどなく失せに〔完了・用〕**けり。「4さばかり**心に入り**たりし〔過去・体〕ことを、**よしなく**言ひて」と、後まで大納言はいみじく嘆き給ひけり。**あはれに**Z**すきずきしかりける**ことどもかな。

（長能は）**病気になり**（状態が）重くなった**ということ**をお聞きになって、大納言が、**見舞い**に（使者を）お遣わしになったその返事として、「『春は二十九日間だけなのか』とのお言葉がございましたので、**あきれるほどの失態**をしてしまったことでございますなあと、情けなく嘆かわしく思いましたときから、このような病気になってしまったのです」と申し上げて、**間もなく亡くなって**しまった。「あれほど**打ち込ん**でいた（和歌の）ことに、**つまらない**ことを言って（気の毒なことをした）」と、後々まで大納言はたいそうお嘆きになった。**しみじみと風流**の道**に熱心で**あったことよ。

［出典：『古本説話集』上　二六　長能道済事］

□れいならず【例ならず】①いつもと違う。②病気である。

□よし【由】①風情。②由緒。理由。③方法。④〜ということ。趣旨。

□とぶらひ【訪ひ】見舞い。訪問。

□あさまし　①驚きあきれる。②情けない。③ひどい。見苦しい。

□ひがこと【僻事】間違い。過ち。

□ほどなし【程無し】①（空間的に）広さがない。②（時間的に）間もない。

□うす【失す】①消える。②死ぬ。亡くなる。

□こころにいる【心に入る】熱中する。打ち込む。

□よしなし【由無し】①理由や根拠がない。②方法がない。③つまらない。④関係がない。

□あはれなり　①しみじみと心を動かされる。②しみじみと美しい。しみじみと趣深い。③かわいい。いとしい。④かわいそうだ。

□すきずきし【好き好きし】①風流である。②色好みらしい。③物好きだ。

2 説話

青山学院大学 発心集（ほっしんしゅう）

作品紹介 ■ 鎌倉時代初期の仏教説話集。編者は鴨長明（かものちょうめい）。遁世（とんせい）者として敬われた人々の説話を通し、「心」の不可思議さを追究する。人間精神に対する深い洞察が示されている。

別冊（問題） p. 14

解答

問	解答	配点
問一	オ	2点
問二	a イ　b ア	2点×2
問三	ア	4点
問四	所知など望む	4点
問五	エ	4点
問六	え	2点
問七	ウ	4点
問八	ア	6点

チャレンジ問題

世俗の名利を求めずいちずに風流を愛する心。（21字）

合格点 20／30

問題文の概要

あらすじ ● 永秀（えいしゅう）法師は笛を吹くことにしか関心がなく、貧しい暮らしをしていた。遠い親類に当たる八幡別当（はちまんべっとう）の頼清（よりきよ）は永秀の話を聞き、援助しようと永秀を呼び出す。望みを問われた永秀は、漢竹（かんちく）の笛を所望した。頼清は思いがけない答えに感動し、日々の暮らしの必需品も用意してやったが、物への執着のない永秀は、それも楽人（がくにん）たちと分け合い、笛に精進して名人となった。

内容解説 ● 主人公永秀の、一筋に笛を愛する生き方は、仏道修行に専念する姿勢に通じるもので、世俗的な価値観をもつ八幡別当頼清でさえ心を打たれます。編者は、笛に精進して名人になった永秀に、修行をやり遂げた出家者の姿を重ねて賞賛しているのです。

設問解説

問一　語句の意味（漢字表記）

傍線部1を品詞分解すると、「すけ｜り｜ける」です。

「り」は存続の助動詞「り」で、**サ変動詞の未然形か四段活用動詞の已然形（いぜん）にしか接続しません。**よって、「すけ」はカ行四段活用動詞「すく」の已然形だとわかります。

選択肢を確認します。

> **ア**　隙＝名詞「すき」→「隙間」の意味。
> **イ**　澄＝動詞「すむ」→「くもりがなくなる」の意味。
> **ウ**　空＝動詞「すく」→「間が空く」の意味。
> **エ**　助＝名詞「すけ」→「援助」の意味。
> **オ**　好＝動詞「すく」→「風流の道に熱心である」の意味。

この中で、カ行四段活用動詞になるのは、**ウ・オ**です。（**イ**はマ行四段活用です。）

傍線部**1**の前後から、意味を判断する根拠を探します。直後の「夜昼、笛を吹くよりほかの事なし」の**「笛」は風流事**なので、これに合致するのは「好く」です。「笛を吹く以外のことはなかった」は、まさしく「風流の道に熱心である」様子を表しています。第四段落の冒頭の「げに、すきものにこそ」もヒントです。「すきもの（好き者）」は、「風流人」のことです。また、この「すき」が形容詞化したのが、**第1講の問二** 傍線部Z で解説した「すきずきし」です。

解答　オ

問二　主体の把握

波線部a　直前も含めて訳します。

> ①さらに｜②いたま｜ず
> ①副 まったく。決して。
> *「さらに～ず」＝まったく～ない。
> ②動【痛む】苦痛に感じる。
> 直訳▼まったく苦痛に感じない

本文の冒頭で主人公が紹介され、主人公の行動に焦点を当てた描写が続きます。これを踏まえて波線部**a**に至る状況を読み取ると、「永秀法師は笛ばかり吹いていたので、その音をうるさがって近所の家が立ち退いて誰もいなくなった」という状況です。これを「まったく苦痛に感じない」のは永秀法師です。

よって、**正解はイ**です。

波線部b 「出で合ふ」は「対面する」の意味です。

第二段落は永秀の遠い親類の八幡別当頼清が登場します。「別当」とは「長官」のことで、有力者ですが、地の文では敬語が使われていないので、敬語によって主体を見分けることはできません。波線部bに至る状況を確認しましょう。

直前の「ある片夕暮に出で来たれり」は、親類の頼清の元に永秀がやってきたということです。やってきた永秀と対面したのは、頼清です。対面したのは頼清と永秀の二人なので、永秀と頼清の二人を主語としている選択肢の**ウ**と迷うかもしれません。ここで波線部bの後にも注目します。

読解ルール 「て」「して」は主語を継続させる！

「て」は主語を継続させるので、「出で合ひ」と「て」の下の「いふ」の主語は同じ人物だということです。「何事に（＝どんなことでしょうか）」と問うのは「頼清」なので、波線部bの主語も頼清だと判断します。「いふ」の後の返事が永秀のものであるのもヒントです。よって、正解はアです。

解答 a イ b ア

問三 解釈 難

まずは、第一段落から、永秀と頼清の関係を読み取ります。

> 永秀＝貧しい暮らしをしていて、笛を吹くことに熱心。
> 頼清＝永秀の親類で、八幡別当という有力者。

これを踏まえて、傍線部2を含む会話文は、**貧しい暮らしをしている永秀に同情した頼清が永秀にかけた言葉**であることを確認します。

> **●会話文における敬語の用い方●**
> ・自分（私）の行為 ——**謙譲語**か**丁寧語**
> ・相手（あなた）の行為—**尊敬語**

「などかは何事ものたまはせぬ」の「のたまはす」は尊敬語なので、主語は「あなた」となり、「どうしてあなたは何もおっしゃらないのか」の意味です。会話の直前に「あはれみて」とあることから、これは援助について話していると推測できます。つまり、頼清は、親類である貧しい永秀を援助してやろうと言っているのです。

傍線部2の直前の「かやうに侍れば」の「侍れ」は丁寧語なので主語は「私」となり、「私はこのように（別当で）ございますから」の意味で、自分が有力者であることを指しています。

以上を踏まえて、傍線部2の前半「さらぬ人だに」を訳します。

①さら―ぬ―人―②だに

①「さらぬ」＝そうでない。それ以外の。
② 副助 類推［〜でさえ］

直訳▼そうではない人でさえ

「だに」は、軽いもの(A)を挙げて重いもの(B)を類推させる働きをします。「Aだに〜。ましてB〜」の形をとって、「Aでさえ〜。ましてBは言うまでもなく〜」の意味になります。傍線部**2**の下の「うとくおぼすべからず」は「疎遠にお思いになってはいけません」の意味で、「おぼす」は尊敬語なので、主語は「あなた」つまり「永秀」となります。省略された「まして」を補って、これを「だに」の構文にあてはめると、

A　　　　　　　　　　B
さらぬ人 でさえ ～ まして あなた(永秀) は疎遠にお思いになってはいけない

となります。「永秀」と対比されているのが「さらぬ人」です。本文1行目に「遠類」とあるように、「永秀」は頼清の親類なので、「親類であるあなた」と対比関係にあるのは、「親類でもない人」となります。

「さらぬ」と「だに」を正しく訳出しているのは、ア「別に身よりでもない人でさえ」しかありません。

念のため傍線部**2**の後半「事にふれてさのみこそ申し承る事にて侍れ」を訳し、選択肢**ア**と矛盾がないか確認します。

①事―に―ふれ―て―②さ―のみ―こそ―③申し承る―事―④に―て―⑤侍(はべ)れ

①「事にふれて」＝折にふれて。機会があるごとに。
②「さのみ」＝そうばかり。そうむやみに。
③ 動 願い出る。
④ 助動「なり」の連用形。断定［〜である］
⑤ 補動「侍り」の已然形。(係助詞「こそ」の結び。)丁寧［〜ございます］

直訳▼機会があるごとにそうばかり願い出るものでございます

ア「何かにつけて援助を頼みにくるものです。」と矛盾しません。よって、正解はアとなります。

「申し承る」という語は見慣れない語なので、頼清と永秀の関係から意味を読み取らなければなりませんが、「だに」の働きを知っていれば、答えを出すことはできます。

親類でもない人でさえ援助を願い出るのだから、親類のあな

たが援助を願い出るのは当然です、遠慮なく何でもおっしゃってください、と頼清は言っているのです。

解答 ア

> **関連メモ** **三つの「さらぬ」**
> 然らぬ＝「そうでない・それ以外の」の意味。
> 避らぬ＝「避けられない」の意味。
> 去らぬ＝「離れがたい」の意味。

問四 具体的内容の抜き出し

まずは、傍線部**3**「うるさき事やいひかけられん」が誰の心話であるか確認します。本文6行目で永秀に「遠慮なくおっしゃってください」と伝えた頼清が、本文7～8行目の「長年の願いがあります」との永秀の言葉を聞いた後にあるので、これは頼清の心話だとわかります。

では、傍線部**3**を訳します。

> ①うるさき｜事｜②や｜いひかけ｜③られ｜④ん
>
> ①形「うるさし」の連体形。面倒だ。優れている。
> ②係助 疑問［～か］
> ③助動「らる」の未然形。受身［～られる］
> ④助動「む」の連体形。（係助詞「や」の結び。）推量［～だろう］
>
> **直訳**▼〈うるさき〉ことを言いかけられるだろうか

読解ルール **「て」は同じことの言い換えを表す！**

「うるさし」にはプラスの意味とマイナスの意味があるので、傍線部**3**の直前の「て」に着眼して判断します。

「て」は言い換えを表すので、「よしなき情けをかけたこと」＝「うるさき事やいひかけられん」となります。「よしなき」は「つまらない」の意味でマイナスなので、「うるさし」もマイナスだと判断できます。つまり、頼清は、永秀に「遠慮なくおっしゃってください」と情けをかけたことで、面倒なことを頼まれるのではないかと心配になって、つまらない情けをかけてしまったと思っているのです。受身の助動詞には「迷惑」な気持ちを表す用法もあるので、面倒なことを言われたら迷惑だと思っているということです。では、永秀の願いは何なのか、見ましょう。

実際に二人が対面した場面を見てください。11行目「所望」という言葉が見つかります。「所望」は「望み欲すること」の意味で、永秀の願い事だと判断できます。頼清と対面した永秀は「あさからぬ所望」があると言います。これを聞いた頼清の心話である12行目の「疑ひなく、所知など望むべきなめり」の「望む」は「所望する」と同じ意味です。「永秀は領地を欲しがるのではないか」と頼清は考えたということです。よって、正解は「**所知など望む(こと)**」です。

貧しい永秀が望むものを「領地」と想像する頼清の価値観は、世俗の名利(名声やお金)を求める考え方です。

解答 **所知など望む**(6字)

問五 **内容の説明**

傍線部4「かの身のほどには、いかばかりの事かあらん」も頼清の心話です。選択肢を見ると、「かの身のほど」の訳はすべて「あのような者」となっているので、後半の訳がポイントです。

読解ルール 「と」は同じことの言い換えを表す!

傍線部4の直後に「と思ひあなづりて」とあるので、傍線部4は永秀を**見下している内容**になっているはずです。傍線部4の後半「いかばかりの事かあらん」を訳すと、係助詞「か」には疑問と反語の意味がありますが、永秀を見下している内容なので反語文だと判断でき、「どれほどの事があろうか(いや、大したことはないだろう)」となります。

また、これは頼清が永秀の望みの内容を気にしている場面なので、「事」は「願い事」の意味です。よって、正解はエ「あのような者が、どれほど大きな願い事をするというのか。気にすることもあるまい。」です。

解答 **エ**

問六 **適語の補充(呼応の副詞)**

空欄Aの直後の「まうけ侍らず」は、直訳すると「入手していません」となります。「まうけ」は動詞「まうく(設く・儲く)」で、「手に入れる」の意味、「侍ら」は丁寧の補助動詞です。

一方、設問に示してある意味は「入手することができません」で、不可能の意味です。「ひらがな一字」で、**不可能**の意味になるのは、呼応の副詞「え」しかありません。

●呼応の副詞●

さらに~打消語 訳 まったく~ない
つゆ~打消語 訳 少しも~ない
え~打消語 訳 ~できない
をさをさ~打消語 訳 めったに~ない
よも~じ 訳 まさか~ないだろう
な~そ 訳 ~してくれるな
ゆめ~な 訳 決して~するな

永秀が所望したのは、長年手に入れることができなかった「漢竹の笛」でした。

解答 え

問七　内容の説明

第三段落では、頼清が「笛以外にも日常に必要なものも用意しよう」と言いますが、永秀は丁重にそれを断ります。

そして第四段落の冒頭で、頼清は永秀に笛を送ります。それに続くのが傍線部6です。これを踏まえて傍線部6を訳します。

> さ｜こそ｜いへ｜ど
> 直訳▼そうは言うけれども

読解ルール「ど（ども）」は前後が対比関係にあることを表す！

逆接の接続助詞「ど」は、その前後の内容が対比的であることを表します。傍線部6の後は、「毎月の食料の用意など、実用的なことを調えた」という意味ですから、「さこそいへど」の内容としては、それと対比される内容になっているものを選びます。

ウと**エ**が当てはまりますが、**エ**の「十月までは必要のないことだ」は、17行目の「帷（かたびら）（着物）」について言ったことなので不適です。よって**ウ**が正解です。

永秀は笛以外のものを受け取ることを断りましたが、頼清はそれでも食料などを送ってくれた、ということです。

解答 ウ

問八　内容合致の判定

各選択肢の内容を、本文に照らして判断します。

ア　永秀には望みがあったが、頼清に遠慮して、自分からは申し出なかった。

→7行目「年ごろも申さばや……はばかりてまかり過ぎ侍るなり」の内容と矛盾がない。

イ　頼清は、才能を秘めた（×）永秀が、自分を頼ってくることを期待していた。

→頼清は、永秀の貧しさに同情して援助してやろうと考えた。

ウ　永秀の願い事は、頼清が予想していた（×）とおりの内容だった。

→頼清の予想は「所知」だったが、実際は予想外の「笛」だった。

エ　遠慮深い永秀は、頼清の厚意に甘えず（×）、願い事を常識的なもの（×）にとどめた。

→永秀は頼清の厚意に甘えて、長年の願いだった笛を所望した。「笛」しか望むものはないので、「とどめた」という表現は不適切。

オ　頼清は、永秀のおかげで音楽の道に目覚め、共に暮らすようになった。
↓そのような記述はない。

よって、正解はアです。　解答　ア

チャレンジ問題

「かやうならん心は、何につけてかは深き罪も侍らん」を訳すと、「このような心は、何かにつけて深い罪がありましょうか、いや、ない」となります。

前行の「並びなき上手になりけり」までだけを読むと、確かに本文は「法師」が主人公の話ですが、仏教説話だとは思わないかもしれません。仏道修行もしないで笛にうつつを抜かしている法師の話と思うかもしれません。けれども、この最後の一文の「深い罪はない」という記述によって、仏教説話だと判断できます。「罪」は、仏教の教えに背く罪を指します。

「かやうならん心」は言うまでもなく主人公である永秀の心です。永秀の言動をまとめると以下のようになります。

・笛を吹くこと以外に関心がない。（第一段落）
・領地も食料もいらない、欲しいのは「漢竹の笛」だけ。（第二・三段落）
・もらった食料は楽人と分け合い、笛を吹いて暮らす。（第四段落）

この永秀の言動に通底する永秀の「心」を考えます。これは仏教説話なので、仏教の観点で捉えなければなりません。

まずは、「領地などはいらない」ですが、これはただの「無欲」ではありません。「世俗において価値のあるものへの執着がない」ということです。よって「世俗の名利を求めない」という表現が最適です。

そして、「笛を吹くこと以外に関心がない」ですが、この永秀の人柄を第四段落の冒頭で「すきもの」と表現しています。「好き者」は「風雅の道に熱心な人」という意味です。

以上の二点を踏まえ、「簡潔に」と指示があるので、具体的な内容は省いて、抽象的にまとめます。解答のポイントは次の二点となります。

・世俗の名利を求めないこと。
・いちずに風流を愛する心であること。

解答 **世俗の名利を求めずいちずに風流を愛する心。**（21字）

仏教説話では、世俗の名利を求めず仏道修行一筋に生きることを理想とします。ここでは仏道修行ではありませんが、笛一筋に生きる永秀の生き方は、仏道修行一筋の生き方に通じるものがあります。だからこそ、このような心の人は罪深いことはしないだろうと筆者は述べているのです。

本文の最後に「並びなき上手になりけり」とありますが、これも永秀が名人になりたいと願ったわけではなく、笛に精進したために結果として名人になったということです。

現代語訳

八幡（いはしみづ）別当頼清が（連体格）遠類に（断定・用）て、永秀法師といふ者ありけり。家貧しくて、心[1]すけりける。夜昼、笛を吹くよりほかの事なし。かしかましさにたへぬ（打消・体）隣り家、やうやう立ち去りて、後には人もなくなりに（完了・用）けれど、さらに[a]いたまず。さこそ（強意（↓）（↑流））貧しけれど、おちぶれたるふるまひなどはせざりければ、さすがに人いやしむべき事なし。

（石清水）八幡の別当頼清の遠い親類で、永秀法師という者がいた。家は貧しくて、心は**風流の道に熱心だ**った。夜昼となく笛を吹く以外のことはなかった。**やかましさに耐えられない**隣家は、だんだん立ち退いて、後には（隣に住む）人もいなくなってしまったけれど、（永秀は）まったく**苦痛に感じ**なかった。それほど貧しくても、おちぶれたふるまいなどはしなかったので、そうはいってもやはり人は（永秀を）**見下す**はずもない。

重要語句

- □すく【好く】①風流を好む。②好色である。
- □たふ【耐ふ】①我慢する。②能力がある。
- □かしかましさ【囂しさ】やかましさ。
- □いたむ【痛む】①体に痛みを感じる。②苦痛に感じる。
- □いやしむ【賤しむ】見下す。軽んじる。

頼清聞き、あはれみて使ひやりて、「などかは何事ものたまはせぬ。かやうに侍れば、2さらぬ人だに、事にふれてさのみこそ申し承る事にて侍れ。うとくおぼすべからず。便りあらん事は、はばからずのたまはせよ」といはせたりければ、「返す返す、かしこまり侍り。年ごろも申さばやと思ひながら、身のあやしさに、かつは恐れ、かつははばかりてまかり過ぎ侍るなり。深く望み申すべき事侍り。すみやかに参りて申し侍るべし」といふ。「何事にか。よしなき情けをかけて、3うるさき事やいひかけられん」と思へど、「4かの身のほどには、いかばかりの事かあらん」と思ひあなづりて過ごすほどに、ある片夕暮に出で来たれり。すなはち、b出で合ひて、「何事に」などいふ。「あさからぬ所望侍るを、思

頼清は（永秀のことを）耳にし、**同情して**使いをやって、「どうして何もおっしゃらないのか。このように（別当職など）していますので、**そう（親類）でない**人でさえ、機会があるごとにそう（援助）してもらいたいとばかり**願い出る**ものでございます。（私のことを）**疎遠に**お思いになってはいけません。（私を）**頼りにできる**ことがあるようなら、**遠慮し**ないでおっしゃってください」と言わせたところ、（永秀は）「返す返すも、**恐縮に**存じます。**長年の間**、申し上げたいと思っていながら、この身の**いやしさ**に、一方では恐れ、また一方では遠慮して時が過ぎているのです。ぜひともお願い申し上げたいことがございます。すぐに参上して申し上げましょう」と言う。（頼清は）「何事であろうか。**つまらない**情けをかけて、**面倒な**ことを言いかけられるだろうか」と思うが、「あのような者が、どれほどの願い事をするだろうか、いや、気にすることもあるまい」と**見下し**過ごしているうちに、ある日の夕暮れ近くに（永秀が）やってきた。（頼清は永秀に）すぐに、**対面して**、「どんなことでしょうか」などと言う。（永秀は）「浅くない願いごとがございますが、あれこ

□ あはれむ　①感動する。②気の毒に思う。

□ さらぬ【然らぬ】そうでない。それ以外の。

□ まうしうけたまはる【申し承る】「言ひ受く」の謙譲語。願い出る。

□ うとし【疎し】①親しくない。疎遠だ。②無関心だ。

□ たより【便り・頼り】①頼みにできるもの。縁故。②よい機会。③手段。

□ はばかる【憚る】恐れ慎む。遠慮する。

□ かしこまる【畏まる】畏れ敬う。恐縮する。

□ としごろ【年頃】長年の間。数年来。

□ あやしさ【怪しさ】不思議さ。【賤しさ】①身分の低さ。②粗末な見苦しさ。

□ よしなし【由無し】①理由や根拠がない。②方法がない。③つまらない。④関係がない。

□ うるさし　①わずらわしい。面倒だ。②立派だ。

□ あなづる【侮る】見下す。

□ いであふ【出で合ふ】対面する。

ひ給へてまかり過ぎ侍りし〔過去・体〕程に、一日の仰せを悦びて、**左右（さう）なく**参りて侍る」とい

れ考えあぐねて時も過ぎ申しておりましたときに、先日のお言葉に喜んで、**ためらわず**参上いたしました」と言う。

ふ。「疑ひなく、所知など望むべきな〔断定・体（撥・無）〕めり〔推定・終〕」と思ひて、これを尋ぬれば、「筑紫（つくし）に御領

「間違いなく、領地などを望んでいるにちがいないようだ」と思って、これについて尋ねたところ、「筑紫に御領地が多

多く侍れば、漢竹の笛の〔同格〕、事よろしく侍らん〔婉曲・体〕、一つ召して給はらん〔意志・終〕。

くございますから、漢竹の笛で、悪くないできばえでありますようなのを、一つ手に入れていただき（私に）お与えいただきたい。

これ、身にとりてきはまれる〔存続・体〕望みにて〔断定・用〕侍れど、あやしの身には得がたき物にて〔断定・用〕、年ご

これは、わが身にとってこの上ない望みでございますが、いやしい身には得がたいもので、長年の

ろ、〔え〕**まうけ侍らず**」といふ。

間ずっと、**手に入れる**ことができません」と言う。

思ひのほかに、いとあはれに覚えて、「いといと**やすき**事に〔断定・用〕こそ〔強意（↓省）〕。

思いがけないことに、（頼清は）たいそうしみじみと心を動かされるように感じて、「まったくとても**たやすい**ことです。

すみやかに尋ねて、奉るべし。そのほか、御用ならん〔婉曲・体〕事は侍らずや〔疑問〕。月日を送り給ふ

すぐに探しもとめて、進呈しましょう。そのほか、何かご入用のものはございませんか。月日を送りなさるよう

らん〔婉曲・体〕事も心にくからずこそ〔強意（↓）（↑流）〕侍るに、さやうの事も、などかは〔反語（↓）〕承らざらん〔意志・体（↑）〕」といへば、

なこと（あなたの暮らしぶり）も気にかかっていますので、そのようなことも、どうしてお引き受けしないでしょうか、いや、お引き受

「御**志**はかしこまり侍り。されど、それは事欠け侍らず。

けいたします」と言ったところ、（永秀は）「**お気持ち**は恐縮に存じます。けれど、毎日の暮らしには不自由しておりません。

□さうなし【左右なし】ためらわない。あれこれ考えない。

□まうく【設く・儲く】①準備する。②（思いがけず）手に入れる。

□やすし【易し】やさしい。容易だ。たやすい。

□こころざし【志】誠意。愛情。

二三月に、かく**帷**一つまうけつれば、十月までは、さらに望む所なし。また、

二、三月に、このように裏地をつけない着物を一着手に入れたので、十月までは、まったく望むものはありません。また、

朝夕の事は、**おのづから**あるにまかせつつ、とてもかくても過ぎ侍り」といふ。

朝夕の食事については、**たまたま**あるものでまかなっては、どうにかこうにか過ごしています」と言う。

「**げに**、**すきもの**に〔断定・用〕こそ〔強意(↓省)〕」と、あはれに**ありがたく**覚えて、笛いそぎ尋ねつつ送りけ

「**なるほど**、**風流人**であるよ」と、（頼清は）しみじみと**めったにない**ことだと感じて、笛を急ぎ探し求めて送った。

り。また、6 さこそ〔強意(↓)〕いへど〔(↑流)〕、月ごとの用意など、**まめやかなる**事どもあはれみ**沙汰**（さた）し

また、（永秀は）そうは言うけれども、毎月の食料の用意など、**実用的な**ことに配慮して**手配**をしたので、

ければ、それが〔主格〕有るかぎりは、八幡の楽人呼び集めて、これに酒まうけて、**日ぐらし**

それがあるかぎりは、（永秀は）八幡の演奏家を呼び集めて、その人たちに酒席を設けて、**終日**合奏をし

楽をす。失すればまた、ただ一人笛吹きて明かし暮らしける。後には、笛の功つも

ている。（それが）なくなればまた、ただ一人笛を吹いて明かし暮らした。後には、笛の修行が実っ

りて、**並びなき**上手になりけり。

て、**比類のない**笛の名手となった。

かやうならん〔婉曲・体〕心は、何につけてかは〔反語(↓)〕深き罪も侍らん〔推量・体(↑)〕。

このような心は、何かにつけて深い罪がありましょうか、いや、ない。

［出典：『発心集』第六　七　永秀法師、数奇の事］

□ おのづから【自ら】①自然に。②たまたま。③もしかすると。
□ げに【実に】本当に。なるほど。
□ すきもの【好き者】①好色な人。②風流な人。
□ ありがたし【有り難し】①珍しい。②（めったにないくらい）すばらしい。
□ まめやかなり【忠実やかなり】①まじめだ。②実用的だ。
□ さた【沙汰】①評議。②命令。指図。③うわさ。④手配。
□ ひぐらし【日暮らし】一日中。終日。
□ ならびなし【並び無し】比べるものがない。最高だ。

学習院大学
今物語（いまものがたり）

作品紹介 ■ 鎌倉時代前期の世俗説話集。藤原信実（のぶざね）編。和歌や連歌を話の主軸に据え、王朝時代の雅（みやび）な逸話などの小話五十三編からなる。

別冊（問題） p. 20

解答

問	解答	配点
問一	B 門　C 透　E 経　J 感	1点×4
問二	A 1　D 2　F 4　K 3	2点×4
問三	ア て　イ こ（こよ）　ウ ぬ　エ たび	1点×4
問四	a 4　b 3	2点×2
問五	4	2点
問六	2	3点
問七	4	5点

合格点 23／30

チャレンジ問題

小侍従の歌を踏まえて大納言の心情を当意即妙に歌に詠む才能があったから。（35字）

問題文の概要

あらすじ ● 小侍従（こじじゅう）という女流歌人のもとへ通っていた大納言は、ある朝の帰り際、小侍従に何か歌を詠んでくるように、蔵人（くろうど）に命じた。蔵人はさっそく小侍従のところへ戻ると、ふと小侍従の詠んだ有名な歌を思い出し、その歌を踏まえて大納言の気持ちを代弁して歌に詠んだ。蔵人の機転に感心した大納言は褒美として領地を与えた。この蔵人は「やさし蔵人」と呼ばれた。

内容解説 ● 大納言の、「小侍従に一言言って来い」という命を受けて、その大変な役目を見事に果たした蔵人の話です。歌人である小侍従に対し、機転のきいた歌をとっさに詠んだ蔵人の優雅さは、雅な王朝時代を象徴しています。

設問解説

問一　語句の意味（漢字表記）

傍線部B　「かど」には「角」と「門」があります。ここは、小侍従の家から牛車（ぎっしゃ）を出す、という状況です。よって、**正解**は「門」です。

傍線部C　前後を含めて品詞分解すると、「簾（すだれ）」に「すき」「て」となり、「すき」は動詞だとわかります。「すく」には「好く」「空く」「透く」などがありますが、ここは女性の姿が簾ごしに見えたという状況です。よって、「透」が**正解**です。

傍線部E　直後の「べき」はおもに終止形接続の助動詞なので、「ふ」は動詞の終止形です。終止形が「ふ」になるのは「経」しかありません。よって、**正解**は「経」です。

傍線部J　「かん」には「寒」「感」などがあります。ここは、大納言が蔵人の詠んだ歌に**感動して**褒美として領地を与えるという状況です。よって、**正解**は「感」です。

解答　B 門　C 透　E 経　J 感

問二　語句の意味

傍線部A　「聞こえし」の「聞こえ」は、「世に知られる・意味が通じる」の意味の動詞「聞こゆ」の連用形。「し」は、過去の助動詞「き」の連体形です。傍線部Aを直訳すると「世に知られた」で、1「よく知られた」が**正解**です。

念のために他の選択肢も確認します。

2「ひそかに」の意味はない。

3「聞いた」が間違い。「聞く」と「聞こゆ」は別の動詞。

4「よしみを通じる」の意味はない。

> **「聞こゆ」の三つの意味**
> ①聞こえる。世に知られる。
> ②「言ふ」の謙譲語。申し上げる。
> ③謙譲の補助動詞。～申し上げる。

傍線部D　「なにとまれ」の「まれ」は、係助詞「も」＋「あれ」が転じたものです。「あれ」はラ変動詞「あり」の命令形の放任法で、「～でも構わない」の意味なので、「なにともあれ」は直訳すると「なんとでも構わない」となります。よって、**正解**は2「なんでもいいから」です。

傍線部F　「左右（さう）なく」の終止形「左右なし」は「あれこれと考えることもない・ためらわない」の意味です。「ためらわない」という状態を正しく言い表している4「すぐさま」が**正解**となります。

関連メモ **二つの「さうなし」**

「さうなし」には二通りの漢字があり、意味が異なります。

双無し――並ぶものがない。この上ない。

左右無し―①どれとも決まらない。

②あれこれと考えることもない。ためらわない。

傍線部K 「やさし蔵人」の「やさし」は、シク活用の形容詞で、終止形が語幹と同じ働きをして、下の名詞「蔵人」を修飾しているので、「やさし蔵人」は「やさしき蔵人」と同じ意味になります。「やさし」は「上品だ・優雅だ・けなげだ」などさまざまな意味を持っています。選択肢を見ただけでは判断できないので、本文から根拠を探します。「やさし」は蔵人に対する評価を表す言葉なので、蔵人の言動がどのようなものであったかがわかれば答えを出すことができます。**問四**や**問五**、**チャレンジ問題**で詳しく解説しますが、蔵人は主人の命令を受けて、小侍従という女流歌人に見事な歌を詠みます。この和歌の才能に対する評価を表しているのが「やさし」です。和歌は風流を代表するものなので、「風流だ」という評価が適当です。その意味に最も近い3「優雅な」が正解となります。

解答 A 1 D 2 F 4 K 3

問三 **文法(動詞・助動詞の活用)**

空欄ア 下の「けれ」(過去の助動詞「けり」)が連用形接続なので、完了の助動詞「つ」の連用形「て」が入ります。

空欄イ 大納言の発言の中にあります。空欄は**文末**なので、係り結びがなければ**終止形か命令形**になります。大納言の発言の中には係助詞がないことを確認します。この大納言の発言を受けた蔵人は、「やがて走り入りぬ(=すぐに走って入った)」と行動を起こすので、ここは、大納言が蔵人に、「何でもいいから女に言って来い」と命じている状況だと判断できます。よって、動詞「来」の命令形「こ(こよ)」が入ります。

空欄ウ 文を中止している「に」は助詞なので、打消の助動詞「ず」の連体形「ぬ」が入ります。

●**打消の助動詞「ず」の用法**●

ず・ぬ・ね → { 下に名詞・助詞・動詞などが接続する。 / 係り結びの結びになる。 }

ざら・ざり・ざる・ざれ → 下に助動詞が接続する。

ここは、下に助詞「に」が接続しているので、「ざる」は用いません。

空欄エ 下の「たり」(完了の助動詞)が連用形接続なので、

四段活用動詞「たぶ(賜ぶ・給ぶ)」の連用形「たび」が入ります。「たぶ」は「与ふ」の尊敬語で、「たまふ」と同じ意味です。

解答 ア て　イ こ(こよ)　ウ ぬ　エ たび

問四 **場面状況の把握**

着眼点 **傍線部の前後に根拠あり！**

傍線部Gの前後の内容を確認します。

> 大納言が小侍従という歌人のもとへ通っていたある日、帰ろうとする暁がたに、小侍従が寂しそうに自分を見送る姿を見て、大納言は蔵人に何でもいいから言ってくるよう命じた。
>
> 命令を受けた蔵人は、鳥の鳴き声を聞いて「あかぬ別れの」という歌を思い出し、それを踏まえて、小侍従に「ものかはと」の歌を詠んだ。

蔵人の詠んだ歌の「ものかはと君が言ひけん鳥の音(ね)」は、「『ものかは』とあなたが詠んだという鳥の声」の意味で、「君」はこの歌を受け取る「小侍従」のことです。よって「あかぬ別れ」の歌を詠んだのは「小侍従」となり、**b**の正解は3となります。

そして、歌の中には「ものかは」と「鳥の音(声)」という語が入っているはずなので、**a**は4「待つよひにふけゆく鐘の声聞けばあかぬ別れの鳥はものかは」が正解です。

歌には「鳥」としか出てきませんが、これを「鳥の声」の意味に取れるように「鐘の声」となっています。「声」も「音」も現象としては同じ耳に聞こえるものです。なお、6行目の「ゆふつけ鳥」は注にあるように「鶏」のことで、歌に詠まれている「鳥」も、夜明けに鳴く鶏を指します。

解答 a 4　b 3

この歌の内容をもう少し詳しく説明しておきます。

「あかぬ別れ」は、朝になって男が帰っていくときの「名残惜しい別れ」のことです。「ものかは」は、名詞「もの」+反語の係助詞「かは」から成り、「たいしたものだろうか、いや、そうではない」ということから、「ものの数ではない・たいしたことではない」の意味を表します。朝、男が帰っていくときのつらさはたいしたことではない、というのです。そして、「待つよひにふけゆく鐘の声」は、夜、男が通ってくるのを待つときに聞こえる鐘の音のことです。この歌は、**夜、男を待つつらさと、朝、男が帰ってしまうつらさを比べた歌**で、そのつらさを「鐘の音」と「鳥の声」に象徴させています。小侍従は「朝の鳥の声はたいしたことではない」つまり「（男を待ち続けるのに比べれば）男が帰っていくときのつらさはたいしたことではない」と言っているのです。

> 夜、男が来るのを待つつらさ　→鐘の音
> ↔対比
> 朝、男が帰っていくつらさ　→鳥の声

男を待つ間に聞こえてくる「ゴーン」という静かな鐘の音と、男の帰宅時刻を告げる鶏のにぎやかな声が耳に聞こえてくるようです。心情を表す言葉は一つも使われていないのに、恋人を待つせつなさを聴覚的なイメージによって表現したとても上手な歌です。

> 関連メモ **二つの「ものかは」**
> **終助詞「ものかは」**＝反語や感動を表す。
> **名詞「もの」＋反語の係助詞「かは」**＝「ものの数ではない」の意味。

問五　現代語訳

傍線部Hを品詞分解して訳します。

> **今朝｜①しも｜②などか｜かなしかる｜③らん**
> ①副助　強意
> ②副　どうして〜か。疑問を表す。
> ③助動「らむ」の連体形。（「などか」を受ける結び。）現在の原因推量「〜ているのだろう」
> **直訳▼**今朝はどうして悲しいのだろうか

上の句の内容（**問四参照**）と合わせると、「たいしたことではないとあなたが詠んだという鳥の声が、今朝はどうして悲しいのだろうか」となります。蔵人は、小侍従の詠んだ歌を踏まえた歌を詠んで、別れを悲しむ大納言の気持ちを代弁したのです。よって、**正解は4**「今朝にかぎってなぜこんなにせつないのでしょう。」です。強意を表す「しも」を、「〜にかぎって」と訳しています。

念のため他の選択肢も確認しておきましょう。

1　今朝だけなんでせつないなどということがありましょうか。×いやありません。

→「などか」を反語で訳している点が×。これでは「あなたとの別れはせつなくはない」ということになり、大納言の気持ちに合わない。

2 今朝もまたどうしてあなたのことがいとしいのでしょう。

→「かなし」を【愛し】の意味で訳している点が×。ここは【悲し・哀し】で、「別れのつらさ」が歌のテーマ。「しも」の訳も間違い。

3 今朝ほどなぜかあなたのことがいとしいと思われたことはありません。

→「しも」「などか……らん」「かなし」の訳が間違い。

解答 4

問六 適語の補充（敬語）

第二段落は、大納言が帰宅して、蔵人に「何と言ったのか」と尋ねたところから始まります。それに蔵人が答えたのが傍線部Ⅰ「かくこそ」です。「かくこそ」は「このように」の意味で、「かく」は「ものかはと」の歌を指します。

ここは、蔵人が自分の行為を説明しているところなので、尊敬語は用いません。

●会話文における敬語の用い方●

・自分（私）の行為 ——**謙譲語や丁寧語**

・相手（あなた）の行為—**尊敬語**

1「のたまひ」、3「のたまひ」「おはし」、4「給(たま)ひ」は尊敬語なので、**正解は2「申し候(さぶら)ひつれ。」**です。

解答 2

問七 内容合致の判定

各選択肢の内容を、本文に照らして判断します。

1 小侍従は大納言が一人で出てゆくのが気がかりだったので、蔵人に供をするように命じた。

→主体と客体、命じた内容が間違っている。大納言が蔵人に、小侍従に歌を詠むよう命じた。

2 蔵人は和歌におぼえがあったので、命じられた役目に晴れがましい思いで臨んだ。

→4行目「ゆゆしき大事（＝大変な役目）」と思って緊張感をもって臨んでいる。

3 蔵人は無粋な男ではあったが、鶏の声でかろうじて一首の和歌を思いついた。

→この蔵人は、12行目「やさし（＝優雅な）」と評価された。

4 大納言は蔵人の和歌の才をあらかじめ知っていたので、彼を使いに出した。

→11行目「さればこそ、使ひにははからひつれ（＝だからこそ、おまえを使いに決めたのだ）」とあり、矛盾がない。

5　機知にとんだ和歌を詠んだ蔵人は、ほうびとして朝廷（×）から領地を与えられた。

→11行目「かんのあまりに、しる所など……」とあり、大納言から与えられた。

よって、4が正解です。

解答　4

チャレンジ問題

「異名」とは、別名やあだ名のことで、「やさし」が蔵人の人柄などを表しています。**問四**、**問五**、**問七**で見たように、蔵人に「優雅な蔵人」と異名がついたポイントは以下の通りです。

- 小侍従の歌を踏まえたこと。
- 大納言の気持ちを上手に歌にしたこと。
- それがすばやい対応だったこと。

この三点を押さえてまとめます。

解答　**小侍従の歌を踏まえて大納言の心情を当意即妙に歌に詠む才能があったから。**（35字）

この話は、主人公が大納言であるような始まり方をしていますが、編者が注目したのは、大納言のお供をしていた蔵人でした。このように編者が描きたかったのは誰なのかということを意識しながら本文を読み進めていくことが大切です。

現代語訳

大納言なりける人、小侍従と聞こえし歌よみにかよはれけり。ある夜、物いひて、暁帰られけるに、女の家のかどをやり出だされけるが、きと見返りたりければ、この女、なごりを思ふかとおぼしくて、車寄せの簾にすきて、ひとり残りたりけるが、心にかかりおぼえ（て）ければ、供なりける蔵人に、「いまだ入りやらで見送りたるが、ふり捨てがたきに、なにとまれ言ひて（こ（こよ））」とのたまひければ、「ゆゆしき大事かな」と思へども、ほどふべき事ならねば、やがて走り入りぬ。車寄せの縁のきはにかしこまりて、「申せと候ふ」とは、左右なく言ひ出でたれど、なにと言ふべき言の葉もおぼえ（ぬ）に、をりしもゆふつけ鳥、声々に鳴き

大納言であった人が、小侍従というよく知られた歌人のもとに通っていらっしゃった。ある夜、（小侍従と）ともに過ごして、明け方にお帰りになったとき、女の家の門から（牛車を）お出しになったが、ふと振り返ったところ、この女が、名残を惜しむかと思われて、車寄せの簾に（見送る姿が）透けて、一人残っていたのが、気がかりに思われたので、供であった蔵人に、「まだ、（小侍従が部屋に）入らないで見送っているのが、振り捨てがたいから、何でもいいから言って来い」とおっしゃったところ、（蔵人は）「大変なことだ（＝大変な役目だ）」と思ったけれど、間を置いてよいことではないので、すぐに（もどって）走って入った。車寄せの縁の端にきちんと座って、「（大納言様が）申し上げろとのことです」とは、すぐさま言い出したけれど、（その続きを）何と言うべきか言葉も思い浮かばないところに、ちょうどその時鶏が、声々に鳴き出し

重要語句

- □きこゆ【聞こゆ】①聞こえる。②評判になる。世に知られる。③意味が通じる。わかる。
- □ものいふ【物言ふ】①口をきく。②男女が情を通わせる。
- □おぼし【思し・覚し】思われる。そうらしく見受けられる。
- □なにとまれ 「なにともあれ」の転。何でもいいから。
- □ゆゆし【由々し】①恐れ多い。恐ろしく不吉だ。②はなはだしい。③すばらしい。立派だ。④とんでもない。
- □やがて ①そのまま。②すぐに。
- □きは【際】①端。境目。②家柄。身分。③場合。
- □かしこまる【畏まる】①恐れ敬う。恐縮する。②きちんと座る。
- □さうなし【左右なし】ためらわない。あれこれ考えない。

出でたりけるに、「Gあかぬ別れの」といひける事の、きと思ひ出でられければ、

（打消・体／主格）

たので、「あかぬ別れの」と言った小侍従の歌が、ふと思い出されたので、

ものかはと君が言ひけん鳥の音(ね)のH今朝しもなどかかなしかるらん
（主格／主格／疑問（↓）／現在の原因推量・体（↑））
（恋人を待つ宵の鐘の音のせつなさに比べれば）「ものかは（＝ものの数ではない）」とあなたが詠んだという（明け方の別れを告げる）鶏の鳴き声が、今朝にかぎってなぜこんなにせつないのでしょう。

とばかり言ひかけて、やがて走りつきて車の尻に乗りぬ。

（完了・終）

とだけ言い伝えて、（また）すぐに（引き返して）走って追いついて牛車の後ろに乗った。

家に帰りて、中門(ちゅうもん)におりて後、「さても、なにとか言ひたりつる」と問ひ給ひ
（疑問（↓）／完了・体（↑））
（大納言の）家に帰って、中門に降りた後、（大納言が）「それにしても、（小侍従に）何と言ったのか」とお尋ねになった

ければ、「Iかくこそ」と申しければ、いみじくめでたがられけり。「されば
（強意（↓省）／尊敬・用）
ので、（蔵人が）「このように（申し上げました）」と申し上げたところ、たいそう感心なさったのだった。「だからこ

こそ、使ひにははからひつれ」とて、Jかんのあまりに、しる所など［たび］たりけ
（強意（↓）／完了・已（↑））
そ、（おまえを）使いに決めたのだ」と言って、感動のあまり、領地などを（蔵人に）お与えになったとか。

るとなん。この蔵人は内裏(だいり)の六位などへて、「Kやさし蔵人」と言はれける者なりけ
（強意（↓省）／受身・用／断定・用）
この蔵人は内裏の六位の蔵人などを経て、「優雅な蔵人」と言われた人であった。

り。この大納言も、後徳大寺左大臣の御事なり。

（断定・終）

この大納言も、（風流で有名な）後徳大寺の左大臣のことである。

［出典：『今物語』十　やさし蔵人］

□をりしも【折しも】ちょうどその時。

□あかぬ【飽かぬ】満足しない。

□ものかは　問題ではない。ものの数ではない。

□などか　①（疑問）どうして〜か。②（反語）どうして〜か（、いや、〜ない）。

□かなし【悲し・哀し】悲しい。せつない。

□いみじ　①すばらしい。②ひどい。恐ろしい。③たいそう。

□めでたがる　ほめたたえる。

□はからふ【計らふ】①思いめぐらす。考える。②適当に処置する。

□かん【感】心に深く感じること。感動。

□しる【知る・領る】①治める。領有する。②世話をする。

□たぶ【賜ぶ・給ぶ】お与えになる。くださる。

□やさし【優し】①つらい。②恥ずかしい。③優美で上品だ。④けなげだ。

早稲田大学 文学部 平中物語（へいちゅうものがたり）

作品紹介 ■ 平安時代中期に成立したとみられる歌物語。作者未詳。平中（＝平貞文）を主人公とする恋愛説話三十九段からなる。平安時代前期の歌物語である『伊勢物語』に比べ、主人公は消極的に描かれている。

別冊（問題）p. 26

解答

問	解答	配点
問一	ロ	3点
問二	ニ	3点
問三	3 ロ　4 イ　5 イ　6 ハ　7 ハ	1点×5
問四	a　c　e（順不同）	1点×3
問五	〈二〉	4点
問六	ロ	5点
問七	尼	5点
問八	イ	2点

合格点 20／30

チャレンジ問題

自分には無縁だと思っていた尼になるということが、現実に自分の身に起きてしまったことを、嘆き悲しむ気持ち。

問題文の概要

あらすじ ● 男は市で見かけた女と恋文をやりとりして契りを結んだが、その後、女のもとへ後朝の手紙もよこさず、翌日も来なかった。悲しむ女を召使いは慰めるが、女は髪を切ってしまった。実は、女と契りを結んだ翌朝、急用が重なり、挙げ句は方違えで女のもとへ行けなかったのだ。女の使者が届けた切髪と歌を見た男は、女が尼になってしまうと思って引き止める歌を送った。女のところへ行ってみると、女はすでに尼姿になってしまっていた。

内容解説 ● 第一段落では主人公の男と女が結ばれ、第二段落では男の消息が途絶え、絶望した女が髪を切ってしまいます。そして第三段落で、種明かしの形で男の音信が途絶えた理由が説明されるという構成です。事情はどうあれ、色好みで有名な男が世間知らずな女を出家させてしまうというのは、面目丸潰れの事態です。

設問解説

問一　解釈

傍線部**1**「心地に思ふことなれば」を直訳すると、「心に思うことなので」です。

選択肢を見ると、「思ふ」の主語と、「思ふこと」の内容がわかれば答えが出るということです。

着眼点　傍線部の前後に根拠あり!

まず、傍線部の直前の「いふ」の主語は、6行目の**「使人(つかひびと)(召使い)」**で、「いふ」で文を終止しているので、**「思ふ」の主語は、召使いの話を聞いた「女」**です。選択肢で「女」が主語になっているのは、**イ**と**ロ**と**ホ**です。次に、「思ふこと」は召使いの発言を受けているので、その発言内容を見ます。「人にしもありありて」は「他に男はいくらでもいるのに」の意味、「かう音(おと)もせず、〈イ〉みづからも来ず、人をも奉れたまはぬこと」は、尊敬語「たまふ」が使われていることから「みづから」は「男」を指し、「男は手紙もよこさないし、自分も来ないし、使者をもよこしなさらない」という意味で、**男は不誠実だと悪口を言っている**ということです。選択肢で男の悪口の内容になっているのは**ロ**の「頼みにできない男を通わせてしまったと思っていた」しかありません。傍線部の後に「くやしと思ひ」があるのは、召使いが言った男の悪口は「自分も思っていたこと」なので、女は悔しいと思っているということです。正解は**ロ**です。

解答　**ロ**

問二　現代語訳

傍線部**2**の「さておはす」は、選択肢**イ**・**ニ**では「そうしていらっしゃる」、**ロ**・**ハ**・**ホ**では「そのままいらっしゃる」と訳しています。この部分は大差はないので、「御身」と「かは」の訳が決め手になります。

「かは」は疑問と反語の用法がありますが、多くの場合反語の意味で使われます。反語の場合、「〜か、いや〜ない」と訳すので、結果として否定文になります。選択肢の中で、疑問と反語(否定)の意味になっていない**イ**と**ロ**と**ホ**を除くことができます。残った**ハ**と**ニ**の違いは「御身」の指す人物です。傍線部**2**は、女のそばに仕える召使いの発言の中にあり、「男が来なくなったことを思いつめないで、他の縁をお考えください」と話しかけている内容なので、「御身」は「相手の男」ではなく、話しかけている「あなた」、つまり「女」を指すと判断できます。「おはす」が尊敬語であることもヒントです。よって、正解は**ニ**となります。

解答　**ニ**

問三 主体の把握

傍線部3 直前の会話は、**問二**で見たように、女の召使いの発言なので、その発言を受けた行為である「ものもいはで籠りゐて」の主語は、発言を聞いた人です。召使いの話を聞いたのは女なので、**正解はロ**となります。

傍線部4 第三段落は場面が変わって、男が女に連絡できなかった事情を説明しています。詳しくは**問六**で解説します。

「つとめて」は男が女と契りを交わした「翌朝」のことです。「人をやる」とは、「女に後朝の手紙を渡す使者をやる」ということです。よって、「人やらむとしけれど」の**主語はイ「男」**です。

> **関連メモ　男女の契りの作法**
>
> 「後朝(衣衣)」――互いの着物を脱いで重ねかけて共寝した翌朝、起きて着るそれぞれの衣服。また、その朝や、その朝の別れ。
>
> 「後朝の使ひ」――後朝の朝、帰宅した男から女のもとへやる手紙を届ける使者のこと。

傍線部5 第三段落は、主人公である男に焦点を当てて、男の行動を描いているので、**主語の「男」が省略されています。**(**第6講問六**参照)

読解ルール　主人公の主語は省略される!

また、男の身分が高くないために、**地の文では男の行為には尊敬語が用いられていません。**

この二点から、傍線部5の謙譲語「まゐる」は、「まゐる(＝参上する)」という行為の受け手(客体)である「亭子の院」への敬意を表していると考えられ、「まゐる」の**主語はイ「男」**と判断できます。官の督のところから帰る途中で、亭子の院の使いが男を呼びに来て、男はそのまま亭子の院のもとへ参上したということです。

傍線部6 「帰りたまふに」の「たまふ」は、尊敬の補助動詞なので、「男」の行為ではありません。「女」は、ここ(第三段落)には登場していないので、**正解はハ「イ・ロ以外の人物」**となります。尊敬語が使われていることから、主語は亭子の院となり、大堰にお出かけになった院がお帰りになったということです。

傍線部7 「いふを」の直前の会話は、男が女に手紙を書いているところへ訪ねてきた人の発言です。よって、**ハ「イ・ロ以外の人物」**が正解です。続く文に「さしのぞきて見れば、この女の人なり」とあるので、「いふを」の主語は「この女の人(＝この女の使い)」です。男が女に手紙を出そうとしていたところへ、女からの手紙が届けられたのです。

解答　3ロ　4イ　5イ　6ハ　7ハ

問四　**文法（品詞の識別）**
直前の語を手がかりに、波線部a～fの品詞を識別します。

a　「奉れ｜たまは｜ぬ｜こと」

●「ぬ」の識別●
・未然形に接続　→打消の助動詞「ず」の連体形
・連用形に接続　→完了の助動詞「ぬ」の終止形

直前の「たまは」が四段活用の補助動詞「たまふ」の未然形なので、「ぬ」は打消の助動詞「ず」の連体形。

b　「思ひみだるる｜に」

●「る・れ」の識別●
・a音＋「る・れ」→自発・可能・受身・尊敬の助動詞「る」
・e音＋「る・れ」→完了・存続の助動詞「り」
・u音＋「る・れ」→動詞の活用語尾の一部

直前の「る」がu音なので、「る」は動詞の活用語尾の一部。「思ひみだるる」は下二段活用動詞「思ひみだる」の連体形。

c　「人｜に｜知ら｜れ｜たまは｜で」
直前の「ら」がa音で、下に補助動詞「たまは」があるので、「れ」は自発・可能・受身・尊敬の助動詞「る」の連用形。受身の対象を表す「人に」があるので、意味は受身。

d　「たがへ｜に｜いぬ」
「いぬ」はナ変動詞「往ぬ」の終止形で、「ぬ」は活用語尾。

e　「もの｜聞え（きこ）｜む」

●「む（ん）」の意味の識別●
1　文末の「む」
未然形＋「む」→主語が一人称＝意志［～しよう］
　　　　　　　→主語が二人称＝勧誘［～がよい］
　　　　　　　→主語が三人称＝推量［～だろう］
2　文中の「む」
未然形＋「む」＋名詞→婉曲（えんきょく）［～ような］
未然形＋「む」＋助詞→仮定［～としたら］

直前の「聞え」が動詞なので、「む」は助動詞。「む」の下に引用の「と」があるので文末の用法。会話文中の謙譲語に付くので主語は一人称となり、「む」は意志の助動詞「む」の終止形。

f 「いと―まがまがしく―なむ」

●形容詞の連用形の下の「なむ」の識別●
↓18ページ参照

直前の「まがまがしく」は形容詞「まがまがし」の本活用の連用形で、本活用の下に助動詞は接続しないので、「なむ」は係助詞。下に結びの語「ある」などが省略されている。つまり、「む」は係助詞の一部。

よって、助動詞はa・c・eの三つです。　**解答**　a・c・e

問五　脱句の挿入

まずは挿入すべき語句を訳し、それぞれの指定の位置に入れて訳してみるしか方法はありませんが、**必ず、前後にヒントがあるはずなので、それを見逃さないこと**が重要です。

挿入する語句「方(かた)ふたがりたれば」は、「方角がふさがっていたので」という意味です。

「方ふたがる」とは、「(陰陽道に基づくと)そちらの方角が不都合である」ということです。そのため、その方角を避けて別の方角へ行くことが必要になります。これを「方違へ」と言います。「方違へ」のあるところを探せばよいということです。

15行目の「みな人々つづきて、たがへにいぬ」の「たがへ」がまさしく「方違へ」です。〈二〉の直前には「いかむとあれば」とあります。女のもとへ行こうとしたが、方角がふさがって行けなかったので、人々もみな続いて、「方違へ」に行った、ということで、文意はつながります。よって正解は〈二〉です。　**解答**　〈二〉

問六　適語の補充（段落の要旨） 難

まずは、選択肢を訳します。ただし、「やう(様)」は多義語で、「①手本。②外見。③様子。④わけ。事情。⑤方法」などの意味があるので、それ以外の部分を訳してみます。

イ　会おうとする〈やう〉は
ロ　来なかった〈やう〉は
ハ　手紙を差し上げた〈やう〉は
ニ　連れていらっしゃる〈やう〉は
ホ　通った〈やう〉は

第一段落は男が女と契りを交わした場面で、第二段落は、**突然音信が途絶えた男**の悪口を女の召使いが言い、女が髪を切る場面でした。空欄には第一段落と第二段落を受けた内容が入ります。選択肢の中で、第一段落と第二段落の内容に関係しているのは、**ロ**「来なかった」しかありません。

また、第三段落の内容を見ると、「男」という主語は明記されませんが、官の督が連れて行ったとか、亭子の院のお供をしたとかの「急用や方違えで忙しかった」という状況が続きます。そして、15行目の「この女いかに思ふらむ」は、「(後朝の文もやらず、再び訪れもしないで)あの女はどう思うだろうか」と、男が女の気持ちを思いやっているのだと判断でき、**女のところへ来なかった事情が説明されているのだと確認**できます。したがって、「やう」は「わけ・事情」という意味だと判断できます。

よって、**ロ**「来ざりけるやうは」が正解です。

それにしても間が悪いとはこのことです。次々と急用が重なって男は女に連絡さえできません。しかし、女はそんなことが起きているとはまったく知らないわけですから、思いつめて髪を切ってしまうという悲劇になってしまったのです。

解答 **ロ**

問七 **適語の補充(場面状況の把握)**

歌物語は歌の成立状況を説明したものなので、一般的には、和歌の内容を理解するために、和歌の前後の状況を詳しく読み取っていくわけですが、この設問はその逆で、和歌の直後が空欄なので、**和歌の前の状況と和歌自体の内容を手がかりにして**、空欄に入るべき語を判断します。

まずは歌の詠まれた状況ですが、**問六**で見たように男の音信が途絶えたことを悲しんで女が髪を切り、男にあてて歌を詠んだという状況です。

次に歌の内容です。五七五七七で切って訳します。

あまの川[①]‖空[②]なる[③]ものと‖聞きし[④]かど‖わが目のまへの‖涙なり[⑤]けり[⑥]

① 名 天の川。
② 名 空。
③ 助動「なり」の連体形。所在[〜にある]
④ 助動「き」の已然形。過去[〜た]
⑤ 助動「なり」の連用形。断定[〜である]
⑥ 助動「けり」の終止形。詠嘆[〜たことよ]

直訳▼ 天の川は空にあるものと聞いたけれど、自分の目の前の涙だったことよ。

「あまの川」は「天の川」ですが、なぜ「天」をひらがなにしてあるのか、気になります。「空なる」は形容動詞「そらなり」の可能性もありますが、「心がうつろなさま」の意味なので、「天の川が、心がうつろである」となり、意味が通じないので、「空なる」は形容動詞ではなく、名詞「空」＋所在の助動詞「なる」だと判断します。

上の句が「天の川」という**自然**を詠んでいるのに対して、下の句は一転して「自分の目の前の涙」という**心情**を詠んでいます。自然の「天の川」が「自分の涙」であるはずがないので、上の句の解釈に何か工夫を加えないと、上の句と下の句がつながりません。

着眼点 和歌の自然描写や小道具に修辞あり！

そこで、和歌の直前の「切髪」に注目です。これは、第二段落の最後の「いと長き髪を……挟みつ」と関係します。髪を「挟みつ」はただ挟んだのではなく、「切った」ということです。「髪を切る」は「出家」を表します。女性が「出家」すると「尼」と呼ばれますから、「あまの川」の「あま」は「天」と「尼」の**掛詞**であると判断できます。「あま」がひらがなだったわけがわかりました。ひらがなだったことが逆にヒントだったのです。

「B になるべし」は、男が切髪と歌を見て思った心話です。「なる」は変化を表す動詞なので、「なる」の主語は尼に変化した「女」となるはずです。よって、空欄には「尼」が入ります。切髪と歌を見た男は、「女が尼になるにちがいない」と思ったのです。

解答 尼

> **関連メモ** **『平中物語』の特徴**
>
> この物語の主人公である平中という男は、「色好み」つまり、恋愛の情趣をよく解する人物です。それが、世間知らずの女を出家させてしまうというのはいただけませんが、『平中物語』には滑稽な失敗談のような話が多く見られます。

問八 文学史（190ページ参照）

『平中物語』は、十世紀頃に成立しています。「隔たった時期」ということは、それ以前でもそれ以降でもよいということです。提示された作品を、成立年代順に並べ替えて整理してみます。

平安　前期　九世紀　**『文華秀麗集』**…勅撰漢詩集
　　　中期　十世紀　**『平中物語』**…歌物語
　　　後期　十二世紀　**『俊頼髄脳』**…歌論書（源俊頼）
鎌倉　前期　十三世紀　**『方丈記』**…随筆（鴨長明）
　　　　　　十三世紀　**『建礼門院右京大夫集』**…私家集
　　　後期　十四世紀　**『徒然草』**…随筆（兼好法師）

『平中物語』から最も隔たっているのはイ『徒然草』です。

チャレンジ問題

解答 **イ**

歌に詠まれた心情を理解するためには、歌の解釈が必要です。**問七**で見たように、「あまの川」の歌は、「天の川は空にあるものと聞いていたけれど、自分の目の前の涙だったことよ」という意味で、「あま」が「天」と「尼」との掛詞でした。

掛詞は、一つの言葉に同音異義の二つの意味（漢字）を持たせる技法です。どういう意味が込められているかを理解しなければ、和歌を正確に解釈することはできません。掛詞になりうる言葉はたくさんあるので、全部を暗記することは不可能です。**掛詞は暗記するものではなく、本文の内容から読み取るものです。**「ひらがなで書かれていたらそこが掛詞になる」と考えるかもしれませんが、歌がすべてひらがなで書かれていた場合、それは通用しません。繰り返しますが、歌物語は歌の説明文ですから、**歌の内容を理解するための情報が必ず本文にある**はずです。

この歌に、他の修辞はないか探します。

着眼点 **和歌の自然描写や小道具に修辞あり！**

まず、自然描写である「天の川」は何かのたとえではないかと疑います。このとき、自分で勝手に妄想するのではなく、本文にヒントがないか探します。例えば、「涙は水分だから、『あまの川』の『あま』は『雨』のことだ！」などと妄想してはいけません。

和歌の直前に出てくる「切髪」は小道具の一つなので、これがヒントになります。続く自然描写の「空なる」にも何か本文の現実に即した意味があるはずです。

読解ルール **「ど（ども）」は前後が対比関係にあることを表す！**

和歌の「ど」に着眼すると「空なる」と「目の前」が対比関係にあることがわかります。「目の前」の反対は「遠い」だと思いつけば、確かに「空」は遠くにあるものなので、「遠くにあるもの」→「自分には無縁なもの」という意味が連想できるはずです。

「あま」は「天」と「尼」の掛詞で、「空なる」は「空にある」と「遠くにある（自分には無縁）」の意味が掛かっている、これが歌の修辞となります。

直訳にこの掛詞の意味を含めて訳し直すと、次のようになります。

> 天の川が空にあるように尼になることは自分には無縁の

こととく聞いていたが、自分の目の前の涙だったことよ。

「天の川が空にある」は自然描写でイメージをもたせているものなので、解答の心情説明には不要です。「涙」がまさしく心情表現なので、どういう「涙」であるかを具体的に説明すればよいということです。「涙」にはうれし涙もありますが、ここは言うまでもなく、出家しなければならないような事態になったことを嘆き悲しむ気持ちから流す涙です。

よって、解答は次の三点を押さえ、「〜心情。」「〜気持ち。」などの形でまとめます。

- 尼になることは自分には無縁だと思っていたこと。
- 尼になることが現実に自分の身に起きてしまったこと。
- それを嘆き悲しむ気持ちであること。

解答 自分には無縁だと思っていた尼になるということが、現実に自分の身に起きてしまったことを、嘆き悲しむ気持ち。

ちなみに、男が返した歌も「あま」が「天」と「尼」の掛詞で、「いくら嘆いていてもそんなにさっさと尼になってはいけません」と女を引き止める内容になっています。

関連メモ **「ひ」の掛詞**

第一段落の「ももしきの」の歌にも掛詞が使われています。これは頻出の掛詞ですので、解説しておきます。

「袂(たもと)」は「女性」の比喩、「思ひ」の「ひ」に「緋(ひ)」が掛かっていて、さまざまな色の着物を着た女性の中で、特に緋色（濃く明るい朱色）の着物のあなたが恋しい、と求愛している歌です。

「思ひ」の「ひ」に「火」を掛ける例もよく見ると思いますが、常に「火」の意味で考えるのではなく、歌の中にどのような語句が使われているかも合わせて判断します。

現代語訳

また、この男、市といふところにいでて、透影（すきかげ）によく見えければ、ものなどいひやりけり。受領（ずりやう）などの娘にぞありける。まだ、男などもせざりけり。后（きさい）の宮のおもと人にぞありける。さて、男も女も、おのおの帰りて、男、尋ねておこせたる、

また、この男は、市というところに出かけて、牛車の簾（すだれ）越しに（美しい女の）姿がよく見えたので、供の者を通じて**言い寄っ**た。（その女は）国司の長官などの娘であった。まだ**男を通わせ**などもしていなかった。后の宮の女房であった。そして、男も女も、それぞれ市から帰って、男が、女を探してよこした歌、

ももしきの袂の数は知らねどもわきて思ひの色ぞこひしき

宮中にお仕えする女房方の、幾重にも重なる袂の色は数え切れないほどありますが、とくに私は緋色の袂のあなたを思ってお慕いしています。

かくいひいひて、あひにけり。

このように歌のやりとりを繰り返して、（二人は）**結ばれ**た。

そののち、文（ふみ）もおこせず、またの夜も来ず。かかれば、使人（つかひひと）など、わたると聞きて、「人にしもありありて。かう音（おと）もせず、みづからも来ず、人をも奉れたまはぬこと」などいふ。心地に思ふことなれば、く

（ところが）その後、（男は**後朝の**）**手紙**もよこさず、次の夜になっても来ない。このような有り様なので、（女の）召使いなどは、（この男が）**通い始め**たと聞いて、「（他に）人はいくらでもいるのに、結局（あんな男と）。このように**手紙もよこさ**ないし、本人も来ない、使いの者さえ参上させなさらないなんて」などと言う。（女は、自分でも）心に思うことなので、

重要語句

□ものいふ【物言ふ】①口をきく。②男女が情を通わせる。
□をとこす【男す】夫を持つ。男を通わせる。
□あふ【合ふ・会ふ・逢ふ】結婚する。
□ふみ【文】手紙。ここは「後朝の文」のこと。→「関連メモ　男女の契りの作法」（52ページ）
□わたる【渡る】①過ぎる。通る。移る。来る。②ずっと～する。
□おとす【音す】　便りをする。

やしと思ひながら、とかく思ひみだるるに、四五日になりぬ。女、ものも食はで、
後悔しないではいられないが、あれこれ思い悩んでいるうちに、四、五日経ってしまった。女は、何も食べないで、
音をのみ泣く。ある人々、「なほ、かうな思ほしそ。人に知られたま
声を上げて泣いてばかりいる。そばにいる召使いたちは、「やはり、このように悲しみなさいます**な**。（あの人のことは）世間の
はで、異ごとをもしたまへ。さておはすべき御身かは」などいへ
人に知られなさらないようにして、**他の縁**でも求めなさいませ。**そうして**いらっしゃってよい方ではありません」など
ば、ものもいはで籠りゐて、いと長き髪をかき撫でて挟みつ。使ふ人々嘆けど、
と言うと、（女は）何も言わないで引き籠っていて、たいそう長い髪を撫でて鋏で切ってしまった。召使いの女たちは悲しむ
かひなし。
けれど、**どうしようもない**。

来ざりけるやうは、来て、つとめて、人やらむとしけれど、官の督、
（男が）来なかったわけは、（初めの夜）来て、**翌朝**、（後朝の文の）使いの者を行かせようとしたけれど、（勤め先の）右
にはかにものへいますとて、率ていましぬ。さらに帰した
兵衛府の長官が、急にどこかへお出かけになるということで、（男をお供に）連れていらっしゃった。**いっこうに**帰してく
まはず、からうして帰る道に、亭子の院の召使来て、やがてまゐる。大堰におはし
ださら**ず**、やっと帰る途中で、宇多法皇のお使いが来て、**そのまま**参上する。大堰川にお出まし
ます御供に仕うまつる。そこにて二三日は酔ひまどひて、もの覚えず。夜ふけて帰
になるお供にお仕え申し上げる。そこで二、三日はひどく酔っぱらって、**前後不覚**である。夜が更けてお帰り

□ねを（のみ）なく【音を（のみ）泣く】 声を出して泣いて（ばかり）いる。
□な～そ　～するな。～してくれるな。
□ことごと【異事】別のこと。
□さて【然て】そういう状態で。そのままで。
□かひなし【甲斐無し】効果がない。どうしようもない。
□つとめて　①早朝。②翌朝。
□さらに～ず　まったく～ない。
□やがて　①そのまま。②すぐに。
□ものおぼえず【もの覚えず】意識がはっきりしない。

りたまふに、いかむとあれば、**〈方ふたがりたれば、〉**

になるので、（女のもとに）行こうと思っていると、（法皇がお住まいの亭子院の方角は）**方角がふさがって**いたので、

みな人々つづきて、たがへにいぬ。この女いかに思ふらむとて、**夜さり、**

お供の人々も皆引き続いて、方違え（のところ）に行く。（訪れが途絶えて）あの女はどう思っているだろうかと、**夜、**

心もとなければ、文やらむとて書くほどに、人うちたたく。「たれぞ」といへば、「尉(ぞう)

気がかりなので、手紙を送ろうと思って書いているうちに、人が戸をたたく。「誰ですか」と言うと、「尉の

の君に、もの聞えむ」といふを、さしのぞきて見れば、この女の人なり。「文」と

君に、申し上げます」と言うので、のぞいて見ると、あの女の使いである。「お手紙で

てさしいでたるを見るに、切髪を包みたり。**あやしくて**、文を見れば、

す」と言って差し出したのを見ると、切った髪が包んである。**不思議に**思って、手紙を見ると、

あまの川空なるものと聞きしかどわが目のまへの涙なりけり

天の川は空にあるものと聞いていましたが、私の目の前の涙が川となったものでした。（尼などは他人事として聞いていましたが、私の目前の悲しい出来事でした。）

尼になるべしと思ふに、目くれぬ。返し、男、

尼になるに違いないと思うと、目の前が真っ暗になった。返歌を、男は、

世をわぶる涙ながれて早くともあまの川にはさやはなるべき

二人の仲を嘆いて、泣かれる涙が流れて速くても、そのように天の川になるものでしょうか。（そう早く尼になってよいものでしょうか、いや、なってはいけません。）

ようさり、いきて見るに、いと**まがまがしく**なむ。［出典：『平中物語』三八 尼になる人］

夜、（女のもとへ）行って見ると、本当に**不吉な**尼姿になっていた。

□かたふたがる【方塞がる】陰陽道(おんようどう)で、目的地の方角に天一神(なかがみ)がいて、行けなくなること。災いを受けるとして、前夜別の方角の家（方違(かたたが)へ所）に泊まり、そこから目的地に行かなければならない。

□よさり【夜さり】夜になるころ。夜。

□こころもとなし【心許なし】①はっきりしない。②気がかりだ。③待ち遠しい。

□あやし【怪し】不思議だ。【賤し】①身分が低い。②粗末で見苦しい。

□まがまがし【禍禍し】①不吉だ。②憎らしい。

立教大学 源氏物語（げんじものがたり）

作品紹介 ■ 平安時代中期の長編物語。紫式部（むらさきしきぶ）作。「桐壺（きりつぼ）」から「夢浮橋（ゆめのうきはし）」まで全五十四帖（じょう）。前半は光源氏を、後半は光源氏の子薫（かおる）大将を主人公として、さまざまな愛と苦悩を描く。「橋姫」以降の十帖は、「宇治（うじ）十帖」と称される。後代の日本文学に大きな影響を与えた。

別冊（問題）p. 32

解答

問	解答	配点
問一	1	3点
問二	優美で	4点
問三	3	3点
問四	ながつき	2点
問五	5	2点
問六	2	2点
問七	5	2点
問八	4	2点
問九	4	2点
問十	4	2点
問十一	(イ) 2　(ロ) 3　(ハ) 4	2点×3

合格点 24／30

チャレンジ問題

八の宮が亡くなって頼りになる人は薫しかおらず、姫宮が薫と結ばれて共に都に移り住むことを願ったから。

問題文の概要

あらすじ ● 亡き父八の宮の喪が明けても姫君たちの悲しみは癒えることがなかった。黒い喪服から薄ねずみ色の着物に着替えた中の宮（中の君）の美しさは際立ち、薫と中の宮の縁談を望む姫宮（大君）は親のような気持ちで満足げに見つめる。姫宮との再会を待ちかねていた薫が宇治を訪れるが、姫宮は対面を拒む。薫は女房を呼んで話をするが、女房たちは姫宮と薫が結ばれることを願って、薫を招き入れようと計画する。

内容解説 ● 第一段落では二人の姫君、第二段落では薫と姫宮、第三段落では薫と女房たちが登場します。妹（＝中の宮）と薫を結婚させたい姫宮、姫宮に心を寄せる薫、薫と姫宮の結婚を望む女房たち、三者それぞれの思惑が描かれています。

設問解説

まず、人物関係を把握するために、リード文（古文の前に示される説明文）にある「大君」は長女、「中の君」は次女をいう語です。本文では、「姫宮」が姉（大君）、「中の宮」が妹（中の君）です。

問一 **解釈**

選択肢を見ると、傍線部(1)の後半の「……むものと思はざりしを」の部分はすべて「だろうとは思わなかったのに」と解釈しているので、「片時（かたとき）」と「おくれ」の意味が決め手となります。

> **片時** 名 わずかの間。
> **おくる【後る・遅る】** 動 後になる。生き残る。
> **たてまつる【奉る】** 補動 謙譲［～申し上げる］

「片時」の意味を知っていれば、「わずかの間」と同じ意味になるのは、1の「一瞬でも」しかないので、正解が出ます。「おくれ」の意味からも1を選ぶことができますが、念のために本文の内容を確認します。

読解ルール **本文初出の動詞の主語は、リード文の主語と一致する！**

本文の冒頭の動詞「脱ぎ棄（ぬす）て」の主語は、リード文と**注1**から、「姫宮と中の宮」だとわかります。「おくれ」は、リード文の「父・八の宮を亡くした」と同義の「生き残る」の意味だと確認できます。

傍線部(1)を直訳すると、「わずかの間でも生き残り申し上げようとは思わなかったのに」となります。**1**は「生き残っていられる」と可能の訳になっていて、謙譲の補助動詞「たてまつる」が訳されていませんが、設問は「解釈」なので、自然でわかりやすい表現になっているのです。

解答 1

問二 **現代語訳**

傍線部(2)の「なまめかしく」は、「優美である・上品である」の意味の形容詞「なまめかし」の連用形。「て」は接続助詞です。「五字以内」と指示があるので、正解は「優美で」「上品で」などとなります。薄ねずみ色の衣装に変わった姫宮の姿が優美な様子だということです。

解答 優美で

問三 **解釈**

選択肢を見ると、傍線部(3)の最後の「たまへり」はすべて「いらっしゃった」と解釈しているので、「うつくしげなる」「にほひ」「まさり」の意味によって判断します。

うつくしげなり 形動 いかにもかわいらしいさま。
にほひ 名 艶やかな美しさ。香り。
まさる【優る】 動 優れている。

「うつくしげ」か「まさり」のどちらかの意味を知っていれば、**3**が正解だとわかりますが、文脈を確認します。

読解ルール 「て」は同じことの言い換えを表す!

傍線部(3)の直前の「盛(さか)りにて」の「て」は言い換えを表すので、「いと盛り」=傍線部(3)となります。「盛り」は「女盛り(最も美しい年ごろ)」の意味です。傍線部(3)は中の宮の女盛りの美しさを表しているので、「うつくしげなる」は「かわいらしい様子」、「にほひ」は「美しさ」の意味だと判断できます。よって、**正解は3**で間違いありません。姉妹は二人とも薄ねずみ色の衣装を着ていますが、姉の方は優美で、妹は同じ衣装でもその美しさは姉よりもまさる、ということです。 **解答** 3

問四 **古典常識**

傍線部(4)「九月」の異名は「長月」です。月の異名は、古典の基礎知識として覚えておきましょう。 **解答** ながつき

●月の異名と季節●

季節	月	異名
春	一月	睦月(むつき)
	二月	如月(きさらぎ)
	三月	弥生(やよひ)
夏	四月	卯月(うづき)
	五月	皐月(さつき)
	六月	水無月(みなづき)
秋	七月	文月(ふみづき・ふづき)
	八月	葉月(はづき)
	九月	長月(ながつき)
冬	十月	神無月(かんなづき・かみなづき)
	十一月	霜月(しもつき)
	十二月	師走(しはす)

問五 **語句の意味**

「静心(しづごころ)」は「落ち着いた心」の意味なので、傍線部(5)は「落ち着いた心がなくて」の意味になります。

第二段落は、場面が変わり、登場人物は姫宮と薫です。傍線部(5)の直後の「またおはしたり」は、**注5**とリード文から「薫が姫宮のところへやってきた」という状況で、「落ち着かない心」は薫の心です。**注6**にあるように、**薫は姫宮に対面を拒ま**

れていたわけですから、**喪が明けたら姫宮に会えると期待するプラスの気持ち**だと判断できます。**1**「名残おしくて」は別れるときの気持ちで、**2**「不満な気持ちで」、**3**「嘆かわしくて」、**4**「腹立たしくて」は、マイナスの気持ちを表します。よって、**正解は5「待ちかねて」**となります。

解答 5

問六　解釈

傍線部(6)の直前の「とかく」も含めて直訳してみます。

とかく｜①きこえ｜②すまひ｜て

① 動【聞こゆ】申し上げる。「言ふ」の謙譲語。
② 動【辞ふ】断る。

直訳 ▼ なんやかやと申し上げ断って

「すまふ」には「住まふ」と「辞ふ」がありますが、選択肢に「住まふ」の訳はないので、「辞ふ」だと判断できます。

選択肢を見ると、**2**以外はすべて尊敬語の訳になっていますが、傍線部(6)に尊敬語はありません。「きこゆ」には謙譲語の用法があることを知っていれば、謙譲語の訳になっている**2**「お断り申しあげて」を選ぶことができます。「すまふ」は重要古文単語ですが、もし知らなくても敬語「聞こゆ」によって答えを出すことができます。念のため本文の内容を確認します。

8行目の「心あやまりして｜」、「わづらはしくおぼゆれば｜」、「とかくきこえすまひて｜」、「対面したまはず」、この一連の四つの行為（心情）は、接続助詞「て」と「ば」でつながっていて、すべて姫宮が主語です。薫がやってきて話をしたいと申し出たのに対して、気乗りしない姫宮の対応が四つの行為によって表現されているので、**2**の「お断り申しあげて」で矛盾はありません。

解答 2

問七　解釈

傍線部(7)を品詞分解します。

①なかなか｜②沈み｜③はべり｜て

① 副 かえって。
② 動【沈む】落ちぶれる。ふさぎこむ。
③ 補動「侍り」の連用形。丁寧［〜ます］

直訳 ▼ かえってふさぎこみまして

「なかなか」には「ますます」の意味はないので、選択肢を**3**と**4**と**5**に絞ることができます。傍線部(7)は対面を拒否している姫宮が薫に書いた手紙の中にあります。「はべり」は丁寧語なので「沈み」の主語は手紙を書いた私、つまり姫宮です。2行目に「泣き沈み」とあるように、「沈み」は父を失った姫宮の悲しみが深まっていることを表していると判断できます。よって、正解は5となります。喪服を脱いだことでかえって悲しみが深まったということです。

解答 5

問八　文法（品詞分解・「ぬ」の識別）

選択肢をヒントにして品詞分解します。

「え｜きこえ｜ぬ」

> **●「ぬ」の識別●**
>
> **1**　打消の助動詞「ず」の連体形
> 未然形に接続。
>
> **2**　完了の助動詞「ぬ」の終止形
> 連用形に接続。

「え」は呼応の副詞（↓33ページ参照）で、「きこえ」は動詞です。「ぬ」は直前の係助詞「なむ」を受けて係り結びになっているので、連体形です。連体形が「ぬ」になるのは打消の助動詞「ず」です。打消の助動詞が接続しているので、「きこえ」は未然形だとわかります。よって、正解は4です。

この「きこえ」は下二段動詞「きこゆ」の未然形で、「言ふ」の謙譲語で「申し上げる」という意味です。傍線部(8)の直訳は「申し上げることができない」となります。喪服を脱いだことでかえって悲しみが深まって、お話を申し上げることができないと、姫宮は薫を拒んでいるのです。

解答 4

問九　人物の把握　難

これまで見てきた段落ごとの登場人物を改めて整理します。

> **第一段落**　姫宮と中の宮
> ＊姫宮を中心にして、姉（＝姫宮）が妹（＝中の宮）を見守る様子が描かれている。
>
> **第二段落**　姫宮と薫
> ＊姫宮を中心にして、薫との交際の様子が描かれている。

第三段落は、冒頭の「恨(うら)みわびて」の主語が書いてありませんが、「恨む」の主語は第二段落で姫宮との対面を拒まれた薫だと判断できます。13行目の「人々」は尊敬語が使われていないので、弁の尼を含めた女房たちであると判断できます。よって、第三段落は、**薫と、姫宮に仕える女房たちが登場している**

場面だとわかります。

これを踏まえて、傍線部(9)の直後も合わせて訳します。

着眼点　傍線部の前後に根拠あり！

「この君をのみ頼みきこえたる人々」は「この君だけをお頼み申し上げている人々」の意味で、つまり「人々（＝女房たち）にはこの君しか頼りになる人はいない」ということです。直前の「世に知らぬ心細さ」は、姫宮たちの、父・八の宮を亡くし女ばかりの暮らしになったわびしさのことなので、女房たちが頼りにするのは男性である「薫」だと推測できます。また、「この」は近くにあるものや話題になっているものを指す語なので、第三段落で女房たちの近くにいる薫を指すと判断できます。よって正解は４です。

解答　４

問十　客体の把握

まず傍線部(10)の直後に「みな語らひあはせけり」とあるので、傍線部(10)は女房たちが相談して決めたことだとわかります。

また、傍線部(10)は「お入れ申し上げよう」の意で、謙譲語「たてまつる」が使われていることから、入れる相手は身分の高い人物です。

問九で見たように、女房たちは薫だけが頼りなのに、姫宮は薫との対面を拒んでいます。**チャレンジ問題**で解説しますが、女房たちは姫宮と薫の結婚を願って、「薫を姫宮の部屋へ招き入れてしまおう」と考えたわけです。よって、正解は４です。

解答　４

問十一　文法（敬語）／主体・客体の把握　難

敬意の方向を答えるためには、敬語の種類と、行為の主体や客体を正確に把握する必要があります。

●敬意の方向●

- **誰から**
  - **地の文**＝作者から。
  - **会話文**＝会話の話し手から。
- **誰へ**
  - **尊敬語**＝行為の主体へ。
  - **謙譲語**＝行為の客体へ。
  - **丁寧語**＝本文の読者や会話の聞き手へ。

波線部(イ)「たまふ」は尊敬の補助動詞なので、「見る」という行為の主体への敬意を表します。ここは二人の姫君が登場している場面なので、主体は「姫宮（姉）」か「中の宮（妹）」です。直前を見ると、「御髪（みぐし）などすましつくろはせて」とあります。

読解ルール **「て」「して」は主語を継続させる！**

「て」は主語を継続させるので、「すましつくろはせ」と「見」の主語は同じ人物だということです。直前の傍線部(3)は、中の宮（妹）の美しさを述べているので、それに続く「御髪」も中の宮のものだと判断できます。その妹の髪の手入れをさせて見ているのは姉だと考えられるので、「見」の主体は姉、つまり**2**の姫宮となります。

波線部(ロ)「きこえ」は謙譲の補助動詞なので、「見る」という行為の客体への敬意を表します。直前の「かしづき(かしづく)」は「大切に世話する」の意味で、その前に「親心」とあるので、姉である姫宮が妹である中の宮を親のように世話しているのだと判断できます。また、これは**注4**の内容からも裏づけられます。よって、「見る」という行為の客体は妹、つまり**3の中の宮**です。

波線部(ハ)「のたまふ」は「言ふ」の尊敬語なので、**主体への敬意**を表します。**問九**で見たように、第三段落には姫君たちは登場しません。

読解ルール **「て」「して」は主語を継続させる！**

「て」は主語を継続させるので、「恨みわび」と「召し」と「のたまふ」の主語は同じ人物ということです。「恨みわび」の「恨み」は姫宮に拒否された薫の行為なので、「のたまふ」の主体は**4**の薫です。姫君に拒否された薫は、恨み悲しんで、弁の尼を呼んで、いろいろと話をしたということです。

解答 (イ)2 (ロ)3 (ハ)4

チャレンジ問題

傍線部(10)を含む会話は、**問十**で見たように、女房たちが「薫を姫宮の部屋へ招き入れ申し上げよう」と相談したものです。

行為の理由を問われた場合は、その行為をとるに至った心理や考え・状況をまとめます。傍線部(10)を含む会話に至るまでの女房たちの状況と心理をまとめてみましょう。

今は宇治でわびしい暮らしをしている
↓
「世の常の住み処（＝都の住まい）」で暮らしたい
↓
頼りになるのは薫だけである

傍線部(10)を含む会話の直前の「て」に注目してください。
「て」は接続助詞ですが、理由や原因を表すこともあります。
「て」の直前の、13行目の「世の常の住み処に……めでたかるべきことに言ひあはせて」までが、女房たちが相談した内容で、女房たちの決定の理由です。その部分を訳すと、「世間なみの住まいにお移りなどなさったとしたら、とてもすばらしいことだろうと話し合って」となります。つまり、女房たちは、薫と姫宮が一緒に都に移って暮らすのがよいと考えて、なんとか二人が結ばれるように手引きをして「薫を招き入れよう」と決めたということです。

設問に「本文の内容に即して」と指示があるので、姉妹や女房たちが置かれている状況、女房が薫に寄せる期待の二点をまとめて、理由を述べる形式で解答を作成します。

・八の宮が亡くなって薫しか頼る人がいないこと。
・姫宮が薫と結ばれて都に移り住むのを願っていること。

解答 **八の宮が亡くなって頼りになる人は薫しかおらず、姫宮が薫と結ばれて共に都に移り住むことを願ったから。**

現代語訳

御**服**(ぶく)などはてて、脱ぎ棄てたまへる（完了・体）につけても、(1)片時も**おくれ**たてまつらむ（婉曲・体）もの

（八の宮の）御**服喪**なども終わって、（喪服を）脱ぎ捨てなさったのにつけても、一瞬でも（八の宮亡き後まで）**生き残り**申し上

のと思はざりし（過去・体）を、**はかなく**過ぎにける（完了・用）月日のほどを思すに、**いみじく**思ひの

げようとは思わなかったのに、**むなしく**過ぎてしまった（この一年間の）月日の間をお思いになると、**まったく**思いのままに

外(ほか)なる身の**うさ**と、泣き沈みたまへる（存続・体）御さまども、いと**心苦しげなり**。月

はならない身の上の**つらさ**であるよと、泣き伏していらっしゃる（姫君たちの）ご様子は、たいそう**おいたわしく**見える。こ

重要語句

□ぶく【服】喪に服すること。喪服。
□おくる【後る・遅る】①後に残る。②生き残る。先立たれる。
□はかなし【果無し】①頼りない。むなしい。②ちょっとした。
□いみじ ①すばらしい。②ひどい。恐ろしい。③たいそう。

ごろ黒くならはしたまへる〔完了・体〕御姿、薄鈍(うすにび)にて〔断定・用〕、いと(2)なまめかしくて、

の数か月、黒いお召し物を身につけていらっしゃったお姿が、（今日は）薄ねずみ色であって、（姫宮は）たいそう優美で、

中の宮はげにいと盛りにて〔断定・用〕、(3)うつくしげなるにほひまさりたまへり。御髪などすま

中の宮はほんとうに若い盛りの頃であって、かわいらしい美しさは（姫宮より）優れていらっしゃった。（中の宮の）御髪など

しつくろはせ〔使役・用〕て見たてまつり(イ)たまふに、世のもの思ひ忘るる心地して、めでたけれ

を洗わせてくしけずらせて拝見なさると、世の中の物思いも忘れてしまう心地がして、見事なので、

ば、人知れず、近劣り(ちかおと)りしては思はずや〔疑問(↓)〕あらむ〔推量・体(↑)〕と頼もしくうれしくて、

人知れず、（一緒になっても薫は中の宮のことを）期待外れだとは思わないであろうと（姫宮は）心強くうれしくて、

今はまた見譲(ゆず)る人もなくて、親心にかしづきたてて見(ロ)きこえたまふ。

今は中の宮のお世話を任せられる人もいなくて、親のような気持ちになってお世話して（中の宮の）面倒を見てさし上げなさる。

かの人は、つつみきこえたまひし〔過去・体〕藤の衣(ころも)もあらためたまへらむ〔婉曲・体〕(4)九月も(5)静心なく

あの薫は、（姫宮が自分と対面するのを）ご遠慮申し上げなさった（口実にした）喪服を改めなさる九月も待ちかねて、

て、またおはしたり。「例のやうにきこえむ〔意志・終〕」と、また御消息(せうそこ)あるに、

また（宇治の地に）おいでになった。「この前のようにお話し申し上げたい」と、また（対面の）ご案内を請われると、

心あやまりして、わづらはしくおぼゆれば、とかく(6)きこえすまひて対面したま

（姫宮は）気分がすぐれなくて、（会うのが）わづらわしく思われたので、あれこれお断り申し上げて対面なさらない。

はず。「思ひのほかに心憂(う)き御心かな。人もいかに〔疑問(↓)〕思ひはべらむ〔推量・体(↑)〕」と、御文(ふみ)にてきこえ

（薫は）「思いがけず情けないお心ですね。女房たちもどう思いますでしょうか」と、お手紙で申し上げなさ

□うさ【憂さ】晴れない気持ち。つらさ。

□こころぐるしげなり【心苦しげなり】気の毒そうなさま。痛々しいさま。

□ならはす【習はす・慣らはす】①習わせる。②慣れさせる。習慣づける。

□なまめかし【生めかし・艶かし】①上品で優美だ。②若々しくみずみずしい。

□げに【実に】本当に。なるほど。

□うつくしげなり【愛しげなり・美しげなり】いかにもかわいらしいさま。

□にほひ【匂ひ】①艶やかな美しさ。②香り。

□すます【清ます・洗ます】洗い清める。

□めでたし　心ひかれる。すばらしい。

□たのもし【頼もし】頼りに思われる。心強い。

□かしづく【傅く】①大事に育てる。②大切に世話をする。

□つつむ【慎む】遠慮する。

□ふぢのころも【藤の衣】喪服。

□せうそこ【消息】①手紙。②訪問すること。案内を請うこと。

□わづらはし【煩はし】①面倒である。②病気が重い。

る。

たまへり。「今はとて脱ぎ棄てはべりし〔過去・体〕ほどの**心まどひ**に、(7)なかなか沈みは

（姫宮は）「今は（いよいよ喪も明ける）と思って喪服を脱ぎ捨てました**心の乱れ**のために、かえって悲しみが深ま

べりてなむ〔強意(↓)〕、(8)**えきこえぬ**〔打消・体(↑)〕」とあり。

りまして、お話し申し上げることが**できません**」とご返事なさる。

恨みわびて、例の人召してよろづに(ハ)のたまふ。世に知らぬ〔打消・体〕心細さの

（薫は）**恨み悲しん**で、例の弁の尼をお呼びになってあれこれとお話しになる。（この女房たちは）世にまたとない

慰めには、(9)この君をのみ頼みきこえたる人々なれ〔断定・已〕ば、思ひにかなひたま

心細さを慰める手だてとしては、この薫の君だけをお頼み申し上げている人々なので、自分たちの思いどおりに（姫

ひて、**世の常**の住み処に**移ろひ**などしたまはむ〔仮定・体〕を、いとめでたかるべきことに

君が）なさって、（姫宮が）**世間なみ**（に都）の住まいにお**移り**などなさったとしたら、とてもすばらしいことだろうと話し合

言ひあはせて、「ただ(10)入れたてまつらむ〔意志・終〕」と、みな**語らひ**あはせけり。

って、「ぜひとも（薫の君をお部屋に）お入れ申し上げよう」と、皆で**相談し**ていたのだった。

［出典：『源氏物語』総角（あげまき）］

□すまふ【争ふ・辞ふ】①抵抗する。②断る。

□こころうし【心憂し】①つらい。情けない。②いやだ。

□こころまどひ【心惑ひ】心が迷い乱れること。

□え～ず　～できない。

□うらみわぶ【恨み侘ぶ】恨み悲しむ。

□よのつね【世の常】世間なみ。普通。

□うつろふ【移ろふ】①（時間や場所が）移る。②人の心が変わる。③色あせる。

□かたらふ【語らふ】①話を交わす。相談する。②（特に男女が）親しく交際する。

早稲田大学 教育学部

今鏡（いまかがみ）

作品紹介 ■ 平安時代後期の歴史物語。『大鏡（おおかがみ）』の後を受け、後一条天皇から高倉天皇までの百四十六年間の歴史を紀伝体で記している。歴史物語の『大鏡』『今鏡（いまかがみ）』『水鏡（みずかがみ）』『増鏡（ますかがみ）』を指して「四鏡（しきょう）」という。

別冊（問題）p. 40

解答

問	解答	配点
問一	ウ	3点
問二	イ	3点
問三	イ	3点
問四	エ	3点
問五	エ	3点
問六	ア	3点
問七	うけたまはり	2点
問八	ウ	3点
問九	オ	5点
問十	とりかへばや	2点

合格点 21／30

チャレンジ問題

侍たちの計画を逆手にとって、正々堂々と女房を連れ出してしまうような、知略に富む性格。

問題文の概要

あらすじ ● 侍従大納言成通（なりみち）は多才な人物で、音楽・蹴鞠（けまり）など何にでも優れ、早業にも優れていた。宮内卿（くないきょう）に仕える女房に人目を忍んで通っていたが、警護の侍が成通とは知らずに打ち伏せる企てをした。それを女房が伝えると成通は帰宅して袋を持って戻った。翌朝、侍が待ち受けるところに成通が立派な装束姿で現れると侍たちは驚いてひれ伏した。話を聞いて恐縮した宮内卿はつぐないをしたいと言い、成通は女房を連れて帰って行った。

内容解説 ● 万能な成通の俊敏さと機転を物語る逸話です。侍たちの企てを知った成通は、これを逆手にとって女房をもらい受けるための計画を練り、周到に準備し、実行に移しました。機転と行動力を持ったあっぱれな主人公を描いた、説話にも通じる話です。

設問解説

問一　内容の説明

傍線部1「ゆゆしくおはしけり」は敬語を含んだ表現ですが、**内容説明の問題では敬語を考慮しない**ので、この設問は「ゆゆし」の具体的な内容を問うているということです。

> **ゆゆし**　形 恐れ多い。忌まわしい。はなはだしい。立派だ。

「ゆゆし」はプラス・マイナスさまざまな意味を持つ語なので、本文から意味を決定する根拠を探します。

冒頭から傍線部1に至るまでに成通の多才ぶりが述べられ、直前に「おほかたことに力入れ給へるさま(＝おおよそ物事に力を入れていらっしゃる様子は)」とあるので、「ゆゆし」は、**物事全般に力を入れる程度のはなはだしさ**を表していると判断できます。よって、正解はウ「何に対しても熱中するタイプであった。」です。

解答　ウ

問二　解釈

まずは傍線部2を訳してみます。

> ①こと人｜②なら｜③ば、｜水｜に｜こそ｜打ち入れ｜④られ｜⑤ましか
>
> ①名【異人】他の人。
> ②助動「なり」の未然形。断定［～である］
> ③接助 仮定条件［もし～ならば］
> ④助動「らる」の未然形。受身［～られる］
> ⑤助動「まし」の已然(いぜん)形。（係助詞「こそ」の結び。）反実仮想［（もし～ならば、）～だろうに］
>
> **直訳** ▼ 他の人であれば、水に入れられただろうに

前半が仮定条件の内容であることから、選択肢を**イ・ウ・オ**に絞ることができます。

後半の反実仮想とは、現実に反したことを仮定して述べるものです。ここは、成通が乗馬にも長(た)けていて、馬が川で倒れてしまってもその上に乗って無事だったという事実を受けて、その現実に反したことを述べています。**「無事だった」という現実に反した「無事ではない」状況**を選びます。よって、イ「ほかの人だったら、川に落ちてしまっただろう。」が正解です。

「水にこそ打ち入れられましか」は、正確に訳せば「（馬から振り落とされて）川に入れられただろうに」ですが、「川に落ち

てしまっただろう」とわかりやすく解釈しています。

解答 イ

問三 指示内容

傍線部の前後に根拠あり！

まず、傍線部**3**「かく」が、女房の心話の中にあることを確認します。そして心話全体を品詞分解して訳すと、次のようになります。

かく｜聞き｜て｜①おはし｜②ぬれ｜③ば、｜また｜は｜④よも｜帰り｜⑤給(たま)は｜⑥じ

①動「おはす」いらっしゃる。お出かけになる。「行く」の尊敬語。
②助動「ぬ」の已然形。完了［～た・～てしまった］
③接助 確定条件［～ので］
④副 まさか。決して。
＊「よも～じ」＝まさか～ないだろう。(呼応の副詞→33ページ参照)
⑤補動「給ふ」の未然形。尊敬［お～になる・～なさる］
⑥助動「じ」の終止形。打消推量［～ないだろう］

直訳▼このように聞いて出て行かれたので、まさか二度と帰ってはいらっしゃらないだろう。

読解ルール **主語の判定は敬語に着目せよ！**

●会話文における敬語の用い方●
・自分(私)の行為 ——**謙譲語や丁寧語**
・相手(あなた)の行為—**尊敬語**

会話（心話）の中で尊敬語「おはす」「給ふ」を用いているので、主語は自分ではなく、相手、つまり成通です。

では、成通が聞いた話は何かと傍線部**3**の前の本文を見ると、14行目に「泣く泣くこの次第を語りければ」があります。これは地の文で尊敬語がないことから、語ったのは女房で、聞いたのは成通と判断できます。

では「この次第」とは何かと、さらに前の本文を見ると、12行目に、女房のところへ怪しげな男が通っていることを知った警護の侍たちが、「男を取り押さえてやろう」と計画を立てて準備をしていることが書かれています。女房は、成通が取り押さえられることを心配して**この計画**を知らせたため、彼は二度

と帰ってこないと考えたのです。

よって、正解はイ「侍たちが、男を打ち伏せようとしていること。」です。

解答 イ

問四　内容の説明

傍線部4の直前の「袋をてづから持ちて」がヒントです。成通はこれを取りに戻ったと考えられます。では、袋の中身は何でしょう。

第六段落で、成通は貴族らしい立派な身なりで侍たちの前に登場します。しかし、11行目には「しのびてよるよる様をやつして通ひ給ひける」とあります。「やつす」は「目立たないように、わざとみすぼらしい格好をする」ことです。第六段落の立派な衣装はどこにあったのでしょうか。そうです、袋の中に入っていたのです。成通は立派な衣装を取りに自宅へ戻り、女房の部屋に帰ってきたのです。立派な衣装を取りに行ったのは、何かの**準備をする**ということです。

よって、エ「成通が、屋敷の外へ出て、女房を迎える準備などを整えてから帰って来た。」が正解です。

この答えは、後半の段落を読むうえで大きなヒントになります。成通が「女房を迎える」という目的を持っていることがわかるからです。

念のためですが、「女房」は「宮内卿の妻」ではありません。「宮内卿に仕える女性」です。これを宮内卿の妻として本文を読むと、成通が人の妻に横恋慕した話となってしまい、成通の人物像もずれてしまいます。「女房」＝「貴人の家に仕える女性」と必ず覚えましょう。

解答 エ

問五　理由の説明

読解ルール　「ば」の前に理由あり！

傍線部5の直前の「ば」は、已然形に接続して、原因・理由を表す接続助詞なので、**傍線部の直前を訳せば答えを出す**ことができます。

直前の「いと清らなる直衣（なほし）に……歩み出で（い）給ひければ」は、**問四**で解説した、「成通が立派な衣装を身につけて歩いて出てきた」という状況です。よって、正解はエ「男が、想像もしなかった立派な貴族の装束をして出て来たから。」です。

侍たちは、みすぼらしい格好で通ってくる男を貴族とは思わなかったので、打ち伏せてやろうなどという計画を立てたわけです。当時は身分によって着るものが決まっていたので、衣装を一目見ればその人の身分がわかりました。立派な装束姿を見て侍たちが驚いたのも当然です。

「直衣」や「指貫（さしぬき）」、「沓（くつ）」が貴族のものであること、また、「折（おり）烏帽子（えぼし）」や「柿の水干（すいかん）」が、それらと対照的に庶民や武士のものであると知っていることが望ましいですが、もし知らなくても、侍たちの反応から、推測することはできます。

折烏帽子や柿の水干を見た侍たちは「いよいよ出てくるぞ」といきりたっていますので、この段階では相手を武士だと思い込み、打ち伏せる気満々です。ところが、立派な沓や直衣や指貫を見たとたんに、驚いてひれ伏してしまいます。この反応の違いを読み取れば答えを出すことができます。

解答 エ

問六　主体の把握

主人公の主語は省略される！

本文の主人公は「成通」で、1行目で紹介されたときに「成通」と書かれていますが、その後、一度も「成通」という主語は出てきません。一方、脇役である「侍」や「女房」や「宮内卿」は主語が明記されます。主人公が明らかに一人で、その人物の言動を描く場合には、主人公の主語が一度も明記されないということがあります。書かなくてもわかるからです。主語が明記されていないことが古文を読む上でのネックになるのですが、省略されている原理を理解すれば、逆に省略されていることで、主語を判断できることもあるのです。

本文では、「成通」が身分の高い貴族であることから、成通に対する敬意を表す敬語が用いられていて、それによっても主語を判断することができます。

ここで、主人公「成通」を軸にして、本文の内容をまとめます。

第一段落〜第三段落＝主人公「成通」が紹介される。（前提）
第四段落〜第六段落＝成通が侍たちをやり込めた出来事。（発端・展開）
第七段落＝成通が有賢（ありかた）を相手に駆け引きをして成功する。（結末）

＊第七段落については、**問八**で解説します。

以上を踏まえて、主語を考えます。

第七段落の冒頭の「沓をはきて」は、主語が明記されていません。敬語は使われていませんが、「成通」の主語が省略されているのではないかとまずは考えます。22行目に「新しき沓をさし出だして、縁に置き給ひけり」とあって、これは成通の行動なので、第七段落の冒頭で沓をはいたのは成通で間違いないと確認できます。「て」は主語を継続させるので、「沓をはき」と「下り」と「歩み参り」の主語は同じ人物となります。よって、傍線部6「歩み参りければ」の主語は成通となります。

読解ルール 「て」「して」は主語を継続させる！

この時点で、選択肢を**ア・ウ・エ**に絞ることができます。

その後、脇役である宮内卿（有賢）の主語が明記され、宮内卿の行為が続きます。「急ぎ入り」「装束し」「出であひ申され」「騒ぎけれ」が、接続助詞「て」によってつながっているので、傍線部7と傍線部8は**両方とも宮内卿（有賢）が主語**になります。よって、**正解はア**です。

成通の姿を見た有賢は、急いで着替え、改めて出てきて「どういうことか」と動揺して尋ねます。そして、成通の返答を聞いてさらに動揺したという状況です。「騒ぐ」は、ここでは「動揺する・落ち着かなくなる」という意味です。

解答 ア

問七　適語の補充（敬語）

「聞く」の謙譲語は、四段活用動詞「うけたまはる」です。空欄Aの下の「て」は連用形接続の接続助詞なので、連用形に活用させます。「歴史的仮名遣い」でと指示があるので、「うけたまわり」は間違いです。

解答 うけたまはり

問八　解釈

傍線部9「そのおこたり申さむ」は、宮内卿から「どういうことですか」と聞かれた成通が事情を説明している会話の中にあります。

「おこたり申す」は「謝罪する」の意味なので、ウ「そのお詫びを申し上げよう。」が正解です。「自分は女房のもとへ通っていたが、侍たちの企てを聞いて謝罪しようと思ってやって参りました」と言っています。

> **おこたり【怠り】** 名 ①なまけること。怠慢。
> ②過ち。過失。失敗。
> ③怠慢・過失をわびること。謝罪。

「おこたり」は多義語の重要単語なので、ぜひ知っていてほしいところですが、もし知らなかった場合は、これはかなりの難問です。選択肢の一つ一つを入れてみて、前後の文脈に合わせるのですが、この設問はちょっと一筋縄ではいきません。

成通に対して失礼な企てをしたのは宮内卿の侍ですから、文脈から普通に考えれば、**ア**「その怠慢を注意しよう。」や、**イ**「その間違いを訴えよう。」を選んでしまいそうです。でも、それではこの話のいちばんのおもしろさが損なわれてしまうのです。それは、傍線部**9**の後の宮内卿の言動や、この話の結末を見ればわかります。

この成通の説明を聞いた宮内卿はひどくうろたえて、侍たちの罪をつぐなうと言います。そして、その言葉を受けて、成通は最後に女房を連れて屋敷を出て行きます。**問四**で見たように、成通は当初の目的である女房を迎えることに成功したのです。

相手に過失があっても敢えて自分が先に謝罪して下手（したて）に出ることで、相手に自分の要求を飲ませることができる優位な状況を作ったのです。「負けるが勝ち」という言葉がありますが、無礼をはたらいた侍たちへの文句を言って争うのではなく、自分が謝ることで勝ちを手に入れたのです。

この頭の良さが成通の人となりを表していますが、この成功の陰には、早業に長けていたという成通の俊敏さも一役買っています。俊敏な成通だったからこそ、装束の準備のために築地（＝土塀）をひょいと乗り越えて出て行き、また帰ってくることができました。そして、侍相手に一芝居打って、宮内卿との駆け引きを成功裏に終わらせたのです。

解答 ウ

問九 内容合致の判定

選択肢の記述を本文と照らし合わせます。

ア 成通は優れた武士であった。（×武士）

→成通は「侍従の大納言」なので、貴族。

イ 女房は有賢のことを嫌っていた。（×嫌っていた）

→女房が有賢（宮内卿）のことをどう思っていたかは本文に書かれていない。

ウ 有賢は女房を取られたことを悔しく思った。（×悔しく思った）

→悔しく思ったとの記述はない。

エ 有賢は成通が女房のもとに通っていることを知っていた。（×知っていた）

→知らなかった。27行目で成通が事情を説明している。

オ 侍たちは女房のもとに通って来るのは武士だと思っていた。

→12行目に「いかなるもののふ（＝武士）の、局（つぼね）へ入るにか」とあるのに合致する。

よって、**オ**が正解です。

解答 オ

問十　文学史（190ページ参照）

男性のような女子と、女性のような男子が生まれてしまい、二人を「とりかへばや（＝取り替えたい）」と父が嘆いたことから名がついた『とりかへばや物語』が正解です。設問に「歴史的仮名遣い」でと指示があるので、「とりかえばや」は間違いです。

解答　**とりかへばや**

チャレンジ問題

「性格」を問う設問は、性格を表す言葉が本文中にあれば、それを用いて答えます。特になければ、主人公の言動をまとめ、そこから読み取ることができる性格を表す現代語を考えて、答えを作ります。

> 別(べち)の御あがひ侍(はべ)るまじ。かの女房を賜(たま)はりて、出で侍らむ
>
> **訳**　特別なつぐないは必要ありません。例の女房をいただいて、（ここを）出て行きましょう。

これは、29行目で宮内卿から「つぐないはどうしましょうか」と聞かれたときの、成通の返答です。成通は自分の要求を臆することなく述べています。侍たちの無礼な行動と、成通に謝られたことで恐縮している宮内卿は、成通の要求には何でも応じる気分だったことでしょう。まさしく成通の思うつぼです。

侍たちの企てを聞いた成通が、その企てを逆手にとって計画を練り、宮内卿に対して優位な状況を作り、正当に女房を手に入れるお膳立てをしたわけですから、非常に知略に富んだ、機転のきく人物ということになります。

> ・侍たちの企てを逆手にとったこと。
> ・正々堂々と女房を連れ帰ったこと。
> ・機転の利く性格であること。

以上の三点を説明し、「……性格。」という形で答えをまとめます。もしこれが、「性格」ではなく、「人物像」を問う設問であれば、「……知略に富み、行動力のある人物。」とします。

解答　**侍たちの計画を逆手にとって、正々堂々と女房を連れ出してしまうような、知略に富む性格。**

現代語訳

かの九条の民部卿（みんぶきやう）の四郎に〔断定・用〕や〔疑問(↓)〕おはしけむ〔過去推量・体(↑)〕、侍従の大納言成通と申すこそ〔強意(↓)〕、よろづの
あの九条民部卿の四男でいらっしゃったでしょうか、侍従の大納言成通と申す人は、すべてのこと

事、能多く聞こえ給ひしか〔過去・已(↑)〕。笛・歌・詩など、その**聞こえ**おはして、今様うたひ給ふ
に、才能がおありだとのうわさでした。笛・歌・漢詩など、どれも**評判**でいらっしゃって、今様をお歌いになるこ

事、**たぐひなき**人に〔断定・用〕おはしき。また鞠足に〔断定・用〕おはすることも、昔も**ありがたき**
とでも、**他に並ぶ者がないほど上手な**人でいらっしゃった。また蹴鞠の名人でいらっしゃるのも、昔にも**めったにない**ほ

事に〔断定・用〕なむ〔強意(↓)〕侍りける〔過去・体(↑)〕。おほかたことに力入れ給へる〔存続・体〕さま、1 **ゆゆしく**おはしけり。鞠も
どでございました。おおよそ物事に力を入れていらっしゃる様子は、**たいへんなもの**でいらっしゃった。蹴

千日かかずならし給ひけり。今様も、碁盤に碁石を百数へ置きて、**うるはしく**装束し
鞠も千日欠かさず練習なさった。今様も、碁盤に碁石を百個数えて置いて、**きちんとした**正装をお召

給ひて、帯などもとかで、「釈迦（しやか）の御法（みのり）はしなじなに」といふ同じ歌を、一夜に百返り
しになって、帯などもほどかないで、「釈迦の御法は品々に」という同じ歌を、一晩で百回数えて、

数へて、百夜うたひ給ひなどしけり。
それを百夜歌いなさったりした。

馬にのり給ふこともすぐれておはしけり。白河の御幸に、馬の〔主格〕川に伏したりけるに、
馬にお乗りになることも、優れていらっしゃった。白河院の御幸のときに、馬が川の中で倒れたときに、（成通

重要語句

- □ **きこえ【聞こえ】** うわさ。評判。
- □ **たぐひなし【類無し・比無し】** 並ぶものがない。最も優れている。
- □ **ありがたし【有り難し】** ①珍しい。②（めったにないくらい）すばらしい。
- □ **ゆゆし【由々し】** ①恐れ多い。②恐ろしく不吉だ。③はなはだしい。たいへん。④すばらしい。立派だ。⑤とんでもない。
- □ **うるはし【美し・麗し】** ①整っている。きちんとしている。②美しい。

鞍（くら）の上にすぐに立ち給ひて、**つゆ**ぬれ給ふ所おはせ**ざり**けるも、

様は）鞍の上にすっくとお立ちになって、**少しも**お濡れにならな**かっ**たのですが、

2 こと人ならば、水にこそ打ち入れられましか。

強意（↓）　反実仮想・已（↑）

他の人だったら、川に落ちてしまっただろう。

おほかた、早業をさへ**ならびなく**し給ひければ、そり返りたる沓はきて、高欄のほこぎの上歩み給ひ、車のまへうしろ、築地のうらうへ、とどこほる所おはせざりける。

添加

だいたい、早業までも**他に例がないくらいすばやく**なさったので、そり返った沓を履いて、高欄の手すりの上を歩きなさり、牛車の前後や築地の表裏でも、妨げになりなさるところはありませんでした。

あまりにいたらぬ**隈**（くま）もおはせざりければ、宮内卿有賢と聞こえられし人のもとなりける女房に、**しのび**てよるよる様を**やつし**て通ひ給ひけるを、侍ども、「いかなるもののふの、**局**へ入るにか」と思ひて、「うかがひて、**あした**に出でむを打ち伏せむ」といひ、したくしあへりければ、女房**いみじく**思ひ嘆きて、例の日暮れにければおはしたりけるに、泣く泣くこの次第を語りければ、「いといと**苦しかる**まじきこと

打消・体　過去・体　所在・用　主格　断定・用　疑問（↓省）　婉曲・体　意志・終　連用格　完了・用

それほど思い及ばない**ところ**もおありではなかったので、宮内卿有賢と申し上げなさった人のもとに仕えていた女房に、**人目を忍ん**で夜毎姿を**目立たないようにし**て通っていらっしゃったのを、（警護をしている）侍たちは、「どういう武士が、女房の**局**に入っているのか」と思って、「様子をうかがって、**朝**出てくるところを打ち伏せてやろう」と言い、準備をし合っていたので、女房は**たいそう**思い嘆いて、いつものように日が暮れると（成通が）いらっしゃったので、泣きながらことの次第を語ったところ、「まったく**心配**ないことです。

□ つゆ〜ず　少しも〜ない。

□ ならびなし【並び無し】比べるものがない。最高だ。

□ くま【隈】①奥まって目立たないところ。②光のささないところ。

□ しのぶ【忍ぶ】①我慢する。②人に見つからないようにする。

□ やつす【窶す】①目立たない姿にする。②出家する。

□ つぼね【局】高貴な女房や女官の部屋。

□ あした【朝】①早朝。②翌朝。

□ いみじ　①すばらしい。②ひどい。恐ろしい。③たいそう。

□ くるし【苦し】①苦痛だ。②不都合だ。心配だ。

なり（断定・終）。きと帰り来む（意志・終）」とて、出で給ひに（完了・用）けり。

すぐに帰って来ましょう」と言って、（局を）出て行かれた。

女房の（主格）言へる（完了・体）ごとくに、門ども**さし**まはして、**さきざき**にも似ず厳しげなりけれ

女房の言ったとおり、門をあちこち**閉めて**、**以前**とは違って厳重に警戒する様子だったので、

ば、人なかりける方の築地を、やすやすと越えておはしに（完了・用）けり。女房は、「3かく聞き

人のいない方の築地を、やすやすと飛び越えていらっしゃった。女房は、「このように聞い

ておはしぬれば、または**よも**帰り給は**じ**」と思ひけるほどに、**とばかりありて**、袋を

て出て行かれたので、**まさか**二度と帰ってはいらっしゃら**ないだろう**」と思っていたときに、**しばらくして**、袋を自

てづから持ちて、4また築地を越えて帰り入り給ひに（完了・用）けり。

分で持って、また築地を飛び越えて帰っていらっしゃった。

あしたには、この侍ども、「いづらいづら」とそぞめきあひたるに、日さし出づるま

翌朝には、この侍たちは、「どこだ、どこだ」とざわめき合っていたが、日が昇るまで出ていらっ

で出で給はざりければ、侍ども、杖（つゑ）など持ちて、打ち伏せむずる**まうけ**をして、目

しゃらなかったので、侍たちは、杖などを持って、（出てきたら）打ちのめしてやろうと**用意**をして、見

をつけあへりけるに、ことのほかに日高くなりて、まづ折烏帽子のさきを差し出だ

張っていたところ、ことのほか日が高くなって、（成通は）まず折烏帽子の先を外へ差し出しなさ

し給ひけり。次に柿の水干の袖のはしをさし出だされ（尊敬・用）ければ、「あは、**すでに**」とて、

った。次に柿色の水干の袖の端を差し出されたので、「あっ、**いよいよ**（出てくるぞ）」

□さす【鎖す】門や戸を閉ざす。

□さきざき【先先】①以前。過去。②将来。未来。

□よも～じ　まさか～ないだろう。

□とばかりありて　しばらくして。少したって。

□まうけ【設け】①準備。②ごちそう。もてなし。

□すでに【既に】①もはや。②いよいよ。

各々すみやき合へりけるほどに、その後、新しき沓をさし出だして、縁に置き給ひけ
と、それぞれいらだっていたときに、その後、新しい沓を差し出して、縁側に置きなさった。

り。「こはいかに」と見るほどに、いと**清らなる**直衣に、織物の指貫着て、歩み出で給
「これはどういうことだ」と見ていると、たいそう**美しい**直衣に、織物の指貫を着て、歩いて出でおいで

ひければ、5この侍ども、逃げまどひ、土をほりてひざまづきけり。
になったので、この侍たちは、逃げ惑い、土を掘るかのように平伏した。

沓をはきて庭に下りて、北の対のうしろを6歩み参りければ、局々たてさわぎけり。
沓を履いて庭に降りて、北の対の屋の後ろを歩いて行ったので、局ではあわてて格子を閉ざした。

中門の廊にのぼり給ひけるに、宮内卿も**たたずみ**歩かれ（尊敬・用）けるが、7急ぎ入りて装束
中門の廊にお上りになったところ、宮内卿様も辺りを**ぶらぶら**歩いていらっしゃったが、（成通様を見て）急いで装

して、出であひ申され（尊敬・用）て、「こはいかなる事に（断定・用）か（疑問（↓省））」と8**騒ぎ**ければ、「別の事に（断定・用）
束を着替えて、出てきてお会い申し上げなさり、「これはどういうことですか」と**動揺し**て問うたところ、「特別のことで

は侍らず。日ごろ女房のもとへ、ときどき忍びて通ひ侍りつるを、侍の（主格）『打ち伏せむ（意志・終）』
はありません。近頃（ここの）女房のもとへ、時々忍びで通っていましたのを、侍が『打ち伏せよう』と申

と申す**よし**うけたまはりて、『9その**おこたり申さ**む（意志・終）』とてなむ（強意（↓））参りつる（完了・体（↑））」と侍りけ
している**こと**をお聞きして、『その**お詫びを申し上げ**よう』と思って参りました」と言われたので、

れば、宮内卿おほきに騒ぎて、「この**とが**は、いかが（疑問（↓））**あがひ**侍るべき（適当・体（↑））」と申されけれ（尊敬・用）ば、
宮内卿様は大いにうろたえて、「この**罪**は、どうやって**つぐなっ**たらよいでしょうか」と申されたところ、

□ きよらなり【清らなり】気品があって美しい。
□ たたずむ【佇む】①しばらく立ち止まる。②ぶらつく。歩き回る。
□ さわぐ【騒ぐ】①騒がしく音をたてる。②動揺する。落ち着かなくなる。
□ よし【由】①風情。②由緒。理由。③方法。④～ということ。趣旨。
□ おこたりまうす【怠り申す】謝罪し申し上げる。
□ とが【咎・科】①欠点。②罪。
□ あがふ【贖ふ】①金品を出して罪をつぐなう。②買い求める。

「別の御あがひ侍るまじ。かの女房を賜はりて、出で侍らむ[意志・終]」とありければ、**左右なき**

「特別なつぐないは必要ありません。例の女房をいただいて、出て行きましょう」とおっしゃったので、（それなら）**考えるまでもない**ことで、

ことにて、御車、供の人などは**徒歩**（かち）にて、門の外にまうけたりければ、**具して**出

（成通様の）御車や、お供の者たちは**徒歩**で、門の外で準備していたので、（それらを）**連れて**お帰りになった。

で給ひけり。女房、侍、すべて家のうち**こぞりて**、**めづらかなる**ことに[断定・用]て**ぞ**[強意(↓)]侍りける[過去・体(↑)]。

女房も、侍も、すべて家中の者が**皆**、（首尾よくいったと思って）**めったにない結構な**落着でございました。

［出典：『今鏡』藤波の下　第六］

□さうなし【左右なし】ためらわない。あれこれと考えない。

□かち【徒歩】徒歩。

□ぐす【具す】①備わる。②連れて行く。

□こぞりて【挙りて】一人残らず。誰もかれも。

□めづらかなり【珍らかなり】めずらしいさま。めったにない。

7

日記

同志社大学 うたたね

作品紹介 ■ 鎌倉時代中期の日記。筆者は阿仏尼。安嘉門院の女房として仕えていた時の、ある貴族との恋愛の顛末と恋に傷ついた筆者自身の姿を描いた自伝小説風の回想記。阿仏尼は『十六夜日記』の筆者でもある。

別冊（問題） p. 48

解答

問	解答	配点
問一	a 3 / b 5	2点×2
問二	A 1 / B 4	3点×2
問三	2	3点
問四	ア 1 / イ 2 / ウ 1 / エ 2	1点×4
問五	4	3点
問六	5	4点
問七	別れた恋人に後ろ髪を引かれながら一人愛宕に向かう不安な心境。（30字）	6点

合格点 20／30

チャレンジ問題

別れた恋人をもう一度見かけたことをうれしく思いながらも、一方的に見送るだけで声をかけることさえできないのが悲しく複雑な心境だから。

問題文の概要

あらすじ ● ある貴族に失恋して尼寺で出家した筆者は、かつて大水の出たときに自分を訪ねてくれた恋人のことを思い出し、歌を詠んだ。その人に手紙を出してみたが、なおざりな返事が戻ってきたのでつらい思いをして、歌を詠んだ。そのころ体調を崩し病状が重くなったので、尼寺に迷惑をかけないようにと、縁故を頼って愛宕の家に移ることになり、尼寺の門を出ると、別れた恋人の車を見つけ複雑な心境になる。

内容解説 ● 前半は尼寺で過ごす筆者の切ない心情が自然描写と和歌によって描かれ、後半は別れた恋人の車を偶然見かけた筆者の複雑な心情が描かれています。

設問解説

問一　語句の意味

傍線a

つま【端】 名 端。きっかけ。

「つま」の意味を知っていれば答えは簡単に出ます。もし知らなければ、主語・述語の関係から、答えを導き出します。

傍線aを含む文の述語は、変化を表す動詞「なる」で、その主語は「荒れたる庭に……うちなびきたる」です。「荒れた庭で呉竹が風になびいていること」が主語なので、それがなりうるものは「きっかけ」しかありません。よって、正解は3「恨めしさのきっかけ」です。呉竹が風になびくのを見ると、それをきっかけとして恨めしい気持ちになるということです。

関連メモ　「つま」と読む四つの漢字

つま
【夫・妻】妻から夫を呼ぶ語。また、夫から妻を呼ぶ語。
【端】端緒・きっかけ。
【褄】着物の襟から裾の縁の部分。

傍線b

なほざりなり 形動 いいかげんだ。あっさりしている。

「なほざり」の意味から、選択肢を2と5に絞ることができます。2「あっさりと」と5「いいかげんに」の違いは、「あっさりと」はプラスの評価を表し、「いいかげんに」はマイナスの評価を表すという点です。どちらが適当か根拠を探します。

傍線bを含む文は恋人からの手紙が「なほざりに」書き捨てられていて**つらかったという意味**なので、「なほざり」は**マイナス**の意味となります。よって、正解は5「いいかげんに」です。

解答　a 3　b 5

問二　解釈

傍線A　品詞分解して直訳してみます。

①よも｜②ながめ｜③じ｜④な｜⑤人目｜⑥もる｜⑦と｜て

① 副 まさか。決して。

＊「よも〜じ」＝まさか〜ないだろう。（呼応の副詞→33ページ参照）

② 動【眺む】ぼんやりと見る。物思いに沈む。

③ 助動「じ」の終止形。打消推量［〜ないだろう］
④ 終助 感動［〜なあ］
⑤ 名 他人の見る目。
⑥ 動【守る】見張る。（人目を）はばかる。
⑦「とて」＝ 格助 ＋ 接助 引用［〜といって］

直訳 ▼ まさか眺めないだろうなあ、人目をはばかるといって

和歌では、主語はほとんど書かれません。和歌は会話文と同じで、自分の気持ちや相手へのメッセージを詠むものなので、主語は「私」か「あなた」になることが多いからです。そして、会話文と違って和歌には敬語をほぼ用いないので、主語の判定は、和歌の詠まれた状況を見て判断するしかありません。傍線Aの動詞「ながめ」も主語がありませんが、選択肢の主語ははすべて「あの人」となっています。「ながむ」には「眺む」と「詠む（詩歌を吟じる）」がありますが、格助詞の「を」に着眼すると「ながめ」の目的語は「雲」なので、ここは「眺む（ぼんやりと見る）」の方だとわかり、この時点で、「ながめ」を「眺める」と訳している1が正解とすることができます。歌の上の句の「消え果て」の主語は「私」で、「消え果て」は「死」を表し、「煙」は「火葬の煙」を表します。つまり「消え果てん煙の後の雲」は「私が死んで煙となったあとの（空の）雲」のことです。あの人は私が死んでも火葬の煙のあとの雲でさえ眺めてくれないだろう、と筆者が推測しているということです。傍線Aは倒置になっていて、「人目もるとてよもながめじな」が本来の形です。ここで言い換えや原因を表す「とて」に着眼すると、「眺めないだろう」の理由は「人目もる」から、となります。わかりやすく言えば、高貴なあの人は、人目をはばかって、私が死んで煙になった後の雲でさえ眺めてくれないだろう、ということです。恋を失った作者の悲痛な思いが伝わってきます。「人目もるとて」がわからなくても答えを出せますが、「とて」は重要なので覚えましょう。また、「な」の識別も確認します。

●「な」の識別●

1 「な（〜そ）」→禁止を表す副詞［〜するな］
例 月な見給ひそ。（月を見なさるな。）

2 **連用形＋「な」→完了の助動詞「ぬ」の未然形**［〜てしまった］
例 いざ桜我も散りなむ（さあ桜よ私も散ってしまおう）

3 **終止形（ラ変型は連体形）＋「な」→禁止の終助詞**［〜するな］
例 人に聞かすな。（人に聞かせるな。）

4　文の終止した形＋「な」→感動の終助詞［〜なあ］

例 花のいろは移りにけりな（花の美しさはあせてしまったなあ）

＊「な」がなくても文意が通じる。

傍線B

か｜の｜①人｜知れ｜ず｜恨み｜②聞ゆる（きこ）｜人｜③なり｜④けり

①「人知れず」＝人に知られない。秘密である。
② 補動「聞ゆ」の連体形。謙譲［〜申し上げる］
③ 助動「なり」の連用形。断定［〜である］
④ 助動「けり」の終止形。詠嘆［〜だなあ］

直訳▼あの、ひそかに恨み申し上げる人であったよ

「聞ゆ」の用法（41ページ参照）がわかれば、選択肢の中で謙譲の補助動詞を訳出しているのは**4**「**恨み申している**」しかありません。**1**の「恨み言を申しあげた」は、意味は似ていますが、ここでの「人知れず」は「心のなかで」という意味であって、作者は実際に「恨み言を申しあげた（＝言った）」わけではありません。また「申しあげた」と過去の意味になっているのも間違いです。よって、**正解は4**となります。

「かの」は、「人知れず恨み聞ゆる人」にかかる語ですが、選択肢は、「あの方は」というわかりやすい表現になっています。「誰かと思って目をとめると、なんとあの人だったよ」ということです。

解答　A 1　B 4

問三　文法（「や」の識別）

「や」の文法的用法は、大きく次の三つに区別されます。係り結びになっているもの以外は、文脈から判断します。

●「や」の識別●

1　文中にあり、係り結びになる係助詞　→疑問・反語
＊結びが省略されて、「や」が文末になる場合もある。

2　文末にある係助詞　→疑問・反語
＊終助詞とする説もある。

3　間投助詞　→詠嘆・感動・呼びかけ

これに従って、それぞれの「や」を順に見ましょう。

傍線部を含む文「まさる｜に｜や」

→「にや」の下の結びの「あらむ」などが省略されているが、

7

「や」は係り結びになる係助詞。「に」は断定の助動詞、「や」は疑問を表す。

1 「いでや｜こ｜の｜世｜に」
→「いでや」は感動詞。

2 「夜｜や｜暗き」
→「暗き」は形容詞「暗し」の連体形で、係り結びが成立しており、「や」は疑問を表す係助詞。

3 「明け｜に｜ける｜や｜と｜思ひ｜て」
→引用を表す「と」の前は文末と同じ。文末にあって疑問を表す係助詞。

4 「あり｜や｜なし｜や｜と」
→「あり」が終止形で、文を止めているので、文末にあって疑問を表す係助詞。

5 「あっぱれ｜大将軍｜や。」
→感動の間投助詞。

傍線部の「や」は係り結びになる係助詞なので、これと同じものは**2**です。**3**と**4**の「や」を終助詞とする説がありますが、どちらにしても正解にはなりません。

【選択肢の現代語訳】

1 いやはや、この世に生まれては

2 夜が暗いのか、それとも道に迷っているのかほととぎす

3 わずかに隙間が見えるのを、夜が明けたのかと思って

4 私の愛する人は生きているかいないかと

5 ああすばらしい大将軍よ。この人一人を討ち申し上げたとしても

解答 2

問四 主体の把握

読解ルール 日記文において一人称（私）の主語は省略される！

日記では筆者自身の主語は明記されませんし、自分の恋人の行為も筆者にとってはわかりきったことなので、恋人の主語も書かれません。敬語があればそれをヒントにできますが、なければ、前後の文脈によって主語を判断するしかありません。また、同じ文章でも敬語の使い方は一定ではありません。同じ人物でも、ある場面では敬語を用い、ある場面では敬語を用いない、などということはよくあり、その場合も文脈による判断が必要です。

これを踏まえて、順に見ていきます。

二重傍線ア

第一段落の最初の行為、3行目の「心地すれ」は、リード文から尼寺で過ごす**筆者**が主語だと判断できます。よって、妻戸

を引いて閉めたのも**筆者の行為が継続している**と考えられます。また、この部分には他に登場人物はいないので、動作主は1　筆者となります。

二重傍線イ

4行目「いつの年にかあらん」以下は、筆者が回想している場面です。**体験過去の助動詞「き」（連体形「し」）が用いられているのが根拠**となります。近所の川に水が出たときのことを思い出しています。「波を分けし」とは、「波をかき分けてきた」の意味です。この時代は、「訪ねて行く」という行為をするのは主に男なので、動作主は恋人（2　相手の男性）だと判断できます。

二重傍線ウ

「聞え」は謙譲の補助動詞で、行為の客体への敬意を表します。筆者が自分の行為に謙譲語を用いて、相手（＝恋人）に敬意を表しているということで、動作主は1　筆者です。「おどろかす」は「気をひく・起こす」の意味ですが、「便りをする」という意味もあり、ここは筆者が恋人に手紙を出したことを指しています。

二重傍線エ

傍線部は**恋人からの返事の中**にあります。地の文で敬語が使われていなくても、会話や手紙では敬語が使われるということはよくあります。ここも、手紙の最後で謙譲語の「聞えさせ」が使われています。これは、手紙を書いた人（＝恋人）が自分の行為に謙譲語を用いて、相手（＝筆者）に敬意を表したものです。「ながら」は「て」と同様に主語を継続させるので、「思ひながら」と「聞えさせ」は主語が同じということです。よって、主語は、手紙を書いた人つまり恋人（2　相手の男性）となります。

解答　ア1　イ2　ウ1　エ2

問五　**指示内容**

波線部を含む部分を訳します。

かく｜と｜①だに｜②聞え（きこ）させ｜③まほしけれ｜ど

①副助　最小限の希望［せめて〜だけでも］

②動【聞えさす】申し上げる。「言ふ」の謙譲語。

③助動「まほし」の已然形。希望［〜たい］

直訳▼せめてこのようだとだけでも申し上げたいけれど

筆者が恋人（だった人）に伝えたいことが「かく」の指示する内容です。

本文の後半は、筆者が病気になったところから始まります。

愛宕に移るまでの内容をまとめると以下のようになります。

・命も危ういほど病気が重くなった。
・ここ（＝尼寺）で死んだら迷惑をかけるだろう。
・思いがけず愛宕に移り住む場所が見つかった。

14行目「命も危ふき程」は筆者の病状が重くなったという意味で、「ともかくもなる」は「死ぬ」の婉曲（えんきょく）表現です。「わづらはしかるべければ」は「面倒なことになりそうだから」の意味で、**尼寺で死ぬようなことがあったら迷惑をかける**から、愛宕に移ったということです。

これを踏まえて、選択肢を見ましょう。

1 病いのため、命も危うくなったので、死を覚悟して、火葬場に近い愛宕の家に移ること。

2 体調は悪いが、彼への思いをたち切り、修行に励むために、愛宕近くの家に移ること。

3 気分を変え、静養するために、快適な住いを求めて、愛宕近くの家に移ること。

4 病いが重くなり、今いる尼寺に迷惑をかけそうなので、愛宕近くの家に移ること。

5 彼に対する熱い思いにたえられなくなって、彼の家に近い愛宕の家に移ること。

2・3・5は、理由が間違っています。**1・5**は、「愛宕の近き所」を、「火葬場に近い」「彼の家に近い」と解釈する根拠はないので間違いです。よって、**正解は4**です。

せめて愛宕に移ることだけでも別れた恋人に伝えたい筆者ですが、それもかなわず、泣く泣く尼寺を出て行きます。

解答 4

関連メモ **「死ぬ」の婉曲表現**
はかなくなる・むなしくなる・いたづらになる・あさましくなる・いかにもなる・ともかくもなる

問六 空欄補充（和歌）

着眼点 **本文の状況と、和歌の内容との関連性を捉えよ！**

問四で見たように、筆者は過去を思い出しています。川の水があふれたときに、水をかき分けて来てくれた恋人のことです。和歌の直前に、「只今（ただ）のやうに覚えて」とあるので、過去のことをつい今しがたのことのように思い出して詠んだ歌です。歌の内容も、**水の中をやってきてくれた恋人を思い出す**内容になっているはずです。よって、「思い出」というキーワードを含んでいる選択肢5を訳してみます。

> 思ひ出づる程にも波は騒ぎけりうき瀬を分けて中川の水
>
> **訳** 思い出す間にも波が騒ぐように胸が騒ぐことだ。つらい二人の仲を裂いて流れている中川の水を見ていると。

「波が騒ぐ」＝「胸が騒ぐ」というのは、筆者が3行目で「水のまさるにや、常よりも音する心地する」と感じている状況にも心情にも合致します。よって**正解は5**です。

【他の選択肢の現代語訳】

1 こちらからまたそちらへと方向を変えて流れる川に白波のような水しぶきが上がっている。

2 川の浅瀬でなびく玉藻が水に隠れるように、人に知られない恋をすることだなあ。

3 夜が明ける頃、宇治川にたち込めていた川霧が途絶えて、その絶え間から一面に現れ始めた網代木よ。

4 書き流す言葉だけはせめて沈めないでおくれ。我が身はこのようであっても、山の中の川の水よ。

1と**3**は情景を詠んだ歌で、**2**と**4**は恋心や願いを詠んだ歌です。

解答 5

問七 心境の説明

心境の説明も、つまるところは状況の説明になります。

点線部の「心細し」は心情を表すので、「いといたう顧みがちに」という状況によって表される心境がどのようなものであるか、本文から読み取ります。

16行目の「先に立ちたる車あり」は、愛宕の家に移ろうとした筆者が、偶然、別れた恋人の乗った車を見かけた場面です。傍線**B**の「……なりけり」は、それが別れた恋人であることに気づいたことを表しています。傍線**B**の直後の「顔しるき随身……」は、筆者の顔見知りの随身（お供）がいたので間違いなく別れた恋人だと確信したということです。

点線部の直前の「こなたかなたへ……」は、あちらとこちらへ、相手の車と筆者の車とがお互い遠ざかっていく様子です。「顧みがち」とは、**筆者が遠ざかっていく相手の車をずっと後ろを振り返って目で追いかけている様子**です。ここには、**別れた恋人への未練**があって立ち去りがたいという、まさしく「後ろ髪を引かれる」心境が現れています。「心細し」は「助けを期待できず、これから起こることへの不安」を表す言葉です。一人愛宕に向かう孤独な筆者の寂しく不安な心境が現れています。

このように点線部に即した筆者の状況と心境を、三十字以内でまとめます。

解答 別れた恋人に後ろ髪を引かれながら一人愛宕に向かう不安な心境。(30字)

配点 「別れた恋人に後ろ髪を引かれながら」に類した内容……2点

「一人愛宕に向かう」に類した内容……2点

「不安な心境」に類した内容……2点

「別れた恋人」を「恋人だった人」として「恋人だった人に後ろ髪を引かれつつ一人愛宕に向かう不安な心境。」などでも正解です。

チャレンジ問題

理由説明は状況説明と同じです。設問箇所「いとうれしくもあはれにも、さまざま胸静かならず」の状況を見ます。

直前に「いま一たびそれとばかりも見送り聞ゆるは」とあるので、「うれしく」は、もう一度別れた恋人を見ることができたプラスの状況への喜びを表しています。

では「あはれに」は、どういう状況へのどのような気持ちでしょうか。

「胸静かならず」は心が落ち着かない状態なので、**「あはれに」は「うれしく」とは異なる感情**であると判断できます。筆者の置かれた状況は、別れた恋人を見送っただけではありません。筆者にとってマイナスの状況があります。リード文の「失恋」がヒントです。相手が別れた恋人なので、声をかけたり、家来を呼んで、自分もここにいることを知らせたりできません。これが筆者にとってのマイナスの状況で、それに対する気持ちが「あはれに」だと判断できます。

よって、解答としては、「うれしく」につながるプラスの状況と「あはれに」につながるマイナスの状況が混在していること、そのため複雑な心境であることを説明します。

- 転居の前にもう一度、別れた恋人を見かけた喜び。
- 見送るだけで言葉を交わすこともできない悲しみ。
- 複雑な思いであること。

以上の三点をまとめ、文末は「〜から。」という理由を述べる形にします。

解答 別れた恋人をもう一度見かけたことをうれしく思いながらも、一方的に見送るだけで声をかけることさえできないのが悲しく複雑な心境だから。

現代語訳

日頃降りつる雨のなごりに、立ち舞ふ雲間の夕月夜の影ほのかなるに、「押し明方(あけがた)」ならねど、「憂(う)き人しも」とあやにくなる心地すれば、妻戸はア引きたてつれど、門近く細き川の流れたる、水のまさるにや、常よりも音する心地するにも、いつの年にかあらん、この川に水の出でたりし世、人知れずイ波を分けし事など、只今のやうに覚えて、

数日降った雨の名残で、動き乱れる雲の間に夕月の光がほのかなのを見ると、（あの）「押し明け方」（の歌の月）ではないが、「つれないあの人も」とあいにくな気持ちがするので、妻戸は引き立てたが、門近くを細い川が流れているのが、水かさがまさるのか、いつもよりも川音が大きく感じられるにつけても、いつの年であっただろうか、この川に水が出たときに、（あの方が）ひそかに波を分けてやってきたことなど、たった今のことのように思われて、

> 思ひ出づる程にも波は騒ぎけりうき瀬を分けて中川の水

思い出す間にも波が騒ぐように胸が騒ぐことだ。つらい二人の仲を裂いて流れている中川の水を見ていると。

荒れたる庭に、呉竹のただ少しうちなびきたるさへ、そぞろにa恨めしきつまとなるにや、

荒れている庭に、呉竹がほんの少し（風に）揺れているのまで、なんとなく恨めしさのきっかけとなるのだろうか、

（文法注記：なごり／打消・已「ね」／主格「の」／断定・用　疑問（↓省）「にや」／断定・用　疑問（↓）「にか」／推量・体（↑）「ん」／主格「の」／過去・体「し」／過去・体「し」／主格「の」／添加「さへ」／断定・用　疑問（↓省）「にや」）

重要語句

- □なごり【名残】物事が過ぎ去ったあと、なお残るその気配。余韻。
- □あやにくなり　①意地が悪い。②あいにくだ。都合が悪い。
- □よ【世】①世間。②男女の仲。③一生。④時。時代。
- □なびく【靡く】（風などにおされて）横に揺れる。
- □そぞろなり【漫ろなり】①なんという理由もない。なんとなくだ。②思いがけない。③むやみだ。
- □うらめし【恨めし】恨みに思われる。
- □つま【端】①端。②きっかけ。

世とともに思ひ出づれば呉竹の恨めしからぬ（打消・体）その節もなし

竹のよ（＝節と節の間）を見ながら思い出してみると、恨めしくない時節は一度もないくらい（、つらいことばかりであったこと）だ。

「**おのづから**事のついでに」などばかり、ウ**おどろかし**聞えたるにも、「世のわづらはしさに、エ思ひながらのみなん（強意（↑流））、**さるべき**ついでもなくて、みづから聞えさせず」など、b**なほざりに**書き捨てられたるもいと**心憂く**て、

「**たまたま**ついでがあって」などとだけ、**手紙を差し上げ**てみたけれども、「世間がわずらわしいので、心に思いながらもそればかりで、**よい機会**もなくて、こちらからお手紙を差し上げることもできずに」などと、**いいかげんに**書き捨てられているのもたいそう**つらく**て、

消え果てん（婉曲・体）煙の後の雲をだに（類推）Aよもながめじな（感動）人目**もる**とて

（私が）死んで煙となった後の空の雲でさえ、あの人は**よもや**眺めては**くれまい**よ。人目を**はばかる**といって。

と覚ゆれど、心の中ばかりにて**くたし**果てぬるは、いと**甲斐**（かひ）**なし**や。

と思われたが、（この歌を）心の中で思うだけで（あの人に送らず）すっかり**朽ちさせ**てしまったのは、何とも**むだなこと**であった。

そのころ心地**例ならぬ**（打消・体）ことありて、命も危ふき程なる（断定・体）を、ここながら**ともかくもな**りな（完了・未）ば、**わづらはしかる**べければ、思ひかけぬ（打消・体）**便り**にて、愛宕の近き所にて、はかな

そのころ（私は）体の**具合が悪く**なって、命も危ういほどであるが、ここ（＝尼寺）で**もしものことがあっ**たならば、**迷惑をかけ**そうなので、思いがけない**つて**で、愛宕に近い所で、ちょっと

□ おのづから【自ら】①自然に。②たまたま。③もしかすると。

□ おどろかす【驚かす】①びっくりさせる。②気をひく。③起こす。④（思いがけないところに）便りをする。

□ さるべき【然るべき】①それにふさわしい。適当な。②そうなるのが当然な。③立派な。

□ なほざりなり【等閑なり】①いいかげんだ。②あっさりしている。

□ こころうし【心憂し】①つらい。情けない。②いやだ。

□ よも〜じ　まさか〜ないだろう。

□ もる【守る】①見張る。②（人目を）はばかる。

□ くたす【腐す】くさらせる。

□ かひなし【甲斐なし】効果がない。

□ れいならず【例ならず】①いつもと違う。②病気だ。

□ ともかくもなる　どうなるかわからないが、ある結果になる。死ぬ。

□ わづらはし【煩はし】①面倒だ。②病気が重い。

き宿り求め出でて、移ろひなんとす。かくとだに聞えさせまほしけれど、

（完了・未　意志・終　最小限の希望）

した宿舎を求めることができ、移ってしまおうとする。せめてこのようだとだけでも（あの方に）申し上げたいけれど、

問はず語りもあやしくて、泣く泣く門を引き出づる折しも、先に立ちたる車

尋ねられもしないのにお話しするのも**変な**ので、泣く泣く（車を）門から引き出すちょうどそのとき、先に立った車がある。

あり。**前**（さき）はなやかに**追ひて**、**御前**（ごぜん）などことごとしく見ゆるを、誰ばかりにかと目とど

（断定・用　疑問（↓省））

先追いもはなやかで、**騎馬の先導**なども立派に見えるのを、どれくらいの身分の方であるかと

めたりければ、B かの人知れず恨み聞ゆる人なりけり。顔**しるき**随身など、**まがふ**

（断定・用）

目をとめたところ、あの、ひそかに恨み申し上げている人であった。顔を**よく知っている**随身など、**見間違え**

べうもあらねば、かくとは思（おぼ）し寄らざらめど、そぞろに車の中**はづかしくはし**

（打消・已　推量・已）

るはずもないので、（むこうは）こうとはお気づきにならないだろうが、なんとなく車の中でも（我が身が）**恥ずかし**

たなき心地しながら、いま一たびそれとばかりも見送り聞ゆるは、いとうれしくもあ

くきまりの悪い思いをしながら、今一度あの人と知るだけでお見送り申し上げるのは、まことにうれしくもかなし

はれにも、さまざま胸静かならず。遂にこなたかなたへ行き別れ給（たま）ふ程、い

くも、さまざまに胸は騒ぐ。とうとうこちらあちらへと（あの方の車が）別れて行かれるときは、ま

とたう顧みがちに心細し。

ったく何度も何度も振り返られ心細い。

［出典：『うたたね』］

□ たより【頼り・便り】①よりどころ。縁故。つて。②よい機会。③手段。

□ とはずがたり【問はず語り】人が尋ねないのに語り出すこと。

□ あやし【怪し】不思議だ。【賤し】①身分が低い。②粗末で見苦しい。

□ さきおふ【前追ふ】貴人の外出のとき、道の前方にいる人々を追い払う。先追いをする。

□ ごぜん【御前】①貴人の前の敬称。②「前駆（せんぐ）（＝馬に乗って先導すること）」の敬称。

□ しるし【著し】①はっきりとわかる。②そのとおりだ。

□ まがふ【紛ふ】①入り乱れる。②区別できなくなる。

□ はづかし【恥づかし】①恥ずかしい。②（こちらが恥ずかしくなるほど）立派だ。

□ はしたなし【端無し】①中途半端だ。②きまりが悪い。③そっけない。

中央大学

四条宮下野集（しじょうのみやしもつけしゅう）

作品紹介 ■ 平安時代中期、後冷泉天皇の皇后寛子（四条宮）に仕えた歌人四条宮下野が記した私家集。日記的な内容もあり、宮廷生活を女房の視点で捉えている点は『枕草子』を思わせる。

別冊（問題） p. 54

解答

問	解答	配点
問一	(1) A　(5) A　(6) F　(8) E	2点×4
問二	C	2点
問三	ア B　イ B　ウ A　エ A　オ B	1点×5
問四	C	5点
問五	E	4点
問六	D	6点

合格点 19／30

チャレンジ問題

為仲をだますために筆者が昔の恋人になりすまして詠んだ歌を為仲が受け取り、その返歌を為仲が心当たりの女性に送ったために、いきなり為仲から返歌を受け取った女性がわけもわからず書いた返事が、為仲に理解できないのは当然だから。

問題文の概要

あらすじ ● 筆者が他の女房とともに清水寺にお参りをしたところ、すぐそばの部屋で読経している為仲に気づき、為仲の昔の恋人を装って歌をやった。後日、為仲が清水寺での出来事を語るのを、筆者は素知らぬふりで聞いた。為仲は、筆者からの手紙だとは気づかず心当たりの女性に歌を返すが、その相手からの返事がわけのわからないものだったと為仲が言うのを、事情を知る筆者は一人納得する。

内容解説 ● 筆者が同僚の為仲に偽の恋文を渡したことに端を発し、為仲にとっては不可解な事態が連続します。だまされているとは知らない男の困惑した様子と、それをおもしろがる筆者の様子が対照的に描かれています。「私家集」とは個人の歌集のことで、日記的な性質を持っています。

設問解説

問一　主体の把握　難

傍線(1)

第一段落は、筆者が清水寺に参詣したときに、為仲がいることに気づき、為仲をからかってやろうと偽の恋文を送ったところから始まります。4行目の「『京より』とてやる」は、為仲のすぐそばの部屋にいながら、京からの手紙ですと偽って渡したということです。よって、傍線(1)「見るなり」は、その**恋文を受け取って見た人物が主語**です。つまり、A「為仲」です。

傍線(5)

読解ルール　日記文において一人称(私)の主語は省略される!

第二段落は、場面が「宮」へ変わります。「宮」とは、筆者がお仕えする「皇后の御所」のことです。冒頭の「参る」は主語が明記されていない謙譲語ですから、主語は筆者だとわかります。筆者が「宮」に参上したのに続く6行目「語る」も主語が明記されていませんが、その発言の内容が「清水寺での出来事」だったことから、為仲だと判断できます。その為仲の話を素知らぬふりをして聞いたのは筆者です。傍線(4)「まことにをかしがる」は、**問四**で詳しく解説しますが、筆者の行為で、傍線(5)を含む会話文は筆者の発言です。「給(たま)ふ」は尊敬の補助動詞で、主体への敬意を表します。自分には尊敬語を用いないので、「覚え給ふ」の主体は相手、つまりA「為仲」です。

傍線(6)

傍線(5)で見たように、直前の会話は筆者の発言なので、「言へば」の主語はF「筆者」です。

傍線(8)

傍線(5)で、筆者が為仲に「手紙を書いたのは誰だと思いますか」と尋ねたのに対して、為仲は「その人だろうと思う人のところに、返事をやりました」と答えます。それに対する筆者の反応が、「誰待ちえて、心得ずと思ふらむとをかし」です。引用の「と」が二箇所あり、次のような構造になっています。

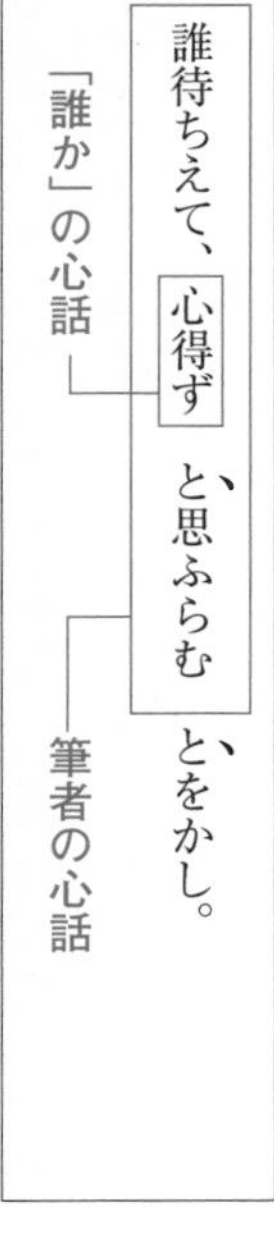

傍線(8)「思ふらむ」の「らむ」は現在推量の助動詞で、視界外の事柄を推測する働きなので、筆者は、この場にいない誰か、すなわち「為仲の返歌を受け取った人」の気持ちを推測しているということです。為仲の返歌を受け取った人は、本文では7行目のE「それならむと思ふ人」です。

解答　(1)A　(5)A　(6)F　(8)E

問二　文法（「なり」の識別）

●「なる」「なり」の識別●

1　四段活用動詞「なる」→変化を表す

○○に
○○と
――く（形容詞型活用の連用形）
○○ず（打消の助動詞）
｝＋「なる」　訳なる

2　断定の助動詞「なり」→眼前の事実を表す

体言・連体形など＋「なり」　訳～である

3　伝聞・推定の助動詞「なり」→耳で得た情報を表す

終止形（ラ変型は連体形）＋「なり」　訳～だそうだ
～ようだ

4　形容動詞の活用語尾→状態や様子を表す

――やか
――らか
――か
――げ
｝＋「なり」　＊全体で一語の形容動詞

傍線(2)を含む「言ふなり」は、筆者のすぐそばの部屋で、筆者の詠んだ歌を受け取った為仲が「変だ、変だ」と言っている部分です。「言ふ」は四段活用動詞なので、終止形と連体形が同形で、接続だけでは助動詞「なり」が断定なのか伝聞・推定なのか判断できません。その場合は、**「言ふ」という行為が、筆者から見えているかどうかで判断**します。言っているのが見えていたら「なり」は断定、見えていなくて言っている声だけが聞こえていたら「なり」は推定の意味です。ここは、すぐそばですが部屋の中にいる為仲の姿は見えず、声だけが聞こえている状況なので、「なり」は推定の助動詞となります。

では、選択肢を見ます。

A　「生まる｜べく｜なり｜ぬ」

→直前の「べく」が助動詞「べし」の連用形で、下の「ぬ」は完了の助動詞なので、「なり」は四段活用動詞「なる」の連用形です。

B　「言ひ出だせ｜る｜なり」

→直前の「る」は完了の助動詞「り」の連体形なので、「なり」は断定の助動詞です。この文は『古今和歌集』の「仮名序」の一節で、歌というものがどういうものか説明している内容です。

C　「過ぎ｜ぬ｜なり」

↓直前の「ぬ」は完了の助動詞「ぬ」の終止形で、笛の音を聞いているので、「なり」は**推定の助動詞**です。

D 「明石（あかし）」の「浜」「なり」「けり」

↓名詞「浜」に接続しているので、「なり」は**断定の助動詞**です。

E 「念仏往生」と「いふ」「なり」

↓直前の「いふ」は四段活用動詞で、終止形と連体形が同形です。この文は「念仏往生」について説明した記述、またはそれを伝え聞いている内容と考えられるので、「なり」は**断定または伝聞の助動詞**です。

よって、**正解はC**です。

【選択肢の現代語訳】

A 六月六日に子が生まれることになった

B 見るもの聞くものに託して言い表しているのである

C 笛をたいそうすばらしく吹き澄まして立ち去ってしまうようだ

D 浜辺を見ると播磨（はりま）の国の明石の浜であった

E 極楽に往生するのを、念仏往生という（そうだ）

解答 C

8

問三 語句の意味

「人の上」には二つの意味があります。

人の上 ①人間の身の上 ②他人の身の上

傍線(3)では、筆者が、**自分が関わった出来事を「他人の身の上」**に起きた話として聞いています。「人」は「他人」、「上」は「身の上」の意味です。

では、選択肢を検討します。

ア 「人」は「人全般」、「上」は「地位が上」の意味。

イ 「昔の人の上もなきかたち」で、「人の」は「かたち」を修飾している。「上もなき」は「これより上がない」の意味。

ウ 「人の上」と「わが身」が対比されており、「他人の身の上」の意味。

エ 「みる」の主語である「自分」と、「人の上」とが対比されており、「他人の身の上」の意味。

オ 「人」は「人全般」、「上」は「地位が上」の意味。

よって、傍線(3)と同じ意味なのはウとエです。

【選択肢の現代語訳】

ア 「仁」は天下国家の民を安心させますものであって、もともと人の上に立つ者の行う道でございます

イ 絵にかかれた昔なじみの人のこの上ない姿を見ても、（涙

で）袖が濡れることだなあ

ウ　年内に（一度は）会っても（二度と）会えず嘆いたという人の身の上は我が身のことだったのだ

エ　世渡りも他人の身の上を見るときは、わずかな利益と大きな損失であることばかりが多い

オ　この僧がこの道に進み学んだならば、人の上に立つようなことは、一か月を超えることはないだろう（＝一か月もたたないうちに人の上に立つだろう）

解答　ア B　イ B　ウ A　エ A　オ B

問四　内容の説明　難

「をかしがる」は形容詞「をかし」に接尾語「－がる」が付いて動詞化したものです。「をかし」はさまざまな意味を持つ語です。基本的な意味を押さえたうえで、本文の状況から判断する必要があります。

> **をかし**　形　①おもしろい。趣がある。②見事だ。③滑稽だ。

傍線(4)は、為仲が清水寺での出来事を話すのを聞いた筆者が、自分の仕掛けたことなのに他人事として聞いている場面です。為仲が受け取った歌は自分が詠んだ偽物の歌なのに、そんなことはおくびにも出さず、為仲の話に合わせています。直後の発言「さるにても、誰とか覚え給ふ（＝それにしても、その歌を詠んでよこしたのは誰だとお思いですか）」は、**為仲の相手に関心を寄せている内容**なので、「をかしがる」は「興味を示す」の意味だと判断できます。よって、正解はＣ「『まことに』とは『真実のこととして』、『をかしがる』とは『興味を示す』という意味で用いられている。」となります。

解答　C

この正解は、「まことに」を「本当に」の意味の副詞ではなく、「まこと」が「真実」の意味の名詞、「に」を格助詞と捉えた解釈です。「まこと」の解釈は難しいので、「をかしがる」という動詞の意味することを考えて正解を出します。

問五　比喩の説明　難

「滝の音も」の歌は、「清水の」の歌の返歌なので、傍線(7)の「滝の音」は「清水の」の歌の「滝の音」と同じものだと考えられます。「清水の」の歌は、詠まれた状況を本文から読み取ることができるので、「清水の」の歌の方で考えます。

「清水の」の歌は清水寺の情景を詠んだ歌に見えますが、設問に「何をたとえているか」とあるように、歌の中の情景は何かのたとえになっています。「かげ」には「姿」の意味があるの

で、清水に映る**「かげ」**が**「姿」のたとえ**だとわかれば、「かげは見えねども」は、**部屋の中にいる為仲の姿が見えないこと**を指していると判断できます。逆接の「ども」は対比を表すので、「姿が見えない」↕「『滝の音』が聞こえる」となり、姿は見えないけれど、昔に似た「滝の音」によってその存在がわかるという意味になります。

本文の1行目「為仲が行なひしてある」の「行なひ」は「勤行」の意味で、お経を声に出して読むことです。姿の見えない為仲がいるとわかったのは、この**為仲の読経の声**が聞こえたからです。よって、「滝の音」は「為仲の声」のたとえだと判断できるので、正解はE「為仲の声」となります。「音」と「声」は現象としては同じなので、それもヒントになります。「姿は見えないけれど声が聞こえた」という状況を、清水寺の情景にたとえて歌に詠んだのです。

「清水の」の歌には、「姿は見えないけれど昔と変わらないあなたの声が聞こえました」というメッセージが込められています。筆者が詠み、為仲の昔の恋人を装って、為仲に送りました。

「滝の音も」の歌には、「私の声が昔と変わらないなら、私の心も変わらずあなたを思っている証だとわかってください」というメッセージが込められています。為仲が返歌として詠み、心当たりの女性（＝「それならむと思ふ人」）に送った歌です。

解答 E

問六　主体と客体の把握

何を「心得ず」と思ったのかという設問ですが、誰が「心得ず」と思ったのかという主語を問う設問でもあります。

まずは、傍線(9)までの内容を確認します。

「滝の音も」の歌は、為仲が「それならむと思ふ人」に返した歌ですが、その人はもともと歌を為仲に送っていないので、返歌を受け取っても、何のことだかチンプンカンプンなはずです。10行目「誰待ちえて、心得ずと思ふらむ」は、**問一**で見たように、筆者が、その人の気持ちを想像して、「いったい誰が為仲の返歌を受け取って、わけがわからないと思っているだろう」と興味を示しているのです。そしてさらに「返事はあったのか」と筆者が質問したのに**為仲が答えた**のが、「候ひしかど、心得ず」の発言です。

①候ひ｜②しか｜③ど、｜④心得｜ず

① **動**【候ふ】あります。「あり」の丁寧語。
② **助動**「き」の已然形。過去［～た］
③ **接助** 逆接［～けれども］
④ **動**【心得】理解する。

直訳▼ありましたけれど、理解しない。

「候ひしかど」は、筆者の質問に答えたもので「返事はありましたけれども」の意味です。そして、「心得ず」の主語は、主語が書かれていないことと尊敬語を用いていないことから、この発言をしている「私」つまり為仲です。

傍線(9)は、「返事はありましたが、それが私には理解できません」という意味です。返歌を送った相手の女性からまた返事が来ることは不思議でも何でもありません。しかし、その内容が理解できない可能性は十分あります。為仲から返歌を受け取った女性はそもそも為仲に歌を送っていないので、届いた歌は意味不明だったことでしょう。意味不明の状態でさらに返歌を詠んでも、それを受け取った為仲には理解不能な内容だったということです。よって、**正解はD**です。

念のため、他の選択肢も見ておきましょう。

A 「清水の」の和歌の意味を、「心得ず」と思った。

→為仲は、最初に筆者から「清水の」の歌を受け取った時に「変だ、変だ」と不思議がっていたが、傍線(9)は、為仲が返歌をしてさらにその返事を受け取った場面なので、間違い。

B 「滝の音も」の和歌の意味を、「心得ず」と思った。

→「滝の音も」の歌は為仲が詠んだものなので、為仲自身が理解できないはずはない。この歌を理解できなかったのは、為仲が返歌を送った相手の女性。

C 相手の女性から返歌が届いたことを、「心得ず」と思った。

→返歌が届いたこと自体は、当然の成り行きなので間違い。歌の内容が「心得ず」だった。

E 為仲から返歌が届いたことを、「心得ず」と思った。

→為仲の返歌は「滝の音も」の歌なので、為仲の返歌が届いたことを理解できなかったのは相手の女性。「心得ず」の主語は為仲なので間違い。

解答 D

チャレンジ問題

理由説明は状況説明と同じなので、事の発端から結末までの状況をまとめればよいということです。「ことわり」は「道理」の意味なので、**事の顚末(てんまつ)が、「道理」つまり「正しい論理」によってつながっている**ことがわかるように説明します。

問一や**問六**で解説したように、そもそも筆者が他の人になりすまして為仲に歌をやったことが発端であり、歌が誰から誰に届き、それに対して誰が返歌をしたのかという事実関係が非常に複雑なので、事の顚末を以下のようにまとめます。

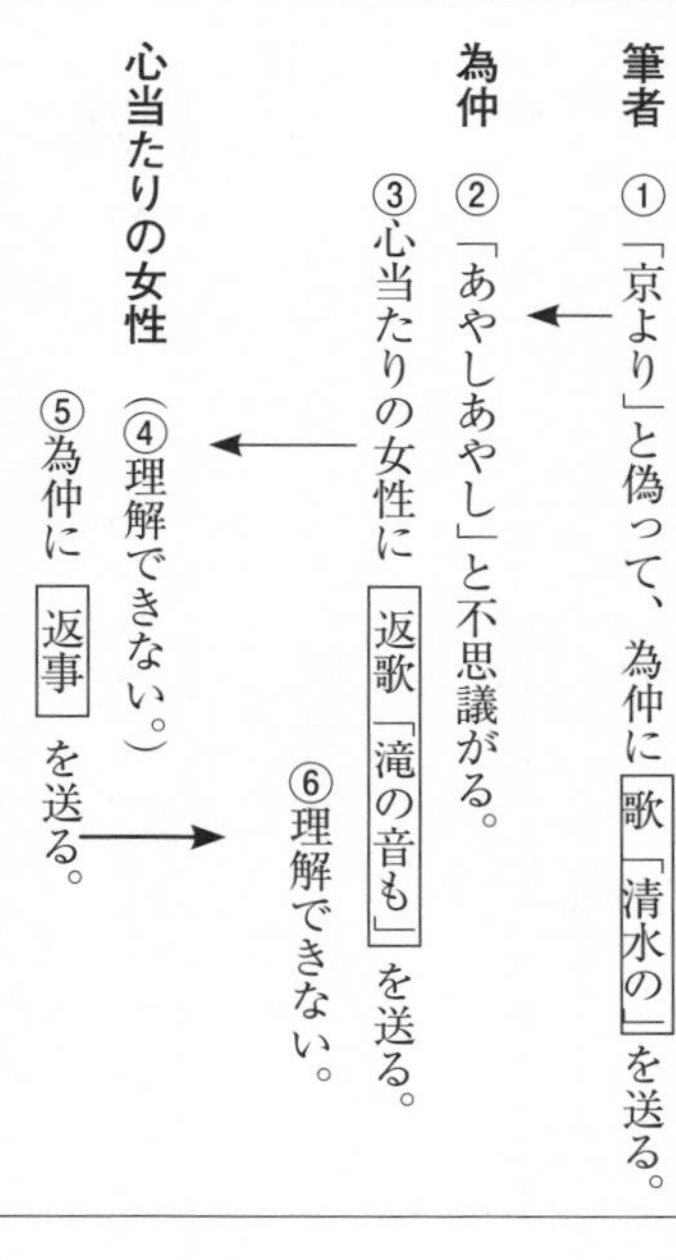

筆者が昔の恋人になりすまして詠んだ「清水の」の歌を受け取った為仲は、不思議に思いながらも、その返歌である「滝の音も」の歌を、**心当たりの女性に送りました**。

返歌である「滝の音も」の歌をいきなり受け取った女性は、**よく事情がわからないまま為仲に返事を書いたはずです**。当然、その返事の内容は意味不明で、為仲にも**理解不能なものだった**、ということです。

解答のポイントは次の四点となります。

- 為仲をだますために筆者が昔の恋人になりすまして歌を詠んだこと。
- 為仲がその返歌を心当たりの女性に送ったこと。
- 返歌を受け取った女性がわけもわからず返事を書いたこと。
- その返事が為仲には理解できない内容であること。

これを「為仲が返事の内容を理解できないのは当然である」ということの理由になる形にまとめます。

解答 **為仲をだますために筆者が昔の恋人になりすまして詠んだ歌を為仲が受け取り、その返歌を為仲が心当たりの女性に送ったために、いきなり為仲から返歌を受け取った女性がわけもわからず書いた返事が、為仲に理解できないのは当然だから。**

近しい男性をからかっておもしろがっているという、一見悪趣味にも思える内容ですが、そうした内容は、『枕草子』にも見られるものです。**第9講**では『枕草子』を扱います。

現代語訳

内裏より夜まかでて、清水に詣でたるに、かたはらの**局**に、ただ今まで**宮**に候ひつ

宮中から夜退出して、清水寺に参詣したところ、傍らの**小部屋**で、つい今しがたまで**皇后の御所**に

る為仲が**行なひ**してある。「かく詣でたりと、思ひかけじかし」とて、

お仕えしていた為仲が**勤行**している。「（私たちが）こうして参詣していると、（為仲は）思いもかけないでしょうよ」と言っ

もろともに詣で給へる人の、「昔見ける人の詣であへると思はせて**はからむ**」など

て、（私と）いっしょに参詣なさった女房が、「（為仲が）昔、**交際**していた女性が（たまたま）参詣し合わせたと（為仲に）

言ひて、人の多く詣でて、騒がしきに、書く所も覚えず、暗

思わせて**だまして**やりましょう」などと言って、人が多く参詣していて、騒がしいうえに、書く場所もわからず、暗いけれ

きに硯求めて、**あやしき**人して、「京より」とてやる。急ぎ出でて(1)**見る**

ども硯を借りてきて（書いて）、**身分の低い**者を使って、「京より（のお手紙です）」と言って渡す。（為仲は）急いで出て見て

なり。「あやしあやし」とたびたび言ふ(2)なり。

いるらしい。「変だ、変だ」と何度も言うのが聞こえる。（私が詠んだその歌は、）

清水の騒ぐにかげは見えねども昔に似たる滝の音かな

清水の水面が波立って物影が映らないように、清水寺は騒がしくてあなたのお姿は見えませんが、滝の音が昔と変わらないように、あなたの読経の声もお変わりありませんね。

宮に参りたるに、「清水に詣でたりしに、**いみじき**事こそ候へ」と語

（後日）皇后の御前に（私が）参上したところ、（為仲が）「清水寺に参詣したところ、**たいそう不思議な**ことがございました」

重要語句

- □うち【内裏】①宮中。②帝。
- □つぼね【局】高貴な女房や女官の部屋。
- □みや【宮】①皇居。御所。②皇族の住居。③皇族の敬称。
- □おこなひ【行なひ】仏道修行。勤行。
- □みる【見る】①見る。会う。②結婚する。③面倒を見る。
- □はかる【計る・量る・謀る】①おしはかる。②たくらむ。だます。
- □あやし【怪し】不思議だ。【賤し】①身分が低い。②粗末で見苦しい。
- □いみじ ①すばらしい。②ひどい。恐ろしい。③たいそう。

るを、(3)人の上になして聞くが〔主格〕をかしけれど、気色にも出ださで、(4)まことにをかしがる。「さるにても、誰とか〔疑問(↓)〕(5)覚え給ふ〔ハ四・体(↑)〕」と(6)言へば、

と語るのを、**他人の身の上**（に起きた話）として聞くのが（我ながら）**おかし**いけれど、（それを）**態度**にも表さずに、（私は）真実のように興味を示してみせる。「それにしても、（歌の送り主は）誰だとお思いですか」と（私が）言うと、（為仲は）「（送り主は）その人だろうと（私が）思う人の**もとに**、返事は出しておきました」と語る。（その為仲の歌は、）

「それならむ〔推量・終〕と思ふ人のがり、返り事は遣はしてき〔完了・用〕」と語る。

(7)滝の音も昔聞きし〔過去・体〕に変はらずは流れて絶えぬ〔打消・体〕心とを知れ

滝の音が昔と変わらないように、私の声も変わらないのなら、それは、滝の流れが絶えないように、あなたへの私の愛情が絶えていない証だとわかってください。

誰待ちえて、**心得**ずと(8)思ふらむ〔現在推量・終〕とをかし。「返り事や〔疑問(↓)〕ある〔ラ変・体(↑)〕」と問へば、「(9)候ひしかど、心得ず」と言ふこそ〔強意(↓)〕ことわりなれ〔ナリ・已(↑)〕。

いったい誰が（この返事を）**受け取**って、**わけがわから**ないと（今ごろ）思っているだろうと（思うと）おかしい。「（その人から）返事はありましたか」と尋ねると、「ありましたが、わけがわかりません」と（為仲が）言うのは**もっとも**である。

［出典：『四条宮下野集』］

□ ひとのうへ【人の上】①人間の身の上。②他人の身の上。

□ をかし ①おもしろい。趣がある。②見事だ。すばらしい。美しい。③滑稽だ。

□ けしき【気色】①様子。態度。②機嫌。

□ がり【許】～のもとへ。～のいる所に。

□ まちう【待ち得】待ち迎える。待っていて手に入れる。

□ こころう【心得】悟る。理解する。

□ ことわりなり【理なり】もっともだ。当然だ。

9 随筆

立命館大学 枕草子（まくらのそうし）

作品紹介 ■ 平安時代中期の随筆。筆者は中宮定子（ていし）に仕えた清少納言（せいしょうなごん）。内容は類聚（るいじゅう）的章段、日記的章段、随想的章段に分類される。「をかし」を基調にした機知に富んだ内容で、中宮定子を賛美する。『源氏物語（げんじものがたり）』と並称される平安女流文学の傑作。

別冊（問題） p. 60

解答

問	解答	配点
問一	5	2点
問二	A な　B え	2点×2
問三	1	2点
問四	5	4点
問五	5	4点
問六	④ 宰相の中将が本気で責めたてる	4点
	⑤ 則光はまったくわからなかったのだなあ	4点
問七	布　目（順不同）	2点×2
問八	夜いたくふ	2点

合格点 22／30

チャレンジ問題

和歌が苦手な則光は布に意味があることすら理解していなかった。（30字）

問題文の概要

あらすじ ● 清少納言のもとへやって来た則光（のりみつ）は、宰相（さいしょう）の中将に清少納言の居場所を聞かれて、「布（め）（＝海藻）」を食べてごまかしたと話したので、清少納言は改めて口止めをした。数日後、則光から手紙が届き、隠しきれないから教えてもよいかと聞いてきたので、清少納言は口止めの意味を込めて「布」を送った。後日、則光がやって来て、「布」の意味をまったく理解していなかったことを知った清少納言は、歌でそれとなく伝えるが、則光は歌を毛嫌いして逃げて行った。

内容解説 ● すべての段落が、ほとんど則光の会話によって成り立っていて、則光の人となりが伝わってきます。機知を好む筆者と、少し鈍い則光のやりとりが、おもしろおかしく描かれています。

設問解説

問一　指示内容

本文冒頭に「左衛門の尉則光が来て」とありますが、則光がどこに来たのか書いてありません。書いていないということは書く必要がないということです。

ここで思いつかなければならないのが、『枕草子』には日記的章段があるということです。日記では、自分が主語や補語である場合、「私」とは明記しません。

読解ルール　日記文において一人称(私)の主語は省略される！

この文章は筆者や筆者を取り巻く人々が登場する文章だとわかれば、則光が来たのは「私(＝清少納言)」のところだと判断できます。７行目に清少納言の発言が出てくるので、ここまで読めば、則光は清少納言のところへ来たのだとわかります。

則光は清少納言に、本文１～４行目で次のようなことを語っています。

> 宰相の中将から、「妹(＝清少納言)の居場所を教えろ」と言われ、まったく知らないと答えた。しつこく聞かれてつい笑ってしまいそうだったので、「布(＝海藻)」をひたすら食べてごまかした。

会話の後半部分にある傍線①を含む一文は、「けれど、うまくそれによって、そことは申し上げずに済んでしまった」という意味です。則光が「それ」によって清少納言の居場所を宰相の中将に言わずに済んだ、ということなので、「それ」が指示すのは「海藻を食べたこと」となります。よって、正解は「布を食うこと」です。

解答　5

問二　適語の補充(呼応の副詞)

空欄で問われる「副詞」は、呼応の副詞がほとんどです。

●呼応の副詞●
- さらに～打消語　訳 まったく～ない
- つゆ～打消語　訳 少しも～ない
- え～打消語　訳 ～できない
- をさをさ～打消語　訳 めったに～ない
- よも～じ　訳 まさか～ないだろう
- な～そ　訳 ～してくれるな
- ゆめ～な　訳 決して～するな

空欄A　文末に禁止の終助詞「そ」があるので、「そ」と呼応する「な」が入ります。空欄Aを含む会話文は、清少納言の発言です。則光が「あなた(=清少納言)の居場所を言わずに済んだ」と話したのに対し、清少納言は「絶対に私の居場所を申し上げないでください」と、改めて口止めをしています。

空欄B　空欄の直前の「ずちなし」は、「術無し」と書いて、「方法がない・どうしようもない」の意味です。宰相の中将に清少納言の居場所を聞かれた則光が**もうどうしようもない**、と言っているのに続くのが、「さらに B かくし申すまじ」なので、「まったく隠すことはできそうもない」の意味になるはずです。「まじ」は打消推量の助動詞なので、空欄には打消の語と呼応して不可能を表す副詞「え」が入ります。

「さらにえ〜打消語」は「まったく〜できない」の意味で、「さらに」が空欄になることもあります。

解答　A な　B え

問三　**語句の意味(漢字表記)**

問二で見たように、「ずちなし」の「ずち」は「術」と書き、「手段・手立て」の意味です。よって、正解は1です。

解答　1

問四　**場面状況の把握**

傍線③は、本文〔I〕の最後にあるので、〔I〕の内容を確認します。

本文〔I〕の前半は、則光がやってきて「宰相の中将にあなた(=清少納言)の居場所を聞かれたけれど、海藻を食べてごまかして、言わなかった」と話し、清少納言が「絶対に言わないで」と、改めて口止めする場面でした。

傍線③は、その数日後に「また宰相の中将から居場所を聞かれてもうどうしようもない、教えてもいいか」と則光から手紙が来たのに対する、清少納言の返事です。問一で見たように則光は**「布(め)」を食べて居場所を言わずに済んだ**のだから、傍線③で清少納言が「布(め)(=海藻)」を送ったということは、「この海藻を食べて、前と同じように居場所は言わないでください」という意味であり、「口止め」を表していると判断できます。

よって、正解は5「ゆめいふな(=決して言うな)」です。「ゆめ」は禁止・打消の語と呼応する副詞です(問二参照)。

解答　5

問五　**場面状況の把握**

本文〔II〕は、清少納言が則光に「布(め)」を送った後の話です。則光は清少納言が「布(め)(=海藻)」を送ってきたことについて、14行目「などともかくも御返はなくて……」以下で、「どうして何ともお返事がなくて、海藻を送ってきたのか」と清少納言に尋ねています。そしてその最後に「取り違へたるか（＝間違えたのか）」と言っています。つまり、則光は清少納言が「布（め）」に込めた謎かけの意味がまったくわからなくて、布が送られてきたのは何かの間違いだと思っているということです。よって、**正解は5**です。

解答 5

問六 現代語訳

傍線④

> ①まめやかに―②さいなむ
>
> ①形動【忠実やかなり】まじめだ。本格的だ。
>
> ②動【苛む】責めたてる。
>
> 直訳▼まじめに責めたてる

傍線④は、後日やってきた則光の発言の中にあります。先日の夜、宰相の中将から清少納言の居場所を再び聞かれて困ったときのことを話しています。よって、「さいなむ」は、13行目の「せめたて」とほぼ同じ意味だと判断できます。則光は責めたてられてどうしようもなかったと言っていることから、「まめやかに」は、宰相の中将の「本気の度合い」を表していると考えられるので、「まじめに」よりも「本気で」と訳すのがよいでしょう。また、主語も補います。よって、「**宰相の中将が本気で責めたてる**」を正解とします。

解答 **宰相の中将が本気で責めたてる**

配点 主語「宰相の中将」…1点
「まめやかに」の訳…2点
「さいなむ」の訳……1点

傍線⑤

> ①いささか―②心―を―得（え）―ざり―③ける
>
> ①副 わずか。ほんの少し。
>
> ＊「いささか〜ず」＝まったく〜ない。
>
> ②「心を得（う）」＝理解する。「心得」に同じ。
>
> ③助動「けり」の連体形。詠嘆［〜だなあ］
>
> ＊余情を含ませて文を終える連体止め。
>
> 直訳▼まったく理解しなかったのだなあ

傍線⑤は、則光の話を聞いた清少納言の心話で、「ける」は気づきの詠嘆の用法です。「妙なものが包んであった、間違えたのか」などと言う則光の話を聞いて、清少納言は則光が「布」

の謎かけの意味をまったく理解していないことに気づいたのです。ここも、主語「則光」を補います。よって、「則光はまったくわからなかったのだなあ」を正解とします。

解答 **則光はまったくわからなかったのだなあ**

配点
主語「則光」…………1点
「いささか」の訳 ……1点
「心を得ざり」の訳 …1点
「ける」（詠嘆）の訳 …1点

問七 **掛詞**（かけことば）**の説明** 難

着眼点 **和歌の自然描写や小道具に修辞あり！**

本文に出てくる小道具、つまり「布」が掛詞になっていることは、注にわざわざ「布」の読み方が書いてあることからも推測できますが、問題はもう一つの意味（漢字）です。「め」という漢字で思いつくのは、「目」「女」「芽」ぐらいでしょうか。
まずは和歌を訳してみましょう。

> かづきする〃あまのすみかを〃そことだに〃ゆめいふなとや〃めを食はせけむ

訳 海に潜って姿の見えない海女（あま）のように姿を隠している私の居場所を、どこそことでさえ、決して言わないでくれというつもりで、「布（＝海藻）」を食わせたのでしょうか。

・「かづき（潜き）」は海に潜ること。
・「あま【海女】」が清少納言の比喩となっている。
・「あま」「そこ」「め」は縁語。

清少納言はこの歌で、自分の謎かけの意味をまったく理解していない則光に対し、謎かけの種明かしをしています。**問四**で見たように、下の句に、「めを食はせ」たのは「ゆめいふな（＝決して言うな）」というつもりだったとあり、**「布」は口止めの合図**だったと明かされています。「合図」とは何らかの方法で意思を知らせることですが、「目で合図すること」を表す言葉に「目配せ」があります。このことに気付けば、「め」が「目」であると判断できます。よって、**正解は「布」と「目」**となります。

「目を食はす」は「目配せする」の意味の慣用句です。現代語でも「食わせる」には相手に何かをする意味があります。ちなみに「目配せ」は、「目食はせ」が転じたものだと言われています。

解答 **布・目**

問八 **段落分け**

物語や日記は、場面が変わると登場人物が変わることがあるので、段落分けをする場合、登場人物に着眼するのも一つの方法です。

本文の冒頭で「則光」が登場し、清少納言（＝筆者）と話をします。その会話は7行目の空欄**A**を含む清少納言の発言で終わります。その直後の「日ごろひさしうなりぬ」は、数日が経ったという意味で、時間軸で見てもここで場面が変わると判断できます。そして、「夜いたくふけて」の後、今度は則光の手紙を届ける使者が登場します。よって、「日ごろひさしうなりぬ」までが前半で、「夜いたくふけて」からが後半と判断できます。「はじめの五字」と指示があるので、正解は「夜いたくふ」となります。

解答 夜いたくふ

最後の段落〔Ⅱ〕は再び則光が登場して清少納言と話をする場面になっています。このように、「私（＝清少納言）」を中心にして、場面ごとに登場人物が交代して話が展開していくという構成を意識することで、内容把握や主体判定をスムーズに行うことができます。

チャレンジ問題

「人のもとにさるものつつみて送るやうやはある」は、「人のところにそのようなものを包んで送って来ることがあるものか」の意味で、直後に「間違えたのか」とあるように、則光は清少納言が「布」を包んで送ったことを何かの間違いだと思っています。また、直前の「あやしのつつみものや」の「あやし」は不可解を表すので、則光は「布」に意味があることすらわかっていなかったと判断できます。**問六**の傍線⑤で見たように、則光はまったく理解していない、と清少納言が思ったのも根拠となります。

設問には、「和歌を差し出された彼の反応とあわせて」と指示があるので、清少納言が和歌を差し出した後の則光の行動にも着目する必要があります。

18行目で和歌を差し出された則光は、「和歌など決して見るつもりはありません」と言って逃げていきますが、これは則光が和歌を苦手としていたことを表しています。和歌が苦手だから、掛詞や謎かけなどの言葉遊びも苦手で、「布」を口止めの合図として送った清少納言の意図など、まったく理解できなかったということです。

よって、次の二つのポイントを解答にまとめます。

・布に意味があることすら理解していなかったこと。
・則光が和歌を苦手としていること。

解答 **和歌が苦手な則光は布に意味があることすら理解していなかった。**（30字）

本文を読んで、どうして則光だけが清少納言の居場所を知っているのか不思議に思いませんでしたか。宰相の中将は、則光に対する会話文の中で、注にあるように清少納言のことを「いもうと」と呼んでいます。「いもうと」は男性から見てその姉妹のことを指す語ですが、清少納言と則光は兄妹ではありません。則光は清少納言の最初の夫だと言われています。親密な関係にある男女を、「妹」「兄」と呼ぶことがあったという説もあります。いずれにせよ清少納言と則光が親密な関係にあったことは間違いありません。則光は、本文からもわかるように、生まじめな人ではありますが、歌なども苦手で、機知を理解するようなセンスを持ち合わせていなかったようです。清少納言はそんな則光のことが気に入らなくて別れたとも言われています。清少納言は男女にかかわらず、このような機知を理解できることが何より重要だと思っていました。ですから、『枕草子』にはこのような話がたくさん出てきます。

『枕草子』と**第8講**の『四条宮下野集（しじょうのみやしもつけしゅう）』は、どちらも男性に歌を贈って相手を困らせるという内容で、よく似た雰囲気が感じられます。『四条宮下野集』の筆者である下野は、四条宮（後冷泉天皇皇后藤原寛子（かんし））に仕えた女房、『枕草子』を書いた清少納言も一条天皇中宮定子に仕えた女房で、二人は同じような立場です。『枕草子』は「をかし」の文学と言われますが、『四条宮下野集』の本文にも「をかし」が使われていることや、後冷泉天皇は一条天皇の孫であり時代的に近いことからも、下野が『枕草子』の影響を受けていたとも考えられます。

現代語訳

〔Ⅰ〕左衛門の尉則光が来て物語などするに、「昨日宰相の中将のまゐりたまひて、『いもうとのあらむところ、さりとも知らぬやうあらじ。いへ』といみじう問ひたまひしに、さらに知らぬよしを申ししに、あやにくに強ひたまひしこと」などいひて、則光「あることは、あらがふはいとわびしくこそありけれ。ほとほと笑みぬべかりしに、わびて、台盤の上に布のありしを取りてただ食ひに食ひまぎらはししかば、中間にあやしの食ひものやと人人見けむかし。されど、かしこう①それにてなむ、そことは申さずなりにし。笑ひなましかば、不用ぞかし。まことに知らぬなめりとおぼしたりしもをかしくこそ」などかたれば、清少納言「さらに［な］きこえた

左衛門の尉則光が来て**世間話**などをするついでに、「昨日宰相の中将が参上なさって、『妹の居所を、**そうはいっても**知らぬはずはあるまい。言え』としつこくお尋ねになったので、いっこうに知らない**旨**を申し上げたのに、**意地悪く無理に**も言わせようとなさったこと」などと話して、「事実を、**否定する**のはとても**つらい**気持ちだったよ。すんでのことで微笑んでしまいそうだったのに、困って、台盤の上に海藻があったのを取ってひたすら食べることでごまかしたので、(食事時でもない)半端な折に**変な**食べものだなあと人々も見ただろうよ。けれど、**うまく**、それによって、そこことは申し上げずに済んでしまった。もし笑っていたとしたら、まずいことだったよ。ほんとうに知らないようだと(宰相の中将が)お思いになったのも**おもしろい**ことだった」などと話すので、「**決して**申し上げなさら**ないで**くださ

重要語句

- □ものがたり【物語】話をすること。話。
- □さりとも【然りとも】そうはいっても。いくらなんでも。
- □よし【由】①風情。②由緒。理由。③方法。④〜ということ。趣旨。
- □あやにくなり ①意地が悪い。②あいにくだ。都合が悪い。
- □しふ【強ふ】無理強いする。
- □あらがふ【争ふ】①否定する。②言い争う。
- □わびし【侘びし】①つらく苦しい。②貧しくみすぼらしい。
- □あやし【怪し】不思議だ。【賤し】①身分が低い。②粗末で見苦しい。
- □かしこし【畏し・賢し】①恐れ多い。②都合がよい。うまい。③優れている。利口だ。④はなはだしい。
- □をかし ①おもしろい。趣がある。②見事だ。すばらしい。美しい。③滑稽だ。

まひ**そ**（禁止）」などいひて、**日ごろ**ひさしうなり**ぬ**（完了・終）。夜いたくふけて、門をいたう**おどろおどろしう**たたけば、なに**の**（主格）かう心もなう、遠から**ぬ**（打消・体）門を高くたたく**らむ**（現在推量・終）と聞きて、

い」などと言って、**何日か**だいぶ日がたってしまった。夜がすっかり更けて、門をひどく**大げさに**たたくので、いったい何者がこんなに無遠慮に、遠くもない門を音高くたたいているのだろうと（その音を）聞

問はすれば、滝口**なり**（断定・用）けり。「左衛門の尉の」とて文を持て来たり。みな寝たるに、火とりよせて見れば、則光「明日御読経の結願（けちぐわん）**に**（断定・用）て、宰相の中将、**御物忌**（ものいみ）にこもりたまへり。『いもうとのありどころ申せ、いもうとのありどころ申せ』とせめらるるに、②**ずちなし**。**さらに** [え] かくし申す**まじ**。さ**なむ**（強意（↓省））と**や**（疑問（↓））聞か**せ**（使役・用）奉る**べき**（適当・体（↑））。いかに。おほせにしたがは**む**（意志・終）」といひたる。返事は書かで、③布を一寸ばかり紙につつみてやりつ。

いて、（人を出して）尋ねさせると、滝口の武士だった。「左衛門の尉の（使いです）」と言って手紙を持って来ている。みな寝てしまっているので、灯火を近く取り寄せて（手紙を）見ると、「明日御読経の結願の日ということで、宰相の中将が、**御物忌**に籠もっていらっしゃる。『妹のいる場所を申せ、妹のいる場所を申せ』とお責めになるので、**どうしようもない**。**まったく**お隠し申し上げることは**できそうもない**。これこれの所でとお聞かせ申し上げてよいか。どうだろう。（あなたの）お言いつけに従おう」と書いてある。（私は）返事は書かないで、海藻を一寸ばかり紙に包んで持って行かせた。

〔Ⅱ〕さて、後来て、則光「一夜はせめたてられて、**すずろなる**ところどころに

さて、後日（則光が）来て、「先夜は（宰相の中将に）無理にたずねられて、**いいかげんな**場所にあちこち連れまわり

□な〜そ　〜するな。〜してくれるな。

□ひごろ【日ごろ】何日かの間。この数日。

□おどろおどろし　①大げさだ。②気味が悪い。恐ろしい。

□ものいみ【物忌み】一定の間家にこもり、身を清めること。

□ずちなし【術無し】方法がない。どうしようもない。

□さらにえ〜まじ　まったく〜できそうもない。

□すずろなり【漫ろなり】①なんという理由もない。なんとなくだ。②思いがけないさま。③むやみだ。

なむ率てありき奉りし。④まめやかにさいなむに、いとからし。さて、など

申し上げた。(宰相の中将が)**本気で責めたてる**ので、ひどく**つらい**。そして(あなたからは)、ど

ともかくも御返はなくて、すずろなる布の端をばつつみてたまへりしぞ。あやし

うして何ともお返事がなくて、なんでもない海藻の切れ端を包んでくださったのか。妙な包み

のつつみものや。人のもとにさるものつつみて送るやうやはある。取り違へたるか」

ものよ。人のところにそのようなものを包んで送ってくることがあるものか。間違えたのか」と言う。

といふ。⑤いささか心を得ざりけると見るがにくければ、ものもいはで、硯

(則光は)**まったく**(あの謎が)わから**なかっ**たのだなあと見るのが**気にくわない**ので、物も言わないで、硯

にある紙の端に、

箱にある紙の端に、

清少納言　かづきするあまのすみかをそことだにゆめいふなとや⑥めを食はせけむ

海に潜って姿の見えない海女のように姿を隠している私の居場所を、どこそことでさえ**決して**言う**な**と、**目くばせする**という意味で、布を食わせたのでしょうか。

と書きてさし出でたれば、「歌よませたまへるか。さらに見はべらじ」とて、

と書いて差し出したところ、「歌をお詠みになったのか。(苦手なので)決して見るつもりはありません」と言って、

あふぎ返して逃げていぬ。

(扇で紙を)あおぎ返して逃げて行ってしまった。

[出典:『枕草子』八〇　里にまかでたるに]

□まめやかなり【忠実やかなり】①まじめだ。②本格的だ。③実用的だ。

□さいなむ【苛む・嘖む】責める。しかる。

□からし【辛い】①からい。②ひどい。③つらい。

□いささか〜ず　まったく〜ない。

□にくし【憎し】①気にいらない。②みにくい。

□かづき【潜き】水にもぐること。

□ゆめ〜な　決して〜するな。

□めをくはす【目を食はす】目配せする。

10 随筆

関西学院大学

鶉衣（うずらごろも）

作品紹介 ■ 江戸時代後期の俳文集。筆者は横井也有（よこいやゆう）。俳文とは俳諧（はいかい）的な味わいを持つ文章のこと。自然や人情などを、故事などを踏まえつつ軽妙洒脱（しゃだつ）に表現している。

別冊（問題） p. 66

解答

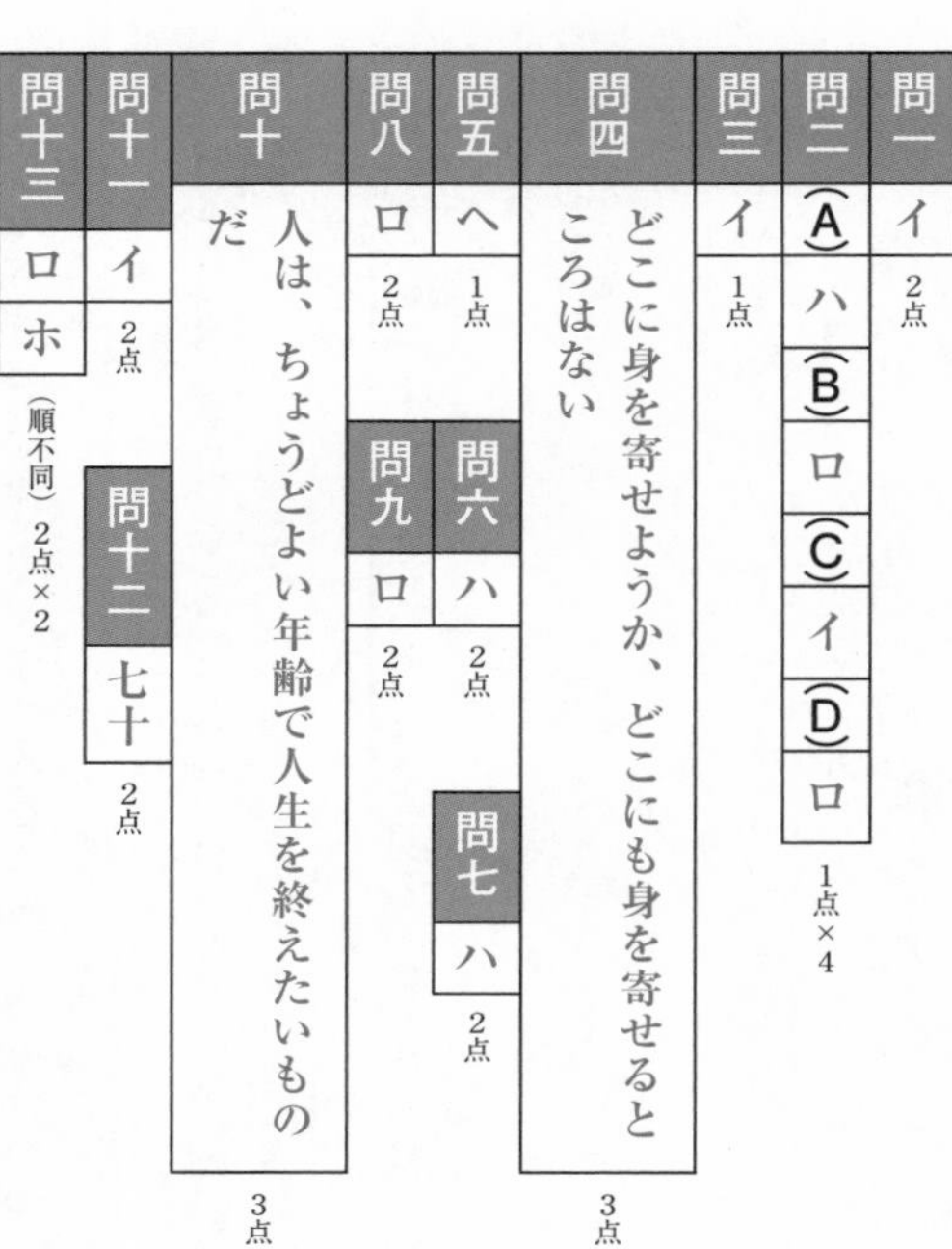

設問	解答	配点
問一	イ	2点
問二	Ⓐハ Ⓑロ Ⓒイ Ⓓロ	1点×4
問三	イ	1点
問四	どこに身を寄せようか、どこにも身を寄せるところはない	3点
問五	ヘ	1点
問六	ハ	2点
問七	ハ	2点
問八	ロ	2点
問九	ロ	2点
問十	人は、ちょうどよい年齢で人生を終えたいものだ	3点
問十一	イ	2点
問十二	七十	2点
問十三	ロ ホ	（順不同）2点×2

合格点 24／30

チャレンジ問題

自分の老いを忘れないとほんの一時も楽しくないが、だからといって老いを忘れると、人に嫌がられたり、年がいもなく酒色にふけって、失敗をしてしまったりするから。（77字）

問題文の概要

あらすじ ● 自分は芭蕉や西鶴の年齢を超えて五十三になり、同じ世代の友達も、多くは亡くなってしまった。若い人と付き合おうとすれば嫌われ、老人扱いされればありがたくもない。老いを忘れなければ心が楽しめず、老いを忘れても人に嫌がられ、失態を招くのであれば、かなわぬ願いと知りながらも、ちょうどよい時期に人生を終えたいものだ。

内容解説 ● 「老い」という重いテーマを、古歌や昔の物語の内容を踏まえながらユーモラスに書いた文章です。自分の体験や故事などから、人が「老いを嘆く」心理を分析していて、随筆的な要素を含んだ俳文集となっています。本文の後の出典の部分に「歎老辞」とあり、これがこの文章のテーマを表しています。

書名の「鶉衣」は「粗末な衣装」の意味で、筆者の謙遜の気持ちが表現されています。

設問解説

問一　文学史

イの『海道記』は、鎌倉時代の紀行文。筆者は未詳。**ロ〜ホ**はすべて芭蕉の紀行文です。

解答　イ

問二　語句の意味

傍線部(A)「作文」に名を残した西鶴、とあります。井原西鶴は浮世草子の作者です。浮世草子は、江戸時代の小説の一種です。よって、正解はハ「戯作を書くこと」です。

「戯作」は江戸時代の通俗小説のことです。「作文」は平安時代では「漢詩を作ること」の意味で用いられます。**江戸時代の文章を読むときは、平安時代や鎌倉・室町時代とは語句の意味が異なる場合がある**ので注意が必要です。

傍線部(B)「辞世」は「この世に別れを告げること、また、そのときに残す詩歌や言葉」の意味で、現代でも用いる言葉です。また、直前の「見過しにけり末二年」の下の「の」は連体格の用法で「〜という」と訳すことができ、「辞世」の内容を表しているので、辞世は**注1**の俳句のことだとわかります。俳句は詩歌の一種なので、正解は口「死に際に残す詩歌」となります。

10

傍線部(C)「むつかしがり」の終止形「むつかしがる」は、形容詞「むつかし」に、接尾語「がる」が付いて動詞化した語です。「むつかし」は「うるさい・面倒だ」の意味なので、正解はイ「うるさがって」です。直前の「根問(ねどひ)・葉問(はどひ)を」もヒントになります。老人がはやり詞(ことば)の意味を根掘り葉掘り聞くのを若い人はうるさがるということです。

傍線部(D)前後は、枕(まくら)や拳(けん)を使った遊びの騒ぎが「次へ」遠ざかる、という内容なので、騒いでいる人たちが遠ざかるのは、どこか別の場所だと判断できます。選択肢の中で「場所」を意味しているものを選びます。よって、ロ「次の間(ま)へ」が正解です。「間」は部屋のことです。

解答 (A)ハ (B)ロ (C)イ (D)ロ

問三 適語の補充(文脈の把握)

本文冒頭で、芭蕉が五十一歳で「世を去り(＝亡くなり)」と述べた後、「西鶴も」とあるので、「(I)を終(をは)り」は「世を去り」と同じ意味になるはずです。よって、正解はイ「一期(いちご)」です。「一期」は「一生」の意味です。

解答 イ

問四 現代語訳

傍線部(2)を品詞分解して訳します。

①いづく｜に｜②か｜身｜を｜③ば｜よせ｜④まし

① 代名 どこ。場所を問う。
② 係助 疑問[〜か]・反語[〜か、いや〜ない]
③ 係助 強調(「は」が濁音化したもの。)
④ 助動 「まし」の連体形。(係助詞「か」の結び。)
ためらいの意志[〜しようかしら]

直訳▼どこに身を寄せようか

読解ルール 「と」は同じことの言い換えを表す!

傍線部(2)の直後に言い換えを表す「と」と「て」があり、傍線部＝「よみ」＝「歎(なげ)かれ」となり、傍線部は「嘆いた」内容になるはずなので、「か」は、疑問ではなく反語の意味で訳すのが適当です。また、「まし」は、ここでは反語の「か」とともに用いられていますので、ためらいの意志の意味で訳します。

解答 どこに身を寄せようか、どこにも身を寄せるところはない

配点 「いづくに」の訳……1点
「身をばよせまし」の訳…1点

反語の訳出……………1点

問五 文法（品詞分解）

傍線部(3)を品詞分解すると「問は｜ぬ｜に｜告ぐる」です。「問は」は**四段活用動詞**「問ふ」の未然形、「ぬ」は助動詞「ず」の連体形、「に」は逆接の**接続助詞**、「告ぐる」は**下二段活用動詞**「告ぐ」の連体形です。

解答 へ

問六 現代語訳

傍線部(4)を品詞分解して、語の意味を確認します。

何｜の｜①かたじけなき｜事｜②か｜あら｜③む

① 形「かたじけなし」の連体形。ありがたい。恥ずかしい。面目ない。
② 係助 疑問[～か]・反語[～か、いや～ない]
③ 助動「む」の連体形。（係助詞「か」の結び。）推量[～だろう]

直訳▼何の〈かたじけなき〉ことがあるだろうか

選択肢の中で、**ニ・ホ・へ**は、「……あったろうか」と、過去推量の意味に訳しているので不適です。これで**イ・ロ・ハ**に絞ることができますが、「かたじけなし」には**イ・ロ・ハ**すべての意味がありますので、本文から根拠を探します。

読解ルール 「と」は同じことの言い換えを表す！

傍線部(4)の前の「『かたじけなし』と礼はいへども」の「と」は言い換えを表すので、「かたじけなし」は「礼」と同義だと判断できます。よって、**正解はハ**「何のありがたいことがあろうか」です。「何もありがたいことはない」という意味を込めた反語表現です。

解答 ハ

問七 文法（「の」の識別）

「の」は、格助詞と終助詞の可能性があります。さらに、格助詞「の」は用法を区別する必要があります。

●格助詞「の」の用法●

1 主格（～が）
例 波の下にも都のさぶらふぞ。
訳 波の下にも都がございますよ。

2 同格（～で）
例 いと清げなる僧の、黄なる袈裟着たるが来て、
訳 たいそう美しい僧で、黄色い袈裟を着ている僧が

10

来て、

3 連体格（〜の）
例 諸行無常のひびきあり。
訳 諸行無常のひびきがある。

4 連用格（比喩）（〜のように）
例 白雲のこなたかなたに立ち分かれ
訳 白雲のようにあちらこちらに分かれ

5 準体格（〜のもの）
例 四条大納言のはめでたく、
訳 四条大納言のもの（＝歌）はすばらしく、

傍線部（5）は、「昔は今のものに増さりし物を」のように、下に名詞を補うことができるので、準体格の用法です。では、選択肢を見ます。

イ「家のうちなる男君」訳 家の中にいる男君
→「家の」が下の名詞「うち」を修飾しているので、連体格。

ロ「鶯（うぐひす）の鳴く」訳 鶯が鳴く
→「鶯」は「鳴く」の主語で、「の」は主格。

ハ「これは誰のぢや」訳 これは誰のものだ
→下に「もの」などの名詞を補うことができるので、準体格。

ニ「うれしやの」訳 うれしいなあ。
→「の」は感動の意を表す終助詞。

ホ「父の大納言はなくなりて」訳 父である大納言は亡くなって
→「父の」が下の名詞「大納言」を修飾しているので、連体格。

よって、正解はハです。

解答 ハ

問八 解釈

老人①ごと｜に｜②覚え｜たる｜は

① 接尾「―ごと」＝〜たびに。それぞれ。皆。
② 動【覚ゆ】自然に思う。

直訳▼老人がそれぞれ自然に思っているのは

選択肢を見比べると、「ごとに」と「覚え」の訳がポイントであることがわかります。

まず、「覚ゆ」には「自慢する」の意味はないので、**イ・ロ・ハ**が残ります。次に、「ごと」は接尾語で「毎」と書き、名詞に付いて「それぞれ・皆」の意味を表します。「皆」と同じ意味になっているのは**ロ**「どの老人も」なので、正解はロとなります。

解答 ロ

問九　理由の説明

理由説明は状況説明と同じです。ここでは「不老」と「不死」が話題になっていますが、「不老」と「不死」は似ているようでまったく異なった状態です。「不老」は、「いつまでも老いないこと」で、「不死」は、「死なないこと」です。これを踏まえて傍線部**(7)**に至る状況を見ます。

第四段落の後半の蓬萊(ほうらい)山の薬の話で「不老」の薬だけが売り切れているのは、「誰もが老いる」ので、みんなが「不老」を願い求めているからだと考えられます。そして、「不死」の薬が安く手に入ったとしても、「不老」の薬がなければ意味がないのです。

読解ルール　「と」は同じことの言い換えを表す！

まず、傍線部**(7)**の直前の引用の「と」に着眼すると、「神仙……感慨多からむ」＝「そしり(非難)」となるので、その内容を確認します。「神仙」は「神や仙人」、「何事をかなす」は「何事もなさない」の意味で、「神や仙人が不死で長生きしても、年老いて何事もなすことはできず、秋風に向かって感慨が多いだけだ」という内容です。「秋風」は寂しさを象徴するので、「秋風に向かって感慨が多い」とは「寂しさが増す」という意味です。本文のテーマ「歎老辞」からもわかるように、この寂しさは「老いて何もできない嘆き」です。

本文や注にはありませんが、これは、中国の南宋の文人である陸放翁(陸游)の詩の一節です。よって「そしり」の主語は陸放翁ですが、設問はそこには言及しないで、「非難される」という表現になっています。

次に、「薊子訓(けいしくん)」の故事の内容を確認します。**注13**にあるように、「薊子訓」は長生きしたが顔色が衰えなかった、つまり「不老長寿」の神仙だったということです。薊子訓は不老だったので、この故事は「誰もが老いるという現実」に反しています。つまり、陸放翁は、薊子訓が老いなかったのはあり得ないことだから、その故事を非難したということです。

これを踏まえて、選択肢を検討します。選択肢の「彼」は、いうまでもなく「薊子訓」を指しています。

イ　彼のように ×現実的には長生きできないから

↓「長生き」を否定しているので間違い。

ロ　彼のように美しく生きられないから

↓「不老」を否定しているので正解。

ハ　彼のように長生きしても ×寂しさは増すばかりだから

↓不老だった薊子訓には寂しさはなかったと考えられるので間違い。

ニ 彼のように目的もなく生きても意味がないから
↓目的もなく生きるという記述はないので間違い。

ホ 彼のように老いを楽しまずに生きても仕方ないから
↓「老いを楽しまずに」という記述はないので間違い。

ロの「彼のように美しく」は、**注13**の「顔色は衰えることがなかった」をもとにした表現です。厳密には「美しく」と「不老」は異なる現象なので、ちょっと疑問が残りますが、「老い」を否定している選択肢は他にないので、**ロを正解**とします。

「さる事ぞかし」は「もっともなことだよ」の意味で、老いに直面しその対応を考察している筆者は、薊子訓のように老いないで生きることはできないから、故事が非難されたのはもっともなことだと言っているのです。

老いることがなかった薊子訓は非難の対象になってしまったということです。

解答 **ロ**

問十 現代語訳

傍線部**(8)**を品詞分解して訳します。

人｜は｜よき｜①ほど｜の｜②しまひ｜あら｜③ばや

① 名 程度。年齢。身分などの程度。
② 名 終わり。
③ 終助 自己の希望［～したいものだ］

直訳▼人はよい程度の終わりを持ちたいものだ

傍線部**(8)**は第四段落の「人は年をとると衰える」という内容を受けていますので、「ほど」は「年齢の程度」、「終わり」は「人生の終わり」の意味だと判断できます。直訳はやや不自然なので、表現を手直しして整えます。

解答 **人は、ちょうどよい年齢で人生を終えたいものだ**

配点 「人はよきほどの」の訳……………1点
「しまひあらばや」の訳……………2点

老いを嘆く筆者が行き着いた結論は、「ちょうどよい年齢で死にたい」というものだったということです。

問十一 語句の意味

基本的な古語の意味を知っていれば解ける問題です。

なべて 副 一般に。
上 名 身の上。

よって、**正解はイ「一般の人の身の上」**です。

と述べていますが、それは一般人には早すぎるというのです。『徒然草』の中で兼好法師は、「人は四十歳前に死ぬのがよい」

解答 イ

問十二 **適語の補充(文脈の把握)**

空欄(Ⅱ)を含む一文は、四十歳で死ぬのは早すぎるという内容を受けています。したがって、空欄にはそれ以上の年齢が入るはずです。直前の「稀なり」がヒントです。「古稀の祝い」という言葉があります。七十歳のお祝いです。よって、正解は「七十」です。

「古稀」は、唐の詩人杜甫の詩に、「人生七十古来稀なり(＝人が七十歳まで生きるのは古くから稀である)」とあるところから生まれた言葉です。

解答 七十

問十三 **内容合致の判定**

選択肢の記述が、本文の内容と矛盾していないか検討します。

イ 筆者は、若い人たちと楽しく交わりたいと思っているが、若い人たちから疎外されて、自暴自棄となり、孤立している。
↓本文に書かれていない。

ロ 筆者は、若い人たちと楽しく交わり、話をしたいと思っているが、流行の話題についていけずかえって迷惑をかけるのではないかと遠慮している。
↓矛盾がない。6行目「若き人々にもいやがられじ」とふるまうところには遠慮がうかがえる。

ハ 筆者は、老いていると思われてはいけないので、例えば芸能面などにおいて、できるだけ今の物が昔の物よりすぐれていると評価しようとしている。
↓本文に「老いていると思われてはいけない」という記述はない。12行目で、昔の物のほうが今の物よりおもしろかったと思うと述べている。

ニ 筆者は、年がいもない老人と言われようが、若い人に嫌われようが、自分らしい身の置き所を求めて自由に行動したいと思っている。
↓15行目「人にもうとまれず、我も心のたのしむべき」身の置き所を探している。

ホ 筆者は、不老不死ということについて、不死がいくら得られても不老が得られなければ意味がないと思っている。
↓矛盾がない。19行目「不老を離れて何かせん」と述べている。

へ 筆者は、老人の繰り言にすぎないが、古代中国でも真剣に考えた不老不死という神仙思想を若い人にも理解して欲しいと言っている。
↓本文に書かれていない。

よって、正解はロとホです。

解答　ロ・ホ

チャレンジ問題

読解ルール　「ば」の前に理由あり!

設問箇所の直前に「されば（＝そういうわけなので）」があるので、それより前の、第四段落の前半にその理由があるはずです。

15行目「思ひめぐらすに」以下が作者の考えなので、「わが身の老を忘れざれば……あやまちをも取り出でん」を訳します。

> 自分の老いを忘れないと、ほんの一時も心が楽しまない。自分の老いを忘れると、いつものように人に嫌がられて、あるいは年齢にふさわしくない酒色のうえで、失敗も引き起こすだろう。

設問に「本文に即して」とあるので抽象化する必要はありませんが、この直訳のままでは理由説明になっておらず、文のつながりや表現に不自然なところがあるので、手直しをして字数制限に合わせてまとめます。「年齢にふさわしくない酒色のうえで」は、意味は通じるのでこのままでもよいですが、わかりやすく言うと「年がいもなく酒色にふけって」ということです。

解答　**自分の老いを忘れないとほんの一時も楽しくないが、だからといって老いを忘れると、人に嫌がられたり、年がいもなく酒色にふけって、失敗をしてしまったりするから。**（77字）

この文章は俳文と言って、滑稽味や軽妙さを特徴としています。「老いを嘆く」という重いテーマですが、それをユーモアも交えながら記しています。

この問題文にはリード文がなく、本文の最後に出典が示されています。「歎老辞」はこの文章の「題」ですが、「題」とは「主題（テーマ）」なので、リード文がなくても、本文の出典を先に見ることによって、読解の助けになるということです。

現代語訳

(1)芭蕉翁は五十一にて世を去り給ひ、(A)作文(さくもん)に名を得し〔過去・体〕難波(なには)の西鶴も、五十二にて一期を終り、「見過しに〔完了・用〕けり〔詠嘆・終〕末二年」の(B)辞世を残せり。我が〔主格〕虚弱多病なる〔断定・体〕、それらの年もかぞへこして、今年は五十三の秋も立ちぬ〔完了・終〕。

（松尾）芭蕉翁は五十一歳でお亡くなりになり、**戯作を書くこと**で有名になった難波の（井原）西鶴も、五十二歳で人生を終え、「（この世の名月を）二年分余計に見てしまったことだよ」という**死に際の句**を残している。私は体が弱く病気がちなのに、彼らの年齢も超えて、今年は五十三歳の秋を迎えた。

為頼(ためより)の中納言の〔主格〕、若き人々の〔主格〕逃げかくれければ、「(2)いづくにか〔反語（↓）〕身をよせまし〔ためらいの意志・体（↑）〕」とよみて歎かれ〔尊敬・用〕けんも、やや思ひしる身とは成れりけり。

（藤原）為頼中納言が、（老いた自分の姿を見ると）若い人々が逃げたり隠れたりしたので、「どこに身を寄せようか、どこにも身を寄せるところはない」と詠んでお嘆きになったとかいう心境も、だんだん思い知る身になったことだ。

されば、うき世に立ち交じらん〔意志・終〕とすれば、なきが〔主格〕多くも成りゆきて、松も昔の友に〔断定・用〕はあらず。たまたま一座につらなりて、若き人々にもいやがられ〔受身・未〕じと、心かろく打ちふるまへども、耳うとくなれば咄(はなし)

であるから、**つらいこの世**で（人と）交わろうとすると、（為頼の歌のように、生きていてほしい人は）故人となってしまった人が多く、（興風(おきかぜ)の歌のように友となるのは松ぐらいだが）松も昔からの友ではない。たまたま多くの人と同席して、若い人たちに嫌われまいと、親しみやすくふるまっても、耳が**聞こえなく**なっているの

重要語句

- □さくもん【作文】①漢詩を作ること。漢詩。②文章を作ること。
- □じせい【辞世】この世を去ること。また、死に際に残す詩歌。
- □うきよ【憂き世・浮き世】つらく悲しい世の中。
- □うとし【疎し】①親しくない。②心身のはたらきが十分でない。

10

も間違ひ、たとへ聞こゆるささやきも、当時のはやり詞をしらねば、それは何事何ゆ

[打消・已]

で話も間違え、たとえ聞こえたひそひそ話も、その時代の流行語を知らないので、それは何のことなのか

ゑぞと、根問・葉問を(C)**むつかしがり**て、枕相撲も拳酒も、騒ぎは

どういうわけなのかと、根掘り葉掘り聞くのを（若い人々が）**うるさがっ**て、枕相撲も拳酒も（相手にされず）、騒ぎは次の

(D)次へ遠ざかれば、奥の間にただ一人、火燵蒲団（こたつぶとん）の嶋守（しまもり）となりて、「お迎ひがまゐり

[主格]

間へ遠ざかるので、（私は）奥の間にたった一人で、火燵蒲団の守り役となって、「お迎えが参りました」

ました」と、(3)問はぬに告ぐる人にも「**かたじけなし**」と礼はいへども、(4)何の

[打消・体]

と、聞いてもいないのに告げる人にも「**ありがとう**」と礼は言うが、何のあ

かたじけなき事かあらむ。

[反語(↓)　推量・体(↑)]

りがたいことがあろうか。

六十の髭（ひげ）を墨にそめて、北国の軍（いくさ）にむかひ、五十の顔におしろいして、三

（斎藤実盛（さねもり）が）六十余歳の（白）髭を墨に染めて、北陸での戦いに挑み、（老優が）五十歳の顔におしろいを塗って、京・

がの津の舞台にまじはるも、いづれか老を歎かずやある。歌も浄瑠璃も落とし咄も、

[疑問　反語(↓)　ラ変・体(↑)]

大坂・江戸の三都の舞台に交わるのも、どの人が老いを嘆かないでいられようか。歌も浄瑠璃も落語も、

昔は今(5)のに増さりし物をと、(6)老人ごとに覚えたるは、**おの**が心の愚かなり。

[過去・体　連体格　主格]

昔のものは今のものより勝っていたのにと、どの老人もつい思ってしまうのは、**自分**の心が愚かなのである。

物は次第に面白けれども、今のは我が面白からぬにて、昔は我が面白かりしなり。

[主格　打消・体　断定・用　主格　過去・体　断定・終]

物事はだんだんと面白くなっているのに、今のものは自分が面白くないのであって、昔のものは自分が面白かったのである。

□むつかしがる【難しがる】①うっとうしがる。②面倒がる。③気味悪がる。

□かたじけなし【忝し・辱し】①もったいない。恐れ多い。②ありがたい。③恥ずかしい。面目ない。

□おの【己】自分自身。私。

しかれば、人にもうとまれず、我も心のたのしむべき身のおき所もやと思ひめぐ
このようであるから、人にも嫌われず、自分も心から楽しめる身の置き所がないかと思い巡らすものの、

らすに、わが身の老を忘れざれば、しばらくも心たのしまず。わが身の老を
自分の身の老いを忘れないと、しばらくの間でも心は楽しまない。（かといって）自分の老いを忘れ

忘るれば、例の人にはいやがられて、あるはにげなき酒色のうへに、あやまちをも
ると、例によって人には嫌われて、あるいは**年齢にふさわしくない**酒や女色のうえで、過ちをもしでかし

取り出でん。されば老は忘るべし。また老は忘るべからず。二つの境ま
たりするだろう。そういうわけなので老いは忘れるのがよい。（しかし）また老いを忘れてはならない。この二つの境界

ことに得がたしや。今もし蓬萊の店をさがさんに、「不老の薬
はまことに会得しがたいことよ。今仮に（不老不死の薬があるという）蓬萊山の店を探すようなとき、「不老の薬は売

は売り切れたり。不死の薬ばかりあり」といはば、たとへ一銭に十袋得るとも、不老
り切れました。不死の薬があるだけです」と言うならば、たとえ一銭で十袋手に入るとしても、不老と

を離れて何かせん。不死はなくとも不老あらば、十日なりとも足んぬべし。
いうことなしではどうしようか、意味がない。不死はなくても不老があれば、十日であっても満足だろう。（陸放翁

「神仙不死何事をかなす、ただ秋風に向かつて感慨
が）「神様や仙人が不死であっても何事をなすのだろうか、（年老いて長生きするのは）ただ秋風に向かって感慨が多いだけ

多からむ」と、薊子訓を(7)<u>そしりしもさる事ぞかし。</u>
だろう」と、薊子訓を非難したのも（彼のように不老のまま長生きすることはできないから）もっともなことであろう。

□にげなし【似げ無し】似つかわしくない。ふさわしくない。

ねがはくは、(8)人はよきほどのしまひあらばや〔自己の希望〕。兼好が〔主格〕いひし〔過去・体〕四十足らずの物ずきは、(9)なべてのうへには早過ぎたり。かの稀なりといひし〔過去・体〕 七十 まではいかが〔反語(↓)〕あるべき〔可能・体(↑)〕。ここにいささかわが〔連体格〕物ずきをいはば、あたり隣の耳にや〔疑問(↓)〕かからん〔推量・体(↑)〕。とても願ひの〔主格〕届くまじきには、不用の長談義いはぬ〔打消・体〕はいふに増さらん〔推量・終〕をと、この論ここに筆を拭ひ(のご)ぬ〔完了・終〕。

願わくは、人間はちょうどよい**年齢**で人生を終えたいものだ。兼好法師が言った「四十歳になる前に死ぬのがよい」という好みは、**一般の人**の**身の上**にとっては早すぎである。かの（杜甫(とほ)の）「（人生七十古来）稀なり」と言った七十歳まではどうして生きていられようか。ここに少しばかり私の好みを言うならば、周辺隣人の耳に障るだろうか。どうせ願いが届くはずがないのならば、無用な長話は言わないほうが言うのに勝るだろうと思うので、この論はここで筆を置くことにする。

［出典：『鶉衣』歎老辞］

□ほど【程】①様子。程度。②身分。年齢。③ころ。時。④広さ。距離。

□なべて【並べて】①一般に。すべて。②並ひととおり。

□うへ【上】①帝。②（貴人の）奥様。③～について。身の上。

11

評論

上智大学
歌意考（かいこう）

作品紹介 ■ 江戸時代中期の歌論書。賀茂真淵（かものまぶち）著。和歌の本義にかなっている上代の『万葉集（まんようしゅう）』を学ぶべきと主張する。近世歌学に大きな影響を与えた。

別冊（問題）p. 76

解答

問	解答	配点
問一	2	2点
問二	1	2点
問三	3	2点
問四	3	3点
問五	1	2点
問六	1	2点
問七	4	3点
問八	1	3点
問九	2	3点

問十	1	2	3	4	5	6	7	8
解答	A	A	B	B	B	B	B	B

1点×8

合格点 24／30

チャレンジ問題

生前の両親の言葉を端緒として、長年研究した結果、昔の歌をこそ手本にすべきだという考えを持つに至った。（50字）

問題文の概要

あらすじ ● 自分が若かったとき、母親が昔の歌は理解できるが最近の歌は意味がわからないと言った言葉や父親の昔の歌を重んじる意見に同意できなかったが、両親が亡くなった後に自分で研究を重ねていくと、自然と昔の歌こそが手本とすべきものだという思いになっていった。

内容解説 ● 両親の言葉をきっかけに、筆者が『万葉集』を重んじる考えになっていった経緯が述べられています。『万葉集』の素直な歌は、どのような人にも理解できる歌であり、これを手本とすべきだと筆者は主張しています。

設問解説

問一～問九まで、すべて同じ設問形式なので、次の手順に従って解いていきます。

1 品詞分解
2 直訳
3 選択肢と照らし合わせる

問一 現代語訳

まず、傍線部**1**は会話の中にあり、会話の直前には主語「母(はは)刀自(とじ)」が明記されているので、この傍線部**1**が筆者の母親の発言であることを確認します。これを踏まえて直訳します。

①わ｜が｜②え｜詠ま｜③ぬ｜おろかさ｜に｜は｜何ぞ｜の｜④心｜⑤なる｜⑥らむ｜も｜⑦わか｜⑧ぬ｜に

① 代名【我・吾】私。一人称を表す。
② 副「え～ず」＝～できない。（不可能）
③ 助動「ず」の連体形。打消［～ない］
④ 名 意味。
⑤ 助動「なり」の連体形。断定［～である］
⑥ 助動「らむ」の連体形。現在推量［～ているだろう］
⑦ 動【分く】わかる。理解する。
⑧ 助動「ず」の連体形。打消［～ない］

直訳 ▼ 私の、歌を詠むことができない愚かさでは、どういう意味であるだろうともわからないけれども

傍線部**1**は、直前の「近ごろ……いひあへる歌どもは（＝最近あなた方が歌の練習をするといって言い合っている歌は）」を受けているので、**「わかぬ」は「歌の意味がわからない」ということです。**「歌の意味がわからない」となっているのは、**2**しかありません。よって、**正解は2**「歌を詠めない私の無教養さからはどんな意味なのか分からないが、」です。

解答 2

問二 現代語訳

①さ｜こそ｜と｜は｜知ら｜②れ｜て

① 「さこそ」＝そのように。（省略された結びの語「あれ」などを下に補って訳す。）
② 助動「る」の連用形。自発［自然と～される］

直訳 ▼ そうだと自然と知られて

母親の発言の続きです。「知ら」の主語は話をしている母親自

身です。母親が誰かに知られるわけではないので、「れ」は「受身」の意味ではなく、自分に尊敬語は用いないので、「尊敬」でもなく、「自発」か「可能」の意味になります。選択肢3と4は「れ」を「受身」の意味としていて除くことができます。傍線部2に打消語はない（否定文ではない）ので選択肢2も除くことができます。よって正解は1「なるほどと分かって」となります。助動詞「れ」が訳出されていないように見えますが、そもそも「分かる」は「おのずと区別がつく」の意味なので、その言葉自体に「自発」や「可能」の意味が含まれています。「れ」が「自発」とも「可能」ともとれることはよくあります。どちらかに決めなければならない場合以外は、厳密に考える必要はありません。傍線部2の直前の「このいにしへなるは」は、主語のように見えますが、これは「知る」の実質的な目的語です。

母親の会話の中では、**「最近の歌」と「昔の歌」が対比されています。**「最近の歌は意味がわからない」のに対して、「昔の歌は意味がわかる」ということです。

> 近ごろそこ達の手習ふとていひあへる歌ども（**最近の歌**） →理解できない
> ⇔ **対比**
> このいにしへなる（**昔の歌**） →理解できる

ここで、母親の意見が示されます。母親が読んでいるのは『万葉集』の歌です。三首とも、自然や我が子や夫に対する素直な気持ちが詠まれているので、誰にでもわかりやすい内容です。わかりやすく心にしみ、声に出して読んでも美しく聞こえる昔の歌をお手本にするのがよいのではないか、と母親は言っているのです。

解答 1

問三 現代語訳

> おのれ①｜も｜こ｜の｜問は｜する②｜に｜つけ｜て｜は｜げに③｜と｜思は｜ず｜しも④｜あら｜ね⑤｜ど
>
> ① 代名 自分。私。
> ② 助動「す」の連体形。尊敬［お～なさる］
> ③ 副 なるほど。相手の言動に対する納得や承認の意を表す。
> ④ 副助 強意
> ⑤ 助動「ず」の已然形（いぜん）。打消［～ない］
>
> 直訳▼私もこのご質問なさることについては、なるほどと思わないではないが

傍線部3は、**問一**と**問二**で見た母親の意見に対する筆者の反

応なので、「おのれ」は筆者の自称です。下に尊敬の補助動詞がない「す・さす」は使役の意味になりますが、「問はする」は、母親が質問したことを指すので、変則的ですが、「する」を尊敬ととります。「げに」は相手の主張などに納得する気持ちを表す言葉なので、**筆者が母親の意見に同意している内容**になっているものを選びます。

よって、正解は３「わたしもこの御質問についてはまさしくそうだと思わなくはなかったが、」です。

母親の考えに対して、筆者は一定の理解は示すものの、積極的には賛成していません。

解答 ３

問四 **現代語訳**

①さる｜②よし｜こそ｜あら｜③め

① 連体 そのような。相当な。

② 名【由】理由。事情。由緒。

③ 助動「む」の已然形。（係助詞「こそ」の結び。）推量［～だろう］

直訳 ▼ そのような（それ相当の）理由があるだろう

この傍線部は反語文（否定文）ではないので、１と４を除くことができます。「よし」は多義語ですが、「評価」という意味がないと知っていれば、３を選ぶことができます。念のため、前後の文脈を見て確認します。**問三**で見た傍線部**3**は、「昔の歌を手本にするのがよいのではないか」という母親の質問に対する筆者の考えを述べていました。傍線部**3**の最後の「ど」は逆接で対比を表すので、それ以降は、「古い歌を手本にする」という考えとは逆の考えが述べられているということです。傍線部**4**の直前の「下れる世……からは」は、「後世であるけれど有名な歌人たちが苦心してお詠みになった歌なのだから」の意味で、傍線部**4**と合わせると「後世の歌人たちが苦心して詠んだ歌なのだから手本にするだけの理由があるのだろう」という意味になって、正解の裏付けとなります。

そして、傍線部**4**の直後に「黙しをる」とあることから、筆者は母親の考えを肯定しないで黙っていたということです。

よって正解は３「（手本にするだけの）ちゃんとした理由があるのだろう」です。

母親の考えと筆者の考えの対立関係が読み取れます。筆者は、母の考えに一定の理解は示しつつも、最近の歌を手本にして歌を詠むことには合理性がある、と思っています。

解答 ３

11

問五 現代語訳

[①]にはかに―[②]心ゆく―と―しも―あら―[③]ね―ど

① 形動【俄かなり】急なさま。
② 動【心行く】満足する。
③ 助動「ず」の已然形。打消[～ない]

直訳 ▼ 急に満足するというわけではないけれど

「にはかに」の意味を知っていれば、選択肢を1と2に絞ることができます。3の「早急に」は「急いで」の意味なので間違いです。「心ゆく」は現代語とほぼ同じ意味なので、「納得がいった」と訳している1が正解だとわかります。念のため文脈を見て確認します。

傍線部5は、直前の父親の発言の内容に対する筆者の気持ちを述べた部分です。

読解ルール **「ど（ども）」は前後が対比関係にあることを表す！**

「ど」に着眼すると、直後の「うけ給(たま)はりぬ（＝わかりました）」という筆者の発言と傍線部5は対比関係にあるので、傍線部5は、**父親の発言に納得していないという内容**だと判断できます。よって、正解は1「急に納得がいったわけではなかったが、」となります。

母親に続いて父親からも「昔の歌を手本とすべきだ」と言われた筆者は、納得したわけではありませんでしたが、逆らわずに「わかりました」と言ったのです。

解答 1

問六 現代語訳

そ―の―[①]道―に―入り―[②]給は―ざり―ける―[③]け―[④]に―[⑤]や―あら―[⑥]む

① 名 専門分野。
② 補動「給ふ」の未然形。尊敬[お～になる]
③ 名【故】ため。せい。ゆえ。
④ 助動「なり」の連用形。断定[～である]
⑤ 係助 疑問[～か]
⑥ 助動「む」の連体形。（係助詞「や」の結び。）推量[～だろう]

直訳 ▼ その専門にお入りにならなかったせいであろうか

「け」が「（～の）せい」という意味で、「道」が「専門分野」の意味だと知っていれば答えを出すことができますが、どちらも知らない可能性がありますので、確認します。傍線部6の下の「など」は引用の「と」と同じ働きなので、「とてもかくても……にやあらむ」を筆者の心話と捉えることができます。心話は会話と同じと捉えて構いません。尊敬語の「給は」があり、自分の行為には尊敬語は用いないので、「入り」の主語は両親だとわかります。「その道」はすべての選択肢が「歌の道」としているので、「その道に入り給はざりける」は「両親は歌の道に入られなかった」という意味になります。よって正解は1「専門に歌の道に入られなかったせいであろう」です。つまり、両親が昔の歌を尊重するのは、専門に歌を学ばなかったせいだろうと、筆者は推測しているということです。疑問の「や」が訳出されていませんが、疑問の「や」は不確定なことを表すときにも用いられ、その場合は訳出しないこともあります。もしこれが記述問題ならば、「専門に歌の道に入られなかったせいであろうか」としたいところです。

解答 1

問七 現代語訳

年月｜に｜①さる｜②かた｜に｜③なむ｜④入りたち｜⑤たれ

① 連体 そのような。
② 名【方】方向。
③ 係助 強意
④ 動【入り立つ】入り込む。
⑤ 助動「たり」の已然形。完了［〜た］
＊本来ならば、係助詞「なむ」を受けて文末は連体形「たる」になるはずだが、ここは係り結びの法則に従っていない。

直訳▼ 年月とともに、そのような方向に入り込んでいった

両親の考えに納得しなかった筆者でしたが、10行目「さすがに親の言なれば（＝そうはいってもやはり親の言葉であるので）」ということで、忘れることはありませんでした。11行目「身まかり給ひては（＝両親がお亡くなりになって後は）」からは、筆者の心境に変化が起きます。自分で研究を重ねて到達したのが、12行目「いにしへこそ」、つまり「昔の歌をこそ手本にすべきだ」という、両親と同じ考えです。傍線部7の直前の「つつ」は接続助詞の「て」とほぼ同じ働きです。

読解ルール 「て」は同じことの言い換えを表す！

「て」は言い換えを表すので、「いにしへこそとまことに思ひなり」＝「年月にさるかたになむ入りたちたれ」となり、「いにしへこそ」＝「さるかた」となるので、「さるかた」は「古い時

代の歌をよしとする立場」だとわかります。よって、正解は４「年月がたつにつれ古い時代を尊重する立場を取るようになった。」となります。

ここで、この文章における筆者の主張がはっきり示されます。若い頃の両親とのやりとりをきっかけに、「昔の歌」つまり『万葉集』を理想とする「万葉主義」の考え方に至ったのです。

解答 ４

問八 現代語訳

賢(さか)①しら人｜に｜あどもは｜れ②｜て

① 名 利口ぶった人。

② 助動 「る」の連用形。受身［～れる］

直訳▼利口ぶった人に〈あどもは〉れて

「あどもふ」は上代（おもに奈良時代）の語で「率いる」の意味ですが、これを知っている人は少ないでしょうから、それ以外を検討します。形容動詞「賢しらなり」は、「利口ぶってふるまうさま・こざかしいさま」の意味の語で、ここでは語幹が名詞「人」を修飾しています。「賢しら人」はマイナスの評価を表すので、選択肢を**1**と**3**に絞ることができます。

読解ルール 「て」は同じことの言い換えを表す！

もし、「賢しら」の意味を知らなかったとしても、傍線部**8**の末尾の「て」に着眼すると、直後に「遠く悪(わろ)き道にまどひつる哉(かな)」とあり、明らかにマイナスの評価なので、「賢しら」がマイナス評価を表す語だとわかります。

1と**3**はどちらも「れ」を受身の意味にとっています。**1**「指導されて」と**3**「ついて来いと言われて」は似た内容ですが、ここは、どのような歌を手本として詠むか、ということが話題なので、**1**のほうがより的確な訳と言えます。よって、正解は１「利口ぶった人に指導されて」です。

解答 １

問九 現代語訳

動詞「わいだむ」は見慣れない語なので、それ以外を訳します。形容動詞「苦しげなり」の意味も保留にしておきます。

直き①｜いにしへ歌｜と｜苦しげなる｜後｜の②｜を｜しも｜わいだめ｜ぬる｜もの｜なれ

① 形 「直し」の連体形。まっすぐだ。素直だ。

② 格助 準体格［～のもの］　ここでは「～の歌」の意。

直訳▼素直な昔の歌と〈苦しげなる〉後世の歌を〈わいだ

め〉たものだ

「直し」は昔の歌の「素直さ」を表すと判断できるので、選択肢を2と3に絞ることができます。**「苦しげなる」は「直き（＝素直な）」と対比される内容**なので、3「苦しんで作った」は不適です。よって、正解は2「率直な昔の歌と窮屈に技巧をこらした後世の歌を弁別するのだ」です。

傍線部**9**は、筆者が後年、両親が歌の本質をよくわかっていたと述懐しているところなので、傍線部**9**の直前の「歌詠まぬ人」は両親を指します。両親は、「率直でわかりやすい昔の歌」と「技巧をこらしたわかりにくい後世の歌」をよく区別してわかっていたということで、「わいだむ」の意味は「弁別する」ととって矛盾しません。

両親が亡くなって、両親の言葉を心に留めながら研究を重ねた結果、筆者は迷いを断ち切って、『万葉集』の歌を手本とすべきだという考えに至りました。

解答 2

問十　内容合致の判定

問一～**問九**を通して読み取ってきた内容と、各選択肢を比較します。

---

1 母は昔の歌のほうが今の歌より良いと感じていた。
→○

2 父は昔の歌のほうが今の歌より良いと感じていた。
→○

3 わたしは初めから両親の意見に賛成だった。
→× 初めは懐疑的だった。

4 わたしは最後まで両親の意見には賛成できなかった。
→× 最後は賛成した。

5 わたしは初めは両親の意見に賛成だったが、のちに違う意見をもつようになった。
→× 最初は懐疑的で、最後には賛成した。

6 昔の歌も今の歌も、歌である以上、本質は同じである。
→× 本質についての言及はない。

7 歌も時代にしたがって進歩してくる。
→× 昔の歌のほうが良いと言っている。

8 今の人は今の歌を学ぶことが大切だ。
→× 昔の歌を手本とすべきだと言っている。

よって、本文に合致するのは1・2、合致しないのは3～8です。

解答 1 A　2 A　3 B　4 B　5 B　6 B　7 B　8 B

11

チャレンジ問題

「趣旨」とは、その文章で筆者が言おうとしている内容や事柄のことです。

本文では、筆者が「万葉主義」の考えに至った経緯を過去に遡って詳しく説明しているので、筆者が伝えたかったのは、結論だけでなく、経緯も含めてのことだったと考えられます。

筆者は初め、『万葉集』を評価する両親の意見に懐疑的でしたが、両親が亡くなって研究を重ねた結果、昔の歌こそ手本にすべきだという考えに至りました。次の三点を制限字数内でまとめます。

- ・生前の両親の言葉が端緒であったこと。
- ・長年研究した結果であること。
- ・昔の歌をこそ手本にすべきだという考えに至ったこと。

解答 **生前の両親の言葉を端緒として、長年研究した結果、昔の歌をこそ手本にすべきだという考えを持つに至った。**（50字）

本文には『万葉集』という言葉は出てこないので、解答も「昔の歌」とするほうがよいでしょう。

現代語訳

おのれいと若かりける時、母刀自の前に古き人の（主格）書ける（完了・体）ものどもの（主格）在る（あ）が（連体格）中に、

私がとても若かったとき、母上の前に昔の人が書いたものがあった中に、

重要語句

□ おのれ【己】①自分自身。②私。③お

「いにしへの事は知らぬをわれ見ても久しくなりぬ天の香具山」「旅人のやどりせむ野に霜ふらば吾子（わがこ）はぐくめあまの鶴群（つるむら）」「長らふるつま吹く風の寒き夜にわがせの君はひとりか寝（ぬ）らむ」（以下五首省略）などいと多かり。こをうちよむに、

「昔のことは知らないが、私が見てもずいぶん久しくなったことだ、（この）天の香具山は」「旅人が仮寝をする野に霜が降りたならば、我が子を羽で包んでやってくれ、空を飛ぶ鶴の群れよ」「お帰りを待って虚しく過ごしている妻である私を吹く風が寒い夜に、わが夫君はやはりひとり寝をしているだろうか」などというのがとても多い。これらを読むうちに、

刀自のたまへらく、「近ごろそこ達の手習ふとていひあへる歌どもは、1わがえ詠まぬおろかさには何ぞの心ならむもわかぬに、このいにしへなるは、2さこそとは知られて心にもしみ、となふるにも安らけくみやびかに聞（きこ）ゆるは、いかなるべき事とか聞きつや」と。3おのれもこの問はするにつけてはげにと思はずしもあらねど、下れる世ながら名高き人たちのひねり出（い）だし給へるなるからは、4さるよしこそあらめと思ひて黙しをるほどに、父のさしのぞきて、「誰もさこ

母上がおっしゃるには、「最近**あなた**方が**歌の練習をする**といって言い合っている歌は、歌を詠め**ない**私の無教養さからはどんな**意味**なのか**わから**ないが、この昔の歌は、**なるほど**とわかって心にもしみ、朗詠するにも調子が穏やかで優雅に聞こえるのは、どういうわけだと（先生から）聞きましたか」と。私もこの（母上の）ご質問については**まさしくそうだ**と思わなくはなかったが、後世であるけれども有名な歌人たちが苦心してお詠みになった歌なのだから、（手本にするだけの）**ちゃんとした理由**があるのだろうと思って（母上の考えに同意せず）**黙って**いたところ、父上がやってきて、「誰でもそう思

□とじ【刀自】①家事をつかさどる女性。主婦。②女性の敬称。
□そこ【其所】①そこ。②あなた。
□てならふ【手習ふ】①文字を書くのを習う。②思いつくままに歌などを書く。
□え〜ず　〜できない。
□こころ【心】①精神。考え。②意味。
□わく【分く・別く】①分ける。②理解する。
□さこそ【然こそ】そのように。あんなに。
□げに【実に】本当に。なるほど。
□さる【然る】①そのような。②相当な。立派な。
□よし【由】①風情。②由緒。理由。③方法。④〜ということ。趣旨。
□もだす【黙す】黙る。口をつぐむ。

そ思へ〔八四・已(↑)〕。いで物習ふ人はいにしへに復(かへ)りつつまねぶぞと、**賢**き人たちも教へおかれ〔尊敬・用〕つ

うものだ。いったい物事を習おうとする人は昔に返って学ぶものだと、**賢**人たちも教えておかれた」などと言った。

れ」などぞ〔強意(↓)〕ありし〔過去・体(↑)〕。5にはかに**心ゆく**としもあらね〔打消・已〕ど、「うけ給はりぬ〔完了・終〕」とて去りにき〔完了・用〕。

急に**納得がいっ**たわけではなかったが、「わかりました」と言ってその場を去った。

とてもかくても6その**道**に入り給はざりける**け**に〔断定・用〕や〔疑問(↓)〕あらむ〔推量・体(↑)〕などおぼえて過ぎに〔完了・用〕たれど、

いずれにしても（父上も母上も）専門に歌の**道**に入られなかった**せい**であろうと思われてそのまま過ぎてしまったけれども、

さすがに親の言なれ〔断定・已〕ば、まして**身まかり**給ひては、書(ふみ)見歌詠むごとに思ひ出でられて、古き万(よろづ)の書の心を人にも問ひ、をぢなき心にも心をやりて見るに、**おのづから**いにしへこそ〔強意(↓省)〕とまことに思ひなりつつ、7年月にさるかたになむ〔強意(↓)〕入りたちたれ〔完了・已(破格)〕。

そうはいってもやはり親の言葉であるので、まして（父母が）お**亡くなり**になった後は、書物を読んだり歌を詠んだりする度に（両親の言葉が）思い出されて、いろいろな古典の書物の意味を人にも聞き、つたない（自分自身の）考えからも心を注いで見ると、**自然と**昔の歌こそ学ぶ価値があるのだと心から思うようになって、年月がたつにつれ古い時代を尊重する立場を取るようになった。

しかありて思へば、先に立ちたる8**賢しら人**にあどもはれ〔受身・用〕て遠く悪き道にまどひつる哉。知らぬ〔打消・体〕どちも心静かに**とめ**ゆかば、**なかなかに**よき道にも行きなまし。歌詠まぬ〔打消・体〕人こそ〔強意(↓)〕9**直き**いにしへ歌と苦しげ

そうなってから考えてみると、先輩の**利口ぶった人**に指導されて遠く誤った道に踏み迷っていたのだなあ。（歌について）何の知識もない人同士でも心を落ち着けて（道を）**求め**ていくならば、**かえって**正しい道にも行きつくに違いない。歌を詠まない人こそ**率直な**昔の歌と窮屈に技巧をこら

□かしこし【畏し・賢し】①恐れ多い。②都合がよい。③優れている。④はなはだしい。

□こころゆく【心行く】①心が晴れ晴れする。②満足する。気がすむ。

□みち【道】①通路。②道理。③道徳。人の道。④学問・芸能などの専門分野。

□け【故】ため。せい。ゆえ。

□さすがに　そうはいってもやはり。

□みまかる【身罷る】この世から去る。死ぬ。

□おのづから【自ら】①自然に。②たまたま。③もしかすると。

□さかしらびと【賢しら人】利口ぶる人。

□とむ【尋む・求む】尋ね求める。さがす。

□なかなかに　①なまじっか。②かえって。むしろ。

□なほし【直し】①まっすぐだ。②普通だ。③素直だ。

なる後のをしもわいだめぬるものなれと、今ぞまよはし神の離れたらむ心ちしける。

断定・已(↑)　強意(↓)　主格　婉曲・体　詠嘆・体(↑)

した後世の歌を弁別するのだと、今こそ人を迷わす神が離れたような気がしたことだ。

［出典：『歌意考』］

11

12 評論

明治大学 歌学提要（かがくていよう）

作品紹介 ■ 江戸時代後期の歌論書。香川景樹（かがわかげき）の歌論を弟子の内山真弓（うちやままゆみ）が編集したもの。香川景樹は、江戸時代後期の歌人で、あるがままの感情を重んじ、当代の語で自然に詠むことを説いた。『古今和歌集（こきんわかしゅう）』の調べを重んじる桂園派（けいえんは）を創始した。

別冊（問題） p. 84

解答

問		解答	配点
問一	1	理屈っぽくなって感動がないものである	4点
	2	たいへんな間違い	4点
問二	③		3点
問三	②		3点
問四	①		2点
問五	②		4点
問六	④		2点
問七	②	⑤	4点×2（順不同）

チャレンジ問題

実景をそのまま詠んだり、道理で考えて詠んだりするのではなく、実景に触れたときの実情を素直に詠むもの。（50字）

合格点 23／30

問題文の概要

あらすじ ● 歌とは、何か物事に触れたときに心に感じたことを詠み出したものである。実景を詠むといってもあるがままの景色を詠むのではなく、それを見たときの感動を偽らずに詠むのである。

内容解説 ● 歌の本質を、『古今和歌集』の「仮名序」をもとに定義しています。筆者は、師である香川景樹の言葉を引用しつつ、歌が実景をそのまま詠むものではなく、実景に触れたときの実情を素直に詠むものだという考えを主張しています。

設問解説

問一　現代語訳

現代語訳を記述で答える場合の手順は、①品詞分解、②直訳、③表現の手直し、です。各単語の意味を反映させて訳すことを心がけましょう。

傍線1

①道理｜に｜②落ち｜て｜③感｜なき｜もの｜④なり

①名 理屈。
②動【落つ】落ちる。
③名 感動。感銘。
④助動「なり」の終止形。断定［〜である］

直訳▼理屈に落ちて感動がないものである

「理屈に落ちて」はやや不自然なので、「理屈っぽくなって」とするとよいでしょう。「道理に落つ」ということをマイナスの評価で捉えていることが重要です。

解答 理屈っぽくなって感動がないものである

配点 「道理に落ちて」の訳………2点
「感なきものなり」の訳……2点

傍線2

①いみじき｜②ひがごと

①形「いみじ」の連体形。すばらしい。ひどい。たいそう。
②名【僻事】間違い。誤り。

直訳▼ひどい誤り

「いみじ」は、程度のはなはだしさを表す形容詞で、プラス評価を表す場合は「すばらしい」、マイナス評価を表す場合は「ひどい」のように、文脈によって訳し分ける必要があります。ここでは、「ひがごと」というマイナス評価の語を修飾しているので、「たいへんな」「ひどい」などと訳します。よって、正解は「たいへんな間違い」「ひどい誤り」などとなります。

解答 たいへんな間違い

配点 「いみじき」の訳…2点
「ひがごと」の訳…2点

問二　現代語訳

選択肢を見比べてみるとわかるように、「いはむには」の訳し方がポイントです。

●「む(ん)」の意味の識別●

1　文末の「む」

未然形＋「む」→主語が一人称＝意志［～しよう］
→主語が二人称＝勧誘［～がよい］
→主語が三人称＝推量［～だろう］

2　文中の「む」

未然形＋「む」＋名詞→婉曲（えんきょく）［～ような］
未然形＋「む」＋助詞→仮定［～としたら］

「む」の下に助詞の「には」があるので、「む」は仮定の意味だと判断できます。よって、③の「いうのだとすれば」が正解ですが、前後の内容とのつながりを確認します。

傍線aの直前の「見聞あるがままをのみいふものならむや」は「見たり聞いたりしたままをいうものではない」という意味で、筆者は「あるがままをいふ」ことを否定しています。そして、傍線aの直後の「たとへば……いふべくもあらじかし」は、**「あるがままをいふ」場合をあえて具体的に想定して**、どういう結果になるのかを述べています。また、打消推量の助動詞「じ」が文末にあるので、仮定の条件が文中にあることは文脈的に自然です。よって、③「あるがままをいうのだとすれば」が正解となります。④の「あるがままをいうに際しては」は、「あるがままをいふ」ことを容認しそれを前提とした表現なので、間違いです。

解答　③

問三　和歌の心情　難

まずは、傍線bを訳してみましょう。

①ひとへに／声／の／②あや／を／③ゆかしみ

① 副 いちずに。ひたすら。
② 名【綾】美しさ。
③ 動「ゆかしむ」見たがる。聞きたがる。心ひかれる。
＊形容詞「ゆかし」（＝見たい・聞きたい）が動詞化した語。

直訳▼ひたすら声の美しさを聞きたがり

傍線bの直前に「鶯（うぐひす）の鳴くを聞いて」とあるので、傍線bの気持ちは、**「ひたすら鶯の鳴き声の美しさに心ひかれる気持ち」**ということです。

選択肢の歌に込められた気持ちを整理しましょう。

① 鶯の「羽風（＝羽ばたきの風）」で散る雪を花のようだと愛（め）でる気持ち。

② 霞（かすみ）からこぼれて聞こえる「鶯の声」を春の魅力だと訴える気持ち。

③ 鶯の「音せで（＝声の聞こえないうちに）」春が終わってしまったのを嘆く気持ち。

④ 谷川の氷が解け始め波が「声（＝音）」を立てている、山風よ鶯を誘ってくれと鶯の声を待ち望む気持ち。

この中で、鶯の声に心ひかれる気持ちを読んでいるのは、②と③と④ですが、③も④も「鶯の声」を聞いていません。④の「声」は川の波音です。本文では、**鶯の声を実際に聞いたときの心ひかれる気持ち**を述べているので、正解は②となります。

解答 ②

【選択肢の現代語訳】

① 梅の枝に降り積もる雪は（花のようで）鶯が羽ばたく風に散る様子も花かと思って見ることよ。

② 春を象徴する風景は（当然桜だろうが）桜とは言うまい、春霞から盛んに聞こえてくる鶯の声（も春らしいことだよ）。

③ （鶯は）谷の戸をすっかり閉じてしまったのだろうか。待っても鶯の声がしないで春が暮れてしまった。

④ 谷川の（氷の間から）流れ出た波も音を立てている。鶯を（早く鳴くよう）誘い出してくれ、春の山風よ。

問四 語句の意味

「一方ならず」は、「並々でない」と「さまざまである」の意味があります。これで選択肢を①と④に絞ることができます。どちらがよいか、本文から根拠を探します。

傍線ｃの直前には、「あるは……、あるは……、あるは……など」と、鶯の声を聞いたときの人の心情の四つの例が挙げられています。そして、傍線ｃの直後には「百に千に変はるものなり」とあります。したがって、ここでは「一方ならず」は、「さまざまな例がある」ことを表していると判断できます。よって、①「さまざまに」が正解です。

解答 ①

この設問では「一方ならず」は「さまざまに」の意味でしたが、「並々でない」の意味で用いられる類似表現も合わせて覚えておきましょう。

関連メモ　覚えておきたい類似表現

一方ならず
なのめならず
なべてならず
世の常ならず
＝「並々でない・一通りでない」の意味

12

問五　内容の説明

本文における筆者の主張をまとめてみましょう。

▼**筆者の主張**（1～3行目）

筆者がよしとする歌　…実景や事物に触れたときの①感動を素直に詠んだ歌

⇔対比

筆者がよしとしない歌…理屈で詠んだ歌
②実景をそのまま詠んだ歌

▼**例示**（3～7行目）

実景　**「垣根の梅に鶯の来鳴く」**

「垣根の梅に鶯の鳴く」→そのまま詠む
↓
「一様である」　→**歌ではない**

⇔対比

「鶯の鳴くを聞いて」→「ひたすら声の美しさに心ひかれ」
「約束もしていない人を待ち」
「時が移ろう速さを驚き」
「ふるさとの荒れてゆく家を思う」
↓
「さまざま」　→**歌である**

▼**根拠＝師の言葉**（7～8行目）

「d月花を見て、月花の上をのみいふ輩（ともがら）はともに語りがたし」（実景を見て実景をそのまま詠む　→**歌ではない**＝間違い）

▼**自論の解説**（8～10行目）

大方の歌人の認識

「実景を詠む」＝「見聞きしたままを詠む」
「思ふままに詠む」＝「③口から出るに任せて詠む」
↓
間違いである

▼**結論**（10～11行目）

実景を見聞きしたときの④思ったままの感情を偽らずに詠むことが重要である。

まず、筆者の主張を対比の形で述べています。

次に、鶯の鳴き声を聞いた場合を例に挙げて、実景をそのまま詠んだのでは誰が詠んでも同じ歌になってしまい、それは歌ではない、鶯の声を聞いて感じたことを詠めば人それぞれに異なっていて、これこそが歌である、と筆者は主張しています。

さらに自論の根拠として師の言葉を挙げて説得力を高めています。

そして、大方の歌人たちの誤認識を否定する形で「実景を思いのままに詠む」ということを詳解して定義づけし、最後に結論をもう一度述べて強調しているのです。

では、設問に戻りましょう。

傍線d「月花を見て、月花の上をのみいふ」は、**筆者が否定している「見たものをそのまま歌にする」態度**です。では、傍線(選択肢)①〜④を検討します。

① うちつけにあはれと思ふ初一念を詠み出づる
↓筆者がよしとする「感動」を歌に詠む態度。

② 見聞あるがままをのみいふ
↓筆者が否定する「見聞きしたまま」を詠む態度。

③ 口より出づるままをいふ
↓筆者が否定する「口から出るに任せて」詠む態度。

④ その思ふままの実情を偽らず歌と詠み出でむ
↓筆者がよしとする、歌を詠む態度。

選択肢②と③が、筆者が否定する態度ですが、傍線dの「見たものをそのまま歌にする」と同じ内容になっている②が正解となります。

解答 ②

問六 **文法(「れ」の識別)**

「る」または「れ」と活用する助動詞には、自発・可能・受身・尊敬の助動詞「る」と、完了・存続の助動詞「り」とがあります。

> **●「る・れ」(助動詞)の識別●**
> ・a音＋「る・れ」→自発・可能・受身・尊敬の助動詞「る」
> ・e音＋「る・れ」→完了・存続の助動詞「り」

傍線eの直前の動詞「諭さ」の活用語尾「さ」はa音なので、「れ」は自発・可能・受身・尊敬の意味の助動詞です。

この助動詞は主語がポイントになるので、本文で主語を確認します。会話文の直前の「師」、これが「諭さ」の主語です。主語が目上の「師」なので、筆者が「師」に対して敬意を表していると考えられ、「れ」は尊敬の意味と判断できます。

では、選択肢を見ましょう。

① 「筆をとれば物書かれ」→自発
訳 筆を手に取ると自然と何かを書いてしまい

② 「嵐を防ぐよすがなくてはあられぬ」→可能
訳 嵐を防ぐ方法がなければ生きることはできない

③ 「むさぼる心に引かれて」→受身
訳 貪欲な心に引かれて

④「大臣の……縄を張られたりける」→尊敬

訳 大臣が……縄をお引きになった

①を受身でとって、「物が書かれた」とすることはできません。受身文は原則として生物（人間）が主語になります。②は、「飢えを助け嵐を防ぐよすががない」というのは生きることができない困難な状況なので、「れ」は可能の意味になります。③は、自分が自分の中の悪心に引っ張られるという意味です。④は、主語が身分の高い「大臣」なので、本文と似た状況です。よって、正解は④です。

解答 ④

問七 主旨（筆者の主張）

問五でまとめた本文の内容をもう一度見てください。それと各選択肢を照らし合わせます。

① 実景を詠むに当（あた）っては、実際に見聞したありのままの姿を素直に表現することが大切だ。×
→「実情」を詠むのである。

② 実景を詠むに当っても、その人独自の感じ方が反映されるように心がけることが大切だ。
→6行目「一方ならず百に千に変はるものなり」に合致。

③ 実景を詠むに当っては、同じ対象でも人により見方が違うことを知っておくことが大切だ。×
→人の「性情」はさまざまだと言っているが、知っておくことが大切だとは言っていない。

④ 実景を詠むに当っても、優れた先人たちの作品から多くを学びとろうと努めることが大切だ。×
→人から学べとは言っていない。

⑤ 実景を詠むに当っては、そのおりもっとも強く受けた感動を忠実に言い表すことが大切だ。
→1行目「うちつけにあはれと思ふ初一念を詠み出づる」に合致。

よって、**②と⑤が正解**です。

解答 ②・⑤

この問題にはリード文がなく、本文の最後に出典も示されていませんが、**問七**によって、歌論であることがわかります。

チャレンジ問題

問五の解説でまとめたように、筆者の主張は最初と最後に述べられています。この部分を捉えて解答を作成します。

筆者は対比の形で説明していますので、解答も「……ではなく、……。」の形にすると、わかりやすくまとまります。

指定されている三つの語句の意味を確認しておきます。

・「実景」＝歌を詠む人が見たり聞いたりした情景。
・「道理」＝頭で考える理屈。
　「感（＝感動）」と対比的に用いられている。
・「実情」＝偽りのない感情。

以上の点を踏まえ、解答のポイントを整理すると、次の二点になります。

・「実景」をそのまま詠むのではなく、「実景」に触れたときの「実情」を詠む。
・「道理」で考えて詠むのではなく、「実情」を素直に詠む。

この二点を押さえて五十字以内にまとめます。

解答 **実景をそのまま詠んだり、道理で考えて詠んだりするのではなく、実景に触れたときの実情を素直に詠むもの。**（50字）

関連メモ **『古今和歌集』仮名序**

この本文では、歌の本質を『古今和歌集』の「仮名序」をもとに定義しています。「仮名序」は、紀貫之によって書かれた、日本で最初の歌論です。入試でよく問われる一節を紹介します。

仮名序

やまとうたは、人の心を種として、万の言の葉とぞなれりける。世の中にある人、ことわざ繁きものなれば、心に思ふことを、見るもの聞くものにつけて、言ひ出だせるなり。花に鳴く鶯、水に住む蛙の声を聞けば、生きとし生けるもの、いづれか歌をよまざりける。力をも入れずして天地を動かし、目に見えぬ鬼神をもあはれと思はせ、男女の仲をも和らげ、猛き武士の心をも慰むるは歌なり。

現代語訳 和歌は、人の心を種として、（それから）生じて口に出た無数の葉となった（ものである）。この世に暮らしている人々は公私さまざまの事件に絶えず応接しているので、心に思っていることを、その見たこと聞いたことに託して言い表しているのである。花間にさえずる鶯、清流にすむ蛙の声を聞くと、この世に生を営むものとして、どれが歌を詠まないだろうか（いや、詠まないものはない）。力を入れないで天地の神々の心を動かし、目に見えないたけだけしく恐ろしい神を感激させ、男女の間を親しくさせ、勇猛な武士の心さえもなごやかにするのが歌なのである。

現代語訳

見るもの聞くものにつけ、あるは悲しびあるは喜び、その事に物に臨みたら**ん**[婉曲・体]を
見るものや聞くものについて、あるいは悲しみあるいは喜び、その物事に向き合ったようなときに、

り、①うちつけにあはれと思ふ初一念を詠み出づる**こそ**[強意(↓)]歌**なる**[断定・体]**べけれ**[推量・已(↑)]。二義にわた
すぐに感動を覚えるその初めの気持ちを詠むことこそが和歌であろう。(和歌の内容が、その他の)付随的な問題に

る時は、1道理に落ちて感なきもの**なり**[断定・終]。実景といへばとて、②見聞ある**が**[連体格]ま
及ぶと、理屈っぽくなって**感動**がないものである。実景(を表現する)というからといって、見聞きしたものをた

まをのみいふものなら**む**[推量・終]**や**[反語]。aある**が**[連体格]ままをいは**む**[仮定・体]には、たとへば垣根の梅に鶯**の**[主格]来
だそのまま表現するものだろうか。あるがままを言うのだとすれば、例えば垣根の梅に鶯が来て鳴くのを、

鳴くを、二人三人にて聞か**む**[仮定・体]に、みな「垣根の梅に鶯**の**[主格]鳴く」とより外さらにいふべ
二、三人で聞くとして、全員が「垣根の梅に鶯の鳴く」と言う以外もう表現のしようがないだろ

くもあらじかし。さるものなら**む**[推量・終]**や**[反語]。その鶯**の**[主格]鳴くを聞いて、あるはbひとへに
うよ。(和歌とは)**そういう**ものだろうか。その鶯が鳴くのを聞いて、ある人はひたすら声の**美**

声のあやをゆかしみ、あるは契りもおか**ぬ**[打消・体]人を待ち、あるは時**の**[主格]移り
しさに心ひかれ、ある人は**約束**もしていない(が、梅を見に訪れて来る)人を待ち、ある人は(もう春だと)

やすきを驚き、あるは旅**なる**[存在・体]人は故郷の荒れゆく宿を思ふなど、c一方
時が移ろう速さを驚き、あるいは旅をしている人はふるさとの荒れてゆく家を思うなど、(鶯の声を聞く気持ちは)**さま**

重要語句

- □うちつけなり【打ち付けなり】①突然だ。②軽々しい。
- □かん【感】心に深く感じること。感動。
- □さる【然る】①そのような。②相当な。立派な。
- □あや【綾】美しさ。いろどり。
- □ゆかしむ　見たがる。聞きたがる。知りたがる。心ひかれる。
- □ちぎり【契り】①約束。②前世からの因縁。
- □ひとかたならず【一方ならず】一通りでない。さまざまに。並々でない。

ならず百に千に変はるものなり。そは人の面の同じからざるがごとく、性情もなど変

ざまに百通りにも千通りにも変わるものだ。それは人の顔が同じでないように、感覚もどうして（人

はらざるべき。されば、師つねに「月花を見て、月花の上をのみいふ

によって）違わないことがあるだろうか。だから、先生はいつも「月や花を見て、月や花のことばかり言う人たちとは

輩はともに語りがたし」と諭されたり。しかるに、大方の歌詠む人、実

一緒に語り合う（＝和歌の話をする）ことができない」とお教えになった。しかし、たいていの和歌を詠む人は、実

景といへば見聞あるがままをいふものと心得、あるは思ふままをいふものなりと

景（を表現する）というと見聞きしたそのままを言うことと思いこみ、あるいは心に思うままを表現するものだというの

いふを、③口より出づるままをいふものと心得るたぐひも少なからず。こはい

を、口から出るにまかせることと思いこむような人も少なくない。これはたい

みじきひがごとなり。ただ④その思ふままの実情を偽らず歌と詠み出でむのみ。

へんな間違いである。ただその思ったままの自分の感情を偽らずに和歌として詠むのがよいというだけだ。

〔出典：『歌学提要』実景〕

□うへ【上】①帝。②（貴人の）奥様。③～についてのこと。身の上。

□いみじ　①すばらしい。②ひどい。恐ろしい。③たいそう。

□ひがごと【僻事】間違い。誤り。

東北大学 続古事談（ぞくこじだん）

作品紹介 ■ 鎌倉時代初期の説話集。編者は不明。王朝時代の天皇・貴族の逸話を中心に中国の説話も含む。儒教的な教訓性が強く、学才称揚の姿勢が顕著である。

別冊（問題） p. 90

解答

問	解答	配点
問一	(1) 遷都について評議する資格のある人たち	3点
	(2) 思慮深い人物	3点
問二	平安京と福原京のどちらが優れているか、ということを話し合って決めよう	6点
問三	長方卿の、皆が恐れる清盛に対して少しも遠慮せず、福原京を激しく批判した意外な言動。（41字）	6点
問四	よくないことを行う者はそれを後悔したときに人に相談するものなので、評議が行われたことで、清盛は遷都を後悔し誰かに新京を批判してほしいと思っていると判断したから。（80字）	6点
問五	優れた判断力と行動力への称賛の気持ち。（19字）	6点

問題文の概要

あらすじ ● 平清盛（たいらのきよもり）が福原へ遷都したのち、古京と新京のどちらがよいか評議が行われた。清盛の怒りを恐れて誰も発言できない中、長方卿（ながかたのきょう）は遠慮なく福原京を批判し、その判定によって古京に戻ることとなった。長方卿は、中国や日本の故事などから、清盛が遷都を後悔し、新京の批判を求めているとわかって批判したのだった。長方卿を高く評価した清盛は、その後長方卿をとりたてた。この長方卿の判定を「梅小路中納言（うめのこうじのちゅうなごん）の両京のさだめ」と言って、世間も称賛した。

内容解説 ● 清盛の怒りを恐れて口をつぐむ者たちと遠慮なく意見を述べた長方卿が対照的に描かれています。清盛の心理を理解し、その真意をくみ取って新京を批判した長方卿の言動は、清盛を満足させ、世間も称賛します。主人公の言動によってその人物像を見極め、それを評価するという典型的な説話といえます。

設問解説

問一　語句の意味

傍線(1)

「さもあり」は「いかにももっともだ」の意味です。「もっともだ」は「道理にかなっている」という意味なので、「いかにも道理にかなっている人たち」ということになりますが、「文脈に即して」と指示があるので、「道理にかなう」の部分を具体的にする必要があります。「さもある人ども」は動詞「呼びくだし」の目的語なので、清盛が、古京と新京のどちらがよいか評議するために、「さもある人ども」を招集したということです。よって、「道理にかなった」とは「評議に参加する資格がある・議論するのにふさわしい」という内容になります。

解答　**遷都について評議する資格のある人たち**

配点　「遷都について」に類した内容……1点
「評議する資格のある人たち」に類した内容……………2点

補足説明　「遷都についての評議に呼ばれるのが当然の人たち」などでも正解となります。「古京と新京のどちらが優れているかを議論する」としてもよいですが、これは**問二**の解答と重なるので、重複を避けて「遷都についての評議」などとする方がよいでしょう。また、長方卿の「卿」は身分の高さを表し、評議に参加していた6行目の「上達部」も同じく身分の高い貴族なので、「人たち」を「身分の高い人たち・重鎮」などとしてもよいでしょう。

傍線(2)

「覚ゆ」は頭の働きを表す語で、「自然に思うようになる」という原義が広がって「面影がある・人から思われる・学んで習得する」などさまざまな意味を持つ多義語です。辞書的には「もの覚ゆ」は「正気である・物心がつく」の意味ですが、これは、のちに解説するように、優れた判断力や行動力を持つ長方卿を評価した言葉なので、「正気である・物心がつく」では不適です。これを考える上で参考になる古文単語があります。「不覚」という語には「思慮の浅いこと・愚か」の意味があります。「もの覚ゆ」はその反対語なので「思慮深い」という意味にとることができ、長方卿を評価する言葉として適切です。よって、「思慮深い人物」が正解です。

解答　**思慮深い人物**

補足説明　「物の道理をわきまえた人」なども正解です。

問二 現代語訳

「古京｜と｜新京｜と｜①いづれ｜②か｜③まされ｜④る」｜と｜⑤言ひさだめ｜を｜⑥せ｜⑦む

① 代名 どちら。
② 係助 疑問［〜か］
③ 動【勝る・優る】優れる。
④ 助動「り」の連体形。（係助詞「か」の結び。）存続［〜ている］
⑤ 動「言ひさだむ」の連用形の名詞法。話し合って決めること。
⑥ 動 サ変動詞「す」の未然形。
⑦ 助動「む」の終止形。意志［〜よう］

直訳 ▼「古京と新京とどちらが優れているか」と話し合って決めることをしよう

不自然な表現を修正すれば正解です。注を利用して、「古京」を「平安京」、「新京」を「福原京」とするとよりわかりやすいです。

解答 **平安京と福原京のどちらが優れているか、ということを話し合って決めよう**

配点 「古京と新京といづれかまされる」の訳……3点
「と言ひさだめをせむ」の訳……3点

補足説明 「ということを」はなくてもよいし、「話し合って決めよう」は「評議しよう」など別の表現でもよいでしょう。

問三 内容説明

「あさまし」は「事の意外さに驚きあきれる」の意味です。直前に「上達部の、長方卿にあひて」と、補語（C）を表す「に」があり、これは上達部が長方卿に対して言った言葉だとわかります。「その座にありける上達部」とあるので、上達部も評議に参加していました。その**上達部が驚きあきれたのは、何かと問うている**のです。第一段落の内容を受けての発言なので、第一段落に登場する人たちの言動を見ましょう。まず3行目「人みな入道（にふだう）の心をおそれて、思ふばかりも言ひひらかざりけり」は、「評議に参加した人はみな清盛の心を恐れて自分の意見を言わなかった」ということです。傍線(イ)の直後に「さばかりの悪人」とあるのは清盛を指します。その悪人である清盛を恐れて何も言えないのは当然なので、この人々の言動は意外なことではありません。続く3行目の「長方卿ひとり少しもところを置かず……さんざんに言ひけり。さて、もとの京のよきやうを言ひて」が、長方卿の言動です。「ところを置く」は「遠慮する」、「さんざんに」は「激しく」の意味です。「長方卿だけは少しも遠慮せず、言葉を惜しまず新京の悪口を激しく言った、そして古京をほめた」ということです。**この長方卿の言動は清盛を恐れる上達部からすれば意外**です。そして、傍線(イ)の後に続く上達部の発言を見ると、「清盛ほどの悪人が良いと思って建てた福原京をあれほど批判したのはなぜか」と問い、「もし清盛が腹を立てたらどうするつもりだったのだ」と言います。上達部が、福原京を激しく批判した長方卿の言動を意外に感じたということの裏付けとなります。「古京をほめた」というのは、「新京をけなす」ということを言い換えているだけなので、ここを除いた長方卿の言動の該当箇所を直訳し、字数制限に合わせて推敲(すいこう)します。該当箇所を訳すと、「他の人が清盛を恐れて何も言えない状況で、長方卿が清盛に少しも遠慮せず言葉も惜しまず新京を激しくけなした」となりますが、長いので手直しをして、四十五字以内にまとめます。

解答 **長方卿の、皆が恐れる清盛に対して少しも遠慮せず、福原京を激しく批判した意外な言動。**(41字)

配点 「長方卿の」に類した内容……2点
「皆が恐れる清盛に対して少しも遠慮せず」に類した内容……2点
「福原京を激しく批判した意外な言動」に類した内容……2点

補足説明 「意外な」がなくても正解ですが、「勇気ある言動」などのように、「意外さ」以外の評価を入れると減点です。長方卿の言動に対する上達部の評価はあくまでも「あさまし」であることを忘れてはいけません。**自分の主観や感想を解答に入れない**ことが重要です。

問四 理由説明

理由説明は状況説明だと考えます。「なぜ?」と考えても答えは出ませんので、「どういう状況だったから?」と考え、その該当箇所を本文から探して、訳して、推敲する。この順序に従って解答をつくります。

着眼点 **傍線部の前後に根拠あり!**

この設問では、傍線(ウ)の後に「そのゆゑは」と理由を表す言葉があるので、「そのゆゑは」以下をまずは訳してみます。「ひろく漢家、本朝をかんがふるに」は「中国や日本の故事を見て考えると」の意味です。「よからぬ新儀……人には問ふなり」は、長方卿が故事から学んだ人の心理で、一般論が述べられています。「新しくよくないことを行った者は、はじめに思い立ったときは、人に相談することはないが、そのことを後悔する気持ちになったとき、人に問うものだ」というのです。そし

13

て、「これもかの京……両京のさだめをおこなひしかば」は今回の清盛が皆を招集して評議を行ったことを指します。一般論に清盛の心理をあてはめると、**「清盛は、福原遷都を後悔する気持ちになったから相談したのだ」**となります。「はや、このことくやしうなりにけり」は、「はや」が「すでに」、「なりにけり」の「けり」は気づきの詠嘆で、「すでに、遷都したことを後悔する気持ちになったのだな」という意味になり、長方卿が清盛の心理に気づいたことがわかります。まとめて訳すと、「中国や日本の故事を見て考えると、よくないことを行うとき当初は人に相談せずそれを後悔したとき人に問うものだから、遷都についての評議が行われたことで、清盛が遷都を後悔していることを理解した」となります。ここで改めて設問の文言を見てみましょう。

傍線(ウ)「『入道の心にかなはん』とてこそ、さは言ひしか」は、上達部の「どうしてあれほど批判したのだ」という問いかけに対して長方卿が答えた言葉です。「心にかなふ」は「思いどおりになる」の意味で、「『入道（清盛）の思いどおりになるだろう』と思って、そのように言ったのだ」の意味です。「さ」は「新京を批判した」ことを指します。

読解ルール
「とて」は同じことの言い換えを表す！

「とて」は言い換えを表すので、「入道の思いどおり」＝「新京を批判すること」となり、**長方卿は、「清盛が望んでいるのは、新京を批判することだ」と判断した**ということです。つまりこの設問は、「長方卿が、清盛の思いどおりになるだろうと考えて、新京を批判したのはなぜか」、と問うていて、「長方卿は清盛の心理がわかっていたからだ」、というのがその答えだということになります。

では「清盛の心理」とはどのような心理かというと、「そのゆゑは」以下で見たように、「遷都を後悔している」ということですが、それだけで十分でしょうか。自分のしたことを後悔している人に対してそれを批判するというのは、逆に相手の怒りを買う行為にもなりかねません。その清盛の後悔の中身をもう少し突き詰めて考えてみましょう。「遷都を後悔している」ということは「古京に戻りたい」と思っていると捉えることができます。古京に戻るにはそれなりの正当性や理由が必要であり、「新京はよくない」ということになればよいわけです。そのためには**「誰かに新京を批判してほしい」という心理があった**と読み取れます。2行目の「古京に残りゐたる」とあるように、清盛は新京に移った人ではなく古京に残った人を招集しましたが、それは「古京に残っている者なら古京をよいと考え、新京を批判してくれる」と思ったと考えるのが合理的です。これが、古京に残っていた者たちを招集した清盛の真意です。その真意に気づいたからこそ長方卿は遠慮なく激しく新京を批判できたのです。この点に触れて、解答を見直し、直訳の中で重要度の低いところを削ります。

解答 **よくないことを行う者はそれを後悔したときに人に相談するものなので、評議が行われたことで、清盛は遷都を後悔し誰かに新京を批判してほしいと思っていると判断したから。**(80字)

配点 「よくないことを行う者はそれを後悔したときに人に相談するものなので」に類した内容……2点
「評議が行われたことで、清盛は遷都を後悔し」に類した内容……2点
「誰かに新京を批判してほしいと思っていると判断したから」に類した内容……2点

清盛は自分が遷都を断行した手前、古京に戻るとは自分からは言いにくかったでしょうから、自分の心理を理解し望みどおりの発言をしてくれた長方卿に清盛はさぞかし満足したことでしょう。その証拠に、清盛は長方卿を高く評価し、その後ひいきにしたと第三段落で語られます。

補足説明 本文に、理由を表す「そのゆゑは」という表現があるので、最初に示した直訳に近いものでも十分点数をもらえるでしょうが、清盛の心理をただ**「遷都をしたことへの後悔」**とするのではなく、**「新京を批判してほしい」**というところまで踏み込んで書いた解答のほうが優れた解答だと言えます。

問五 心情説明

心情説明の問題ですが、傍線(エ)はこの説話の主人公に対する評価を表しています。「梅小路中納言の両京のさだめ」は長方卿の判定を指します。「人の口」は「世間の評判・うわさ」の意味なので、「人の口にありけり」は「世間で評判であった」という意味です。

読解ルール 「とて」は同じことの言い換えを表す!

「梅小路中納言の両京のさだめ」の下の「とて」は「言い換え」を表すので、「梅小路中納言の両京のさだめ」=「世間で評判であった」となります。「両京のさだめ」の評価がわかれば、世間の評判もわかるということです。

着眼点 評価を表す言葉を探せ!

「評判のお店」といえば普通は「評判のよいお店」を指しますし、これまで見てきたように、長方卿は清盛の真意を見抜き他の誰もができなかったことをやってのけたので、**世間の評判は**

13

よいものだったと想像できますが、念のため、根拠を見ましょう。**問四**で見たように、清盛が福原遷都を後悔し古京へ戻りたいと思ったということは、つまり福原への遷都は失敗だったということです。その失敗を長方卿の判定によって元に戻すことができたのだから、**長方卿の判定は正しいものだった**とわかります。よって、世間の評判もプラスのものだったと判断できます。また、「……のさだめ」という表現には、その「さだめ」の内容やその「さだめ」をした人物へのプラスの評価がこめられている場合があります。たとえば「大岡裁き」という言葉があります。これは、江戸時代中期の名奉行大岡忠相(ただすけ)の、公正で人情味のある「裁き」（＝判決）をほめたたえる言葉で、そのような判決に対して比喩的に用います。ここでも「梅小路中納言のさだめ」は、「優れた梅小路中納言（長方卿）が行った正しい判定」ということになります。

問四の最後で触れましたが、第三段落では、清盛が長方卿を高く評価してその後ひいきにしたことが語られています。**問一**(2)で見た「思慮深い人物」というのが、清盛が長方卿を評価した言葉です。ではその「思慮深い」とは、長方卿のどのような点を評価しているかをふり返ります。一つは、**中国や日本の故事の見識によって清盛の心理を正しく判断したこと**。もう一つは、**自分が正しいと思うことをひるまず実行して「両京のさだめ」を行ったこと**。これを清盛が評価し、世間でもよい評判になったということです。設問は「どのような気持ちが現れていると考えられるか」なので、この「よい評価」を「世間の人々の気持ち」に置き換える必要があります。判断力と行動力に優れた人物に対して、世間の人はどういう気持ちになるかということです。日常会話的に言えば、「すごい（すばらしい）！」となりますね。この「すごい（すばらしい）！」を文語に置き換えると「称賛」となります。

解答 **優れた判断力と行動力への称賛の気持ち。**（19字）

配点
「優れた判断力」に類した内容……2点
「行動力」に類した内容…………2点
「称賛の気持ち」に類した内容……2点

補足説明 「判断力」は「洞察力」としてもよいでしょう。字数が二十字以内なので、このように抽象的な表現になっていますが、例えば「相手の心理を読み取り行動したことへの称賛」などでもよいでしょう。心情を表す代表的な古語に「あはれ」がありますが、これは心からの感嘆を表す語で喜びにも悲しみにも用います。この「あはれ」という古語が本文に用いられている場合は「感動」や「感嘆」などの解釈になります。この本文には評価や心情を直接表現している言葉がないので、それを自分で考える必要があります。長方卿に対する世間の評判には、その言動が正しかったかどうか「是非を問う」気持ちがこめられているので、「感動」や「感嘆」ではありません。ちなみに「称賛」を表す古語の形容詞は「めでたし」です。

記述問題を解くためには、形容詞をはじめとして古語の本質的な意味を知っていること、そしてそれを的確に表現する語彙力が必要です。

現代語訳

六波羅(ろくはら)の太政入道、福原の京たてて、みな**わたりゐて**のち、**ことのほか**に**ほどへ**て、「(ア)『古京と新京といづれか[疑問(↓)]まされる[存続・体(↑)]』と言ひさだめをせむ[意志・終]」とて、古京に残りゐたる(1)**さもある**人どもみな呼びくだしけるに、人みな入道の心をおそれて、思ふばかりも**言ひひらか**ざりけり。長方卿ひとり少しも**ところを置か**ず、この京を**そしり**て、ことばも惜しまず**さんざんに**言ひけり。さて、もとの京の[連体格]よきやうを言ひて、つひにその日のこと、かの人の**さだめ**によりて、古京へかへるべき**儀**になり

六波羅の太政入道は、福原京を建てて、皆が**移り住ん**だ後、**思いのほか**に**時が経**(た)って、「『古京(平安京)と新京(福原京)のどちらが優れているか』ということを話し合って決めよう」ということで、古京に残り留まっていた**評議に参加する資格のある**人たちを皆(福原京に)呼び寄せたが、すべての人が入道の心を恐れて、思うほども**意見を述べ**なかった。長方卿一人が少しも**遠慮せず**、この福原京を**批判し**て、言葉も惜しまず**激しく**言った。そうして、元の京のよいことを言って、とうとうその日のことは、その人(=長方卿)の**判定**に従って、古京へ帰るべきだという**こと**になった。

重要語句

- □わたる【渡る】①過ぎる。通る。移る。来る。②ずっと〜する。
- □ゐる【居る】座る。存在する。とまる。
- □ことのほか【事の外・殊の外】①思いのほか。②とりわけ。
- □ほどふ【程経】時間が経過する。
- □さもあり【然も有り】いかにももっともだ。そのとおりである。
- □いひひらく【言ひ開く】釈明する。
- □ところ(を)おく【所(を)置く】遠慮する。
- □そしる【謗る・誹る・譏る】非難する。
- □さんざんなり【散々なり】①はなはだしい様子。②見苦しい様子。

に〔完了・用〕けり。

のちに、その座にありける上達部の〔主格〕、長方卿にあひて、「さても(イ)あさましかりし〔過去・体〕ことかな。さばかりの悪人の〔主格〕『いみじ』と思ひてたてたる京を、さほどにはいかに言は〔尊敬・用〕れし〔過去・体〕ぞ。言ひおもむけて帰京の儀あればこそ〔強意(↓)〕あれ〔ラ変・已(↑)〕、言ふかひなく腹だちなば、いかがし給はまし」と言ひければ、「このこと、我が思ひには似ざる儀なり〔断定・終〕。(ウ)『入道の心にかなはん〔推量・終〕』とてこそ〔強意(↓)〕、さは言ひしか〔過去・已(↑)〕。そのゆゑは、ひろく漢家、本朝をかんがふるに、よからぬ〔打消・体〕新儀おこなひたるもの、はじめに思ひたつ折は、なかなか人に言ひあはすることなし。そのしわざ少しくやしむ心ある時、人には問ふなり〔断定・終〕。これもかの京、ことのほかにゐつきてのち、両京のさだめをおこなひしかば、『はや、

後に、その評定の席にいた上達部が、長方卿に会って、「それにしても驚きあきれたことだなあ。あれほどの悪人〔＝清盛〕が『たいへんすばらしい』と思って建てた福原京を、あれほどにどうしておっしゃったのだ。(清盛を)説き伏せて帰京することになったからよいが、(清盛が)どうしようもなく腹を立てたならば、どうなさったのか」と言ったところ、(長方卿は)「あなたが言うことは、私の思いとは異なる。(私は)『入道の心に叶う(かな)だろう』と思って、あのように言ったのだ。その理由は、広く中国、日本の故事を見て考えると、よくない新しいことを行った者は、はじめに決心するときは、かえって人に相談することはない。その行為を少し後悔する心があるときに、人に尋ねるのだ。今回もあの福原京は、思いのほか長続きした後、二つの京の評定を行ったので、「すでに、

□ さだめ【定め】①決定。②評議。③決まり。④安定。

□ ぎ【儀】①わけ。ことの次第。②儀式。行事。

□ あさまし ①驚きあきれる。②情けない。③ひどい。見苦しい。

□ いみじ ①すばらしい。②ひどい。恐ろしい。③たいそう。

□ いひおもむく【言ひ趣く】説得する。

□ こそあれ ①～があるけれど。～であるけれど。②～はともかく。③まさに～である。

□ いふかひなし【言ふ甲斐無し】言いようがない。言ってもどうにもならない。

□ かなふ【叶ふ・適ふ】思いどおりになる。

□ ゆゑ【故】①原因。理由。②風情。③由緒。家柄。

□ かんか【漢家】①漢朝の帝室。中国。②漢方医。

□ ほんてう【本朝】日本の朝廷。日本。

□ なかなか ①なまじっか。②かえっ

このことくやしうなりにけり〔完了・用 詠嘆・終〕』といふことを知りにき〔完了・用〕。されば、なじかは〔反語(↓)〕

このこと〔＝福原京への遷都〕を後悔する気持ちになったのだなあ」ということを（私は）知った。だから、**どうして**言葉を惜

ことばを惜しむべき〔義務・体(↑)〕」とぞ〔強意(↓)〕言はれ〔尊敬・用〕ける〔過去・体(↑)〕。

しむ必要があろうか（、いやその必要はない）」とおっしゃった。

まことにも、のちに人に超えられん〔推量・終〕としける時も、この入道よきやうに

実際にも、後に（長方卿が）人に官位を超えられそうだったときも、この入道が（長方卿にとって）有利なように

申して、「長方卿は、ことのほかに(2)**ものおぼえたる**人なり〔断定・終〕。たやすく人に超

（帝に）申し上げて、「長方卿は、格別に**思慮深い**人である。簡単に他人に官位を超

越せしむべからず」とて、のちまでも**方人**（かたうど）をせられけるなり〔断定・終〕。

えさせるべきではない」と言って、後々までも（長方卿の）**味方**をなさったのである。

(エ)「梅小路中納言の両京のさだめ」とて、その時の**人の口**にありけり。

「梅小路中納言の両京のさだめ」といって、その当時の**人の評判**になった。

〔出典：『続古事談』巻第二　二四　長方、福原・京都両京の定めの事〕

て。むしろ。

□しわざ【仕業】行為。働き。

□はや【早】①早く。②早くも。すでに。

□なじかは　①（疑問）なぜ〜か。②（反語）どうして〜か（いや、〜ない）。

□ものおぼゆ【物覚ゆ】①意識がはっきりする。②物心がつく。

□かたうど【方人】①左右の組に分かれた一方の人。②味方をする人。

□ひとのくち【人の口】世間の評判。噂（うわさ）。

13

九州大学 大鏡（おおかがみ）

別冊（問題）p. 96

作品紹介 ■ 平安時代の歴史物語。文徳天皇から後一条天皇までの百七十六年間の歴史を藤原道長の栄華を中心に仮名文の紀伝体で記す。二人の老翁と若侍の問答形式。

解答

問		解答	配点
問一	①	たいそう驚きあきれるほどに	2点×3
	②	お教え申し上げるが	
	③	我慢することができず	
問二		下二段動詞「かる」未然形＋尊敬の助動詞「さす」連用形＋四段動詞「たまふ」連用形＋完了の助動詞「ぬ」連用形＋過去推量の助動詞「けむ」連体形	5点
問三		東三条殿の六十のお祝いに、長男の福足君に舞を舞わせようと準備をしたが、当日、福足君は舞台に上がって音楽の演奏が始まると、舞うのを嫌がって、髪や衣装を乱した。そのことが原因で、父である粟田殿が茫然自失の状態となった。	5点
問四		やんちゃな福足君が当日きちんと舞を舞うはずがないと思っていたよ	3点

問		解答	配点
問五	ア	父おとどは言うまでもなく、他人でさえ、むやみに感動し申し上げた	3点
	イ	中関白道隆の、舞台に上がって福足君を自分のそばに引き寄せて一緒に見事に舞うことで、福足君の恥を隠し、祝いの興趣も格別なものにした、その機転が利いた思いやりのある態度。	6点
問六		イ→オ→ウ	完答2点

合格点 21／30

問題文の概要

あらすじ ● 藤原道兼（粟田殿）の長男の福足君はあきれるほどやんちゃで、祖父の兼家（東三条殿）の六十歳の祝いの舞台で舞を舞わせようと苦労して教えたが、当日舞台の上で舞うのを嫌がり駄々をこねてしまう。父の道兼が青ざめて茫然とするなか、伯父の道隆（中関白殿）が舞台に上がって、福足君を引き寄せてともに見事に舞ったことで、福足君の恥を隠すだけでなく、祝いの興趣も格別なものになった。道隆はこのように機転の利く情け深い人物であったが、子孫は途絶えてしまった。また、福足君は蛇をいじめた祟りで亡くなってしまった。

内容解説 ●「道兼伝」の中の一節で、わが子の失態に茫然自失の道兼と、機転を利かせてその場を収め、祝いの興趣を盛り上げた道隆が対照的に描かれています。道隆の一族は衰退してしまい、栄華を極めたのは道長であるという歴史認識が根底にあります。

兼家―┬道隆
　　　├道兼―福足君
　　　└（道長）

設問解説

問一 **現代語訳**

設問は「現代語訳」となっていますが、実質的には、重要な古語単語の意味を問う設問です。

●現代語訳・解釈の手順●

1 品詞分解
2 直訳
3 手直し―(1)言葉を補う
　　　　　(2)不自然な表現を改める

この手順に従ってやってみましょう。

傍線部①

①いと ②あさましう

① 副 たいそう。とても。
② 形「あさまし」の連用形「あさましく」のウ音便。驚きあきれるばかりである。情けない。みすぼらしい。

直訳 ▼ たいそう驚きあきれるほどに

14

「あさましう」は「あさまし」の連用形「あさましく」のウ音便です。下の「まさなう」は「まさなく」のウ音便で、行いが正しくないさまを表し、その下の「悪しく」は、不快で嫌悪を催すさまを表します。「あさまし」は事の意外さに驚きあきれるさまを表し、他にも「情けない・外見がみすぼらしい・はなはだしい」などの意味があるので、検討が必要です。

「まさなう、悪しく」は福足君の性格を表しているので、「たちが悪く、やんちゃだ」の意味です。よって、「いとあさましう」は「まさなう、悪しく」にかかっていて、「たいそう驚きあきれるほどに」の意味が適切だと判断できます。「たいそう驚きあきれるほどにたちが悪くやんちゃだ」ということです。よって、「情けない」や「みすぼらしい」の意味は不適で、「あさましう」の前に程度のはなはだしさを表す副詞「いと」があり、「はなはだしく」では意味が重複するので不適です。

設問に「文脈に即して」と指示があるので、それに応じて整えるのが手順ですが、ここは、この直訳のままで、手を加える必要はありません。

解答 たいそう驚きあきれるほどに

配点 「いと」の訳………1点
「あさましう」の訳…1点

補足説明 正解のほかにも、「とても驚きあきれるぐらいに」なども正解です。「驚く」「あきれる」の表記は漢字でもひらがなでも大丈夫です。

傍線部②

①教へ ②聞こえさする ③に

① **動**【教ふ】教える。
② **補動**「聞こえさす」の連体形。謙譲［お〜申し上げる］
③ **接助** 順接［〜ので］・逆接［〜けれども］・単純［〜が・〜と］

直訳▼ お教え申し上げると

「聞こえさす」は、「聞こえ」よりも敬意の高い敬語です。もとは「聞こえ」に「さす」がついたものですが、基本的には、「聞こえさす」で一語として扱います。

接続助詞の「に」は前後の文脈によって順接の「〜ので」、逆接の「〜けれども」、単純の「〜が」とさまざまな意味になるので、ここはそれを決定する必要があります。傍線部②の後、場面が大きく変わって、お祝いの当日になります。「教えていた」ということと、「当日になった」ということに因果関係はないので「〜ので」とはなりません。もう少し先まで読んで、結果として舞台で駄々をこねてしまうので、「教えていたのに失敗した」と解釈することも可能ですが、場面が大きく変わるこのような場合、「に」は「事実を述べて下に続ける働き」をしていると解釈して「〜が」と訳すのがよいでしょう。

解答 **お教え申し上げるが**

配点 「教へ聞こえさする」の訳…1点
「に」の訳……………1点

補足説明 「に」の訳は「〜ので」以外は正解でしょうし、「お教え」が「教え」となっていても減点されないでしょう。また、「文脈に即して」と指示があるために「福足君に教え申し上げる」のように人物を解答に入れたくなりますが、語句を補う必要があるときは、設問にそのような指示があります。「福足君に」と書いても減点にはならないでしょうが、今回は不要です。「どこまで書くか」は、ほかの設問との兼ね合いや解答欄の大きさなどから総合的に判断することが必要です。

傍線部③

①え｜②耐へ｜③ず

① 副「え〜ず」＝〜できない（不可能）
② 動【耐ふ】我慢する。
③ 助動「ず」の連用形。打消［〜ない］

直訳▼我慢することができず

これも手を加える必要はありませんが、「ず」は連用形で、文を中止して下につなげる用法なので、「できない」という言い切りの訳は減点対象です。

解答 **我慢することができず**

配点 「え〜ず」の訳…1点
「耐へ」の訳……1点

補足説明 「我慢できず」でも減点されないでしょうが、「動詞」の意味をしっかり訳出する意味では、「我慢することができず」のほうがより正確な現代語訳です。「我慢」がひらがなでも大丈夫です。

問二 文法問題

まずは品詞分解します。

①かれ｜②させ｜③たまひ｜④に｜⑤けむ

① 動【枯る】枯れる。（下二段活用の未然形）
② 助動「さす」の連用形。尊敬［〜なさる］
③ 補動「たまふ」の連用形。尊敬［お〜になる］
④ 助動「ぬ」の連用形。完了［〜た］
⑤ 助動「けむ」の連体形。過去推量［〜ただろう］

「かる」には「刈る」「離る」「狩る」「駆る」などいくつもの漢字をあてることができるので、まずは前後の文脈からそれを決定します。二重傍線部の直前に、「かれ」の主語が「御末(＝ご子孫)」とあり、内容解説で述べたように、藤原の一族がどうなったかを考えあわせれば、「道隆の子孫が衰退した」のだとわかり、漢字が「枯れ」だと判断できます。下に未然形接続の助動詞「さす」が接続しているので、「かれ」は未然形です。未然形の活用語尾が「かれ(e)」のようにe音の場合、その動詞は下二段活用動詞です。

何かを「枯れさせた」のではなく、「道隆の子孫が枯れた」ので、「させ」は使役ではなく尊敬の意味となります。「たまひ」は四段活用の尊敬の補助動詞ですが、例にならって、「四段活用動詞」とします。「に」は下に時制を表す助動詞「けむ」が接続しているので、完了の助動詞「ぬ」の連用形となります。二重傍線部の上に疑問を表す副詞「など(＝どうして)」があるので、文末の「けむ」は終止形ではなく連体形です。どうしても傍線部だけを見てしまいがちなので、傍線部の前後を見て考えることを忘れないでください。

例を見ると、動詞は活用の種類と活用形、助動詞は意味と活用形を答えればよいとわかります。

解答 **下二段動詞「かる」未然形＋尊敬の助動詞「さす」連用形＋四段動詞「たまふ」連用形＋完了の助動詞「ぬ」連用形＋過去推量の助動詞「けむ」連体形**

補足説明 疑問を表す副詞「など」があるので、「けむ」の意味は厳密には「過去原因推量」となりますが、大学が公表する模範解答や入試問題の選択肢は「けむ」の意味を「過去推量」としていることがほとんどです。「けむ」の細かい意味ではなく、代表的な意味を「過去推量」だと理解しているかどうかが問われているということです。

問三 **内容説明**

まずは傍線部Aを現代語訳します。

あれ[①]｜か[②]｜に[③]｜も｜あら｜ぬ[④]｜御｜気色[⑤]｜なり[⑥]

① 代名 我。私。一人称を表す。
② 係助 疑問[〜か]
③ 助動「なり」の連用形。断定[〜である]
④ 助動「ず」の連体形。打消[〜ない]
＊あれかにもあらず＝茫然自失の様子である
⑤ 名 様子。
⑥ 助動「なり」の終止形。断定[〜である]

直訳▼ 茫然自失のご様子である

主語は傍線部Ａの直前に「粟田殿」とあるので、「粟田殿が茫然自失の様子である」ということです。

次に、その原因を探りましょう。

読解ルール 「て」は同じことの言い換えを表す！

直前に言い換えを表す「て」があるので、「茫然とした様子」＝「顔色が青ざめた」ということです。「青ざめる」という状態は、「衝撃や恐怖で血の気が引いて、顔の色が青白くなる」ということです。この設問は、**粟田殿の顔色を青ざめさせたのはなにか、を問うている**のです。本文６行目「粟田殿、御色真青に……」の直前に「に」があります。これは、**問一**の②で解説した接続助詞「に」で、ここは原因を表す接続助詞「ば」と同じ働きです。

読解ルール 「ば」の前に理由あり！

よって、粟田殿を青ざめさせたものは、４行目の「舞台の上にのぼりたまひて」から、５行目の「引き破りたまふ」までの、粟田殿の長男である福足君の言動だとわかります。福足君の具体的な言動の内容を確認しましょう。

「ものの音調子吹き出づるほどに」
＝「舞の伴奏の音楽の演奏が始まった」ということ。

「あれは舞はじ」
＝「私は舞いたくない！」の意味で、「舞うのを嫌がった」ということ。

「鬢頬引き乱り」＝「髪をぐちゃぐちゃにした」ということ。

「御装束……引き破りたまふ」
＝「立派な衣装を引きちぎった」ということ。

これをまとめると、

> 息子の福足君が舞の舞台で、音楽の演奏が始まると、舞うのを嫌がって、髪や衣装をぐちゃぐちゃにしたことが原因で、父親の粟田殿が茫然自失の状態となった。（解答の原案）

となります。

これに手を加えて、解答を仕上げていきます。設問に「本文に即して」とあります。内容説明の設問における「本文に即して」とは、傍線部だけでなく、**「そこに至る本文の内容も解答の中に入れなさい」**という意味です。

息子が舞台の上で舞うのを嫌がって髪や衣装をぐちゃぐちゃにした、というだけでは、父の粟田殿を青ざめさせた原因として不十分です。父親を青ざめさせるだけの意味合いを解答に加えなければなりません。それは何かというと、その舞台が粟田殿の父・兼家の六十歳のお祝いの舞台だった、つまり**とても大事な催しだった**ということです。だからこそ、それを台無しにするような自分の息子の言動に粟田殿は青ざめたわけです。本文2行目の「東三条殿の御賀に、この君、舞をせさせたてまつらむとて、習はせたまふ」の部分は解答に必要な要素なので、これを先ほどの「解答の原案」に加えてまとめます。

解答 **東三条殿の六十のお祝いに、長男の福足君に舞を舞わせようと準備をしたが、当日、福足君は舞台に上がって音楽の演奏が始まると、舞うのを嫌がって、髪や衣装を乱した。そのことが原因で、父である粟田殿が茫然自失の状態となった。**

配点
「東三条殿の六十のお祝いに」に類した内容……1点
「長男の福足君に舞を舞わせようと準備をしたが」に類した内容……1点
「当日、福足君は舞台に上がって音楽の演奏が始まると」に類した内容……1点
「舞うのを嫌がって、髪や衣装を乱した。そのことが原因で」に類した内容……1点
「父である粟田殿が茫然自失の状態となった。」に類した内容……1点

補足説明 「髪や衣装を乱して」の部分に「駄々をこねて」「かんしゃくを起こして」などの文言をつけ加えてもよいし、「福足君に苦労して舞を教えた」ということを解答に加えてもよいですが、そこは得点に影響はなく、解答欄の大きさに合わせて、重要度の高い内容を優先させて解答を作成することが肝要です。

問四 **現代語訳**

まずは、傍線部Bを訳してみましょう。

> ①さ｜②思ひ｜③つる｜④こと｜⑤よ
>
> ① 副 そのように。
> ② 動 【思ふ】思う。考える。
> ③ 助動 「つ」の連体形。完了［〜た］
> ④ 名 〜こと。
> ⑤ 間助 詠嘆［〜よ］
>
> **直訳▼** そのように思ったことよ

主語は直前の「ありとある人」つまり「そこにいるすべての人たち」です。その場にいた人たち皆が、「そうなると思っていたよ」と見て思ったということで、つまり**皆が予想していたとおりになった**ということです。皆が予想していたことが、すなわち「さ」の指し示す内容です。そのとき、皆が見たのは、

福足君がお祝いの舞の舞台を台無しにしてしまう様子です。指示語「さ」の直前に傍線部A「あれかにもあらぬ御気色なり」がありますが、これは、福足君の言動の結果起きた状態であり、**皆が予想していたのは粟田殿が顔面蒼白（そうはく）になることではなく、福足君の言動**です。本文の最初に福足君の性格が示され、それに続いて、舞を教えても抵抗していたことが語られていることがその伏線になっています。つまり、「さ」が指し示すのは、福足君がしでかしたことです。そうすると、解答は**問三**の解答の内容と同じになってしまいそうですが、福足君の言動の具体的な内容を予想していたと考えるのは無理があります。舞うのを嫌がり髪や衣装を乱してしまうという具体的な記述ではなく、それを抽象化した表現に直す必要があります。

例えば、

「やんちゃな福足君がきちんと舞を舞うはずがないだろう」

「福足君のことだから何かとんでもないことをしでかすだろう」

などの表現になります。「舞を舞わない」、「何か問題を起こす」、「お祝いの催しを台無しにする」などのような表現であっても大丈夫です。

解答 **やんちゃな福足君が当日きちんと舞を舞うはずがないと思っていたよ**

配点 「やんちゃな福足君が」に類した内容……1点
「当日きちんと舞を舞うはずがない」に類した内容……1点
「思っていたよ」に類した内容……1点

補足説明 福足君に舞を舞わせるという計画はこの時点でうまくいかなかったわけなので、「福足君に舞を舞わせるなど、どうせうまくいくはずはないと思っていたよ」のような解答でも正解です。

傍線部**B**の直後に言い換えを表す「と」があり、その後に対比を表す「ど」があるので、読解ルールに従って点検すると、

読解ルール **「と」は同じことの言い換えを表す！**

読解ルール **「ど(ども)」は前後が対比関係にあることを表す！**

言い換え　対比

「さ思ひつることよ」と見たまへど、すべきやうもなき
(「そう思っていたよ」と見ていらっしゃったが、どうしようもない)

となり、「さ」は「どうしようもないこと」つまり「福足君のしでかしたこと」を指し示すということが確認できます。

14

問五　現代語訳・内容説明

ア　現代語訳

まずは、傍線部Cを直訳します。

父おとど｜は｜①さらなり、｜②よそ｜の｜人｜③だに｜④こそ、｜⑤すずろに｜⑥感じ｜⑦たてまつり｜⑧けれ

① 形動「さらなり」言うまでもない。
② 「よその人」＝他人。
③ 副助 類推［～さえ］
④ 係助 強調
⑤ 形動「すずろなり」むやみだ。
⑥ 動【感ず】感動する。
⑦ 補動「たてまつる」の連用形。謙譲［～申し上げる］
⑧ 助動「けり」の已然形。（係助詞「こそ」の結び。）過去［～た］

直訳▼父おとどは言うまでもなく、他人でさえ、むやみに感動し申し上げた

文章として自然であり、設問に何も指示がないので手を加える必要はありません。

解答 **父おとどは言うまでもなく、他人でさえ、むやみに感動し申し上げた**

配点 「父おとどはさらなり」の訳……………1点
「よその人だに」の訳……………1点
「すずろに感じたてまつりけれ」の訳…1点

補足説明 「父おとど」は「父である粟田殿」としても正解です。現代語訳に主語を入れる場合は、原則として、本文の呼称を用います。本文に呼称がなかったり、呼称が誰を指すのかわかりにくかったりする場合は、注などの呼称を用います。例えば「殿」、「君」などは誰を指すか明確ではないので、そういう場合は、注やリード文などにある固有名詞を用います。「むやみやたら」は「後先を考えずやみくもに」の意味でもあるので、「むやみやたら」を「むしょうに」としてもよいでしょう。

イ　内容説明

福足君の父はもちろん、他人でさえ感動したことは、何かという問いです。福足君のやんちゃなふるまいで台無しになるところだったお祝いの舞台が、その後どうなったかを見ましょう。

本文7行目、福足君の失態をどうしようもない状況で登場したのが、中関白道隆です。

「中関白殿のおりて、舞台にのぼらせたまへば」
＝「道隆が座席からおりて舞台に上がった」ということ。
「『言ひをこつらせ…』と、かたがた見はべりし」

＝「人々が道隆の行動を予想している」ということ。

「この君を……舞はせたまひたりし」

＝「道隆が福足君を自分の腰のあたりに引き寄せて一緒に見事に舞を舞った」ということ。

これをまとめると、**「道隆は駄々をこねている福足君を叱ったり追い払ったりするのではなく、自分も一緒に舞を舞ってその場を収めた」**ということです。

この道隆の行動の結果、舞台は台無しになるどころか、「楽もまさりおもしろく」「かの君の御恥もかくれ」「その日の興もことのほかにまさりたり」という大成功となったのです。息子の恥が隠れた父おとどはうれしく心打たれ、また福足君とは他人である人々も舞台を成功に転じた道隆の行動に感動したということです。設問に「本文に即して」とあるので、道隆の行動を具体的に記述しながら、これをまとめると、

「中関白道隆が駄々をこねる福足君を自分の腰のあたりに引き寄せて一緒に見事に舞ったことで、福足君の恥を隠し、祝いの舞台を盛り上げた態度。」（解答の原案）

となります。

この解答でも間違いではありませんし、十分点数をもらえるものですが、「行動」ではなく「態度」を問われているので、そこを考慮して解答を磨きます。「態度」とは、「物事に対する感じ方や考え方が言葉や動作に表れたもの」という意味です。

道隆の態度は二つの観点から見ることができます。一つは一緒に舞うというやりかたでその場を収めたという**機転の利いた態度**。そしてもう一つは本文11行目にも「人のためになさけなさけしきところおはしましける」とあるように、道隆のふるまいは**「思いやり」がある態度**だということです。道隆の機転が利いていて、思いやりのある態度に人々は感動したのです。

「機転」「思いやり」、この文言を入れることで、解答がよりよいものになります。

解答 **中関白道隆の、舞台に上がって福足君を自分のそばに引き寄せて一緒に見事に舞うことで、福足君の恥を隠し、祝いの興趣も格別なものにした、その機転が利いた思いやりのある態度。**

配点

「中関白道隆の」に類した内容……1点

「舞台に上がって福足君を自分のそばに引き寄せて一緒に見事に舞うことで」に類した内容……2点

「福足君の恥を隠し、祝いの興趣も格別なものにした」に類した内容……2点

「その機転が利いた思いやりのある態度」に類した内容……1点

問六 文学史（190ページ参照）

『大鏡』は歴史物語というジャンルに属しています。歴史物語は、『栄花物語』と、いわゆる四鏡といわれる『大鏡』『今鏡』『水鏡』『増鏡』の五作品が有名で、成立順に並べると、「栄」「大」「今」「水」「増」です。

解答 イ→オ→ウ

ア『大和物語』は歌物語、エ『義経記』は軍記物語です。ちなみに、四鏡を内容の時代の古い順にならべると、「水」「大」「今」「増」となります。『水鏡』は神武天皇から仁明天皇までの出来事を編年体で記しています。

現代語訳

この粟田殿の御男君達ぞ三人おはせしが、太郎君は福足君と申ししを、幼き人は

この粟田殿（＝藤原道兼）のご子息は三人いらっしゃったが、ご長男は福足君と申し上げたが、幼い子どもと

さのみこそはと思へど、①いとあさましう、まさなう、悪しくぞおはせし。

いうものはすべてそんなものだとは思うけれど、たいそう**驚きあきれる**ほど、**たちが悪く**、やんちゃでいらっしゃった。

東三条殿の御賀に、この君、舞をせさせたてまつらむとて、習はせた

東三条殿（＝藤原兼家）の（六十歳の）お祝いに、この福足君に、舞いをおさせ申し上げようということで、習わせ

まふほども、あやにくがりすまひたまへど、よろづにをこつり、祈りをさへして、

なさる間も、**駄々をこねて抵抗**なさるのだが、あれこれと**なだめて**、神仏に祈願することまでして、

②教へ聞こえさするに、その日になりて、いみじうしたてたてまつりたまへるに、

お教え申し上げるが、当日になって、**たいそう立派な**衣装を飾り付け申し上げなさったところ、

（注記：ぞ＝強意（↓）、し＝過去・体（↑流）、し＝過去・体、こそ＝強意（↓省）、ぞ＝強意（↓）、し＝過去・体（↑）、させ＝使役・用、む＝意志・終、せ＝使役・用、さへ＝添加、る＝完了・体）

重要語句

□あさまし　①驚きあきれる。②情けない。③ひどい。見苦しい。

□まさなし【正無し】①よくない。みっともない。②思いがけない。

□あやにくがる【生憎がる】嫌がる。駄々をこねる。

□すまふ【争ふ・辞ふ】①抵抗する。②断る。

□をこつる【誘る】だまして誘う。機嫌をとる。

舞台の上にのぼりたまひて、ものの音調子吹き出づるほどに、「わざはひかな。
舞台の上に上がりなさって、伴奏の楽器が調子を整える音色を吹き出すときになって、「災難なことよ。

あれは舞はじ」とて、髪頬引き乱り、御装束はらはらと引き**破り**たまふに、
私は舞いたくない」と言って、結い上げた髪を引きむしり、御衣装をびりびりと**破り**なさるので、

粟田殿、御色真青にならせたまひて、A**あれかにもあらぬ**御**気色**なり。ありとある人、
粟田殿は、お顔色が真っ青におなりになって、**茫然自失のご様子**である。その座のすべての人は、

「Bさ思ひつることよ」と見たまへど、すべきやうもなきに、御伯父の中関白殿の
「そうなると思っていたよ」と思って見ていらっしゃるが、どうしようもないところへ、御伯父君の中関白殿〔＝藤原道隆〕が

おりて、舞台にのぼらせたまへば、「言ひをこつらせたまふべきか、また憎さに
座を降りて、舞台にお上がりになったので、「うまく言いなだめなさるだろうか、それとも憎さに

③え耐へず、追ひおろさせたまふべきか」と、かたがた見はべりしに、この君を
我慢することができず、（舞台から）追い降ろしなさるだろうか」と、ああかこうかと見ておりましたところ、この福足君を

御腰のほどに引きつけさせたまひて、御**手づから**いみじう舞はせたまひたりしこそ、
ご自分の腰のあたりに引き寄せなさって、御**自身も**立派に舞い上げなさいましたので、

楽もまさりおもしろく、かの君の御恥もかくれ、その日の**興**もことのほかにまさり
楽の音も一段と興趣が深く、あの福足君の恥も隠れ、その日の祝賀の**感興**も一段とつのったことで

たりけれ。祖父殿もうれしと思したりけり。C父おとどは**さらなり**、よその人**だに**
あった。祖父の兼家殿もうれしいこととお思いになった。父大臣の道兼殿は**言うまでもなく**、他の人で**さえ**、

□ いみじ ①すばらしい。②ひどい。恐ろしい。③たいそう。
□ あれ【吾・我】私。一人称を表す。
□ やる【破る】①破れる。こわれる。②破る。こわす。
□ あれかにもあらず【吾かにもあらず】茫然自失の状態である。
□ けしき【気色】①様子。態度。②機嫌。
□ てづから【手づから】①自分の手で。②自ら。自分で。
□ きょう【興】①おもしろいこと。興味。②たわむれ。座興。
□ さらなり【更なり】言うまでもない。もちろんだ。
□ だに ①せめて～だけでも。②～でさえ。③～までも。

14

こそ（強意↓）、すずろに感じたてまつりけれ（過去・已↑）。かやうに、　人のためになさけなさけしき

むやみに感動し申し上げた。（道隆殿は）このように、他人に対して思いやりの気持ちの深い

ところおはしましけるに、など御末かれさせ（尊敬・用）たまひに（完了・用）けむ。

ところがおありになったのに、どうして御子孫は衰えてしまわれたのだろうか。

この君、人しもこそ（強意↓）あれ（ラ変・已↑）、蛇（くちなは）れうじたまひて、その祟りにより、頭にものはれて、

この福足君は、他に相手もあろうに、蛇をいじめなさって、そのたたりで、頭に腫物ができて、

うせたまひに（完了・用）き。

お亡くなりになった。

［出典：『大鏡』道兼］

□すずろなり【漫ろなり】①なんという理由もない。なんとなくだ。②思いがけないさま。③むやみだ。

□かんず【感ず】心を動かされる。感動する。感心する。

□なさけなさけし【情け情けし】情愛や思いやりが深い。

□すゑ【末】①先端。末端。②木の枝先。③将来。④子孫。⑤晩年。⑥結果。⑦和歌の下の句。

□かる【枯る】枯れる。動物などが死んで干からびる。

□うす【失す】①消える。②死ぬ。亡くなる。

14

15

日記

千葉大学 建礼門院右京大夫集

作品紹介 ■ 建礼門院右京大夫の私家集。建礼門院右京大夫は、高倉天皇の中宮建礼門院（平徳子）に仕えた歌人。平資盛（すけもり）との悲恋の思い出を中心につづった日記的要素の濃い歌集。

別冊（問題） p. 100

解答

問	解答	配点
問一	c	4点
問二	何もしないで明かしてよいだろうか、いやよくない	6点
問三	帰さむ	4点
問四	エ	4点
問五	る＝可能　まじき＝打消推量	2点×2
問六	イ	4点
問七	清少納言　枕草子	2点×2

合格点 22／30

問題文の概要

あらすじ ● 高倉天皇の中宮徳子が父の平清盛（たいらのきよもり）の邸に里帰りしていたときのこと。桜の花盛りで月の明るい夜、中宮のおそばに仕える一族の者たちによって、風流を尽くした管弦の遊びが行われた。宮中から天皇の手紙を届けにきていた隆房（たかふさ）を作者は呼び止め歌を詠みかける。これに隆房が応えたのを機に皆が順に歌を詠む。最後に詠んだ経正（つねまさ）の歌を皆がからかって笑うと、経正は生真面目に弁解するが、それもまたおもしろかったと作者は昔を思い出した。

内容解説 ● 平家が栄華を誇っていたころ、一族の者たちが風流な遊びに興じ、皆で和やかに楽しく過ごした春の夜の出来事を、平家滅亡の後、かけがえのない思い出として懐かしんでいる文章です。

本文のレイアウトを見ると、歌が一段高くなっていますが、これは歌集の特徴です。

設問解説

問一 文法(「の」の識別)

●格助詞「の」の用法●

1 主格(〜が)
例 波の下にも都のさぶらふぞ。
訳 波の下にも都がございますよ。

2 同格(〜で)
例 いと清げなる僧の、黄なる袈裟(けさ)着たるが来て、
訳 たいそう美しい僧で、黄色い袈裟を着ている僧が来て、

3 連体格(〜の)
例 諸行無常のひびきあり。
訳 諸行無常のひびきがある。

4 連用格(比喩)(〜のように)
例 白雲のこなたかなたに立ち分かれ
訳 白雲のようにあちらこちらに分かれ

5 準体格(〜のもの)
例 四条大納言のはめでたく、
訳 四条大納言のもの(=歌)はすばらしく、

では、aから順に見ていきましょう。

二重傍線部a

「宮の(a)西八条に出でさせ給へりしほど」

西八条は注から父清盛の邸だとわかるので、「の(a)」は下の「西八条」にかかるのではなく、「宮」が動詞「出で」の主語だと判断できます。最高敬語「させ給ふ」が使われていることもヒントです。よって、主格の用法になります。

二重傍線部b・c

「内より隆房の(b)少将の(c)御文持ちて参りたりし」

「の(b)」は「隆房という名の少将」という意味で、下の名詞「少将」にかかるので連体格の用法です。

次にこの文の主語述語関係を捉えましょう。(↓13ページ「読解ルール解説」**「を」「に」に着目して、文の構造を捉えよ!**)

S	O	V	V
「内より隆房の少将の(c)	御文(を)	持ちて	参りたりし

を」

まずはVに着眼します。「参り」は「参上する」の意味で、「西八条邸に来た」ということです。「持ち」は他動詞なので、目的語を表す「を」は省略されていますが、「御文」が目的語だとわかります。「て」は主語を継続させるので「持ちて参り」の主語は同じ人物が主語です。次に「御文(を)持ちて参り」の主語

を考えます。「[c]の」を主格ととると、「隆房の少将」が主語になります。直後に「やがて呼びて(＝そのまま呼び止め)」とあり、これは「私が誰かを呼び止めた」という意味です。7行目に「隆房出でしに」とあることから隆房も管弦の遊びに加わっていたので、「御文を持って参った」のは「隆房の少将」で、それを呼び止めたのだと判断できます。よって、「御文(を)持ちて参り」の主語は「隆房の少将」で間違いありません。つまりcの「の」は主格の用法であり、これが正解です。「[c]の」を連体格として「隆房の少将の御文」とすると、お手紙を持って参上した人物が誰か不明になってしまいます。また、「内より」の「内」は宮中を意味すると同時にそこにいる帝(みかど)を表す言葉でもあることから、「御文」は「帝のお手紙」だとわかります。「隆房の少将の御文」ではないので、「[c]の」を連体格に取ることはできません。つまり、**隆房は高倉天皇のお手紙を持って宮中から西八条邸に参上した**ということです。ちなみに、高倉天皇の手紙は中宮に宛てたものです。天皇が里帰りしている妻(中宮)に、部下の隆房を使って私的な手紙をよこしたということです。

二重傍線部d

「さまざま[d]のことども尽くして」

これは、下の名詞「ことども」にかかるので、連体格の用法です。

二重傍線部e

「昔今[e]の物語りなどして」

これは下の名詞「物語り」にかかるので連体格の用法です。「昔今のように世間話をして」では意味が通じないので、連用格の用法ではありません。

解答 c

問二 現代語訳

●現代語訳・解釈の手順●

1 品詞分解
2 直訳
3 手直し——(1)言葉を補う
(2)不自然な表現を改める

これに従って訳してみましょう。

①ただに｜②や｜あかさ｜③む

① 形動【徒なり】何もしないさま。無駄なさま。
② 係助 反語[〜か、いや〜ない]
③ 助動「む」の連体形。(係助詞「や」の結び。)適当[〜がよ

い」

直訳▼何もしないで明かしてよいだろうか（いや、よくない）

「や」には疑問と反語の意味があるので、それを決定します。

読解ルール 「とて」は同じことの言い換えを表す！

傍線部①の下の「とて」は言い換えを表すので、「とて」の下を見ます。「権亮朗詠し」以下、平家の男たちや御簾の中の女房たちがみんなで管弦の遊びを行います。傍線部①の直前の「夜」は「あかさむ（明かさむ）」の目的語です。「花の盛りに月明かりし夜」とは、満開の桜の花が月明かりの中に浮かび上がっているような幻想的で素敵な夜です。そんな素敵な夜を何もしないではよくない（つまらない）ので、管弦の遊びを行ったということです。よって、この「や」は疑問ではなく反語の意味だと判断できます。

設問に「わかりやすく」と指示がありますが、この直訳ならば手直しの必要はありません。

解答 **何もしないで明かしてよいだろうか、いやよくない**

配点
「ただに」の訳……2点
「あかさむ」の訳…2点
反語の訳出……2点

補足説明 反語文を訳す場合は、それが反語だとはっきりわかればよいので、例えば「明かしてよいだろうか、いやそれではつまらない」「明かしてよいものか」などの表現でも正解です。また、反語文の「む」は可能の意味にもなるので、「明かすことができようか、いやできない」としてもよいでしょう。「ただに」を「むだに」や「むなしく」と訳した場合は具体的な内容がわからないので、「何もしないで」と訳したものに比べると減点の対象となります。「あかす」の目的語「夜を」は傍線部①の直前にあるので、「夜を明かす」とする必要はありませんが、書いても正解です。

問三　省略を補う

「ただに」は**問二**で見たのと同じで、「何もしないで」の意味です。「やは」は「や」を強調した形で、反語の意味です。ここは、みんなで風流を尽くした夜を過ごして夜明けが近くなってきた場面です。**問一**で解説したように、ここは天皇からの手紙が届いた場面なので、「御返し給はりて」の「御返し」は「中宮のお返事」で、「隆房出でしに」は中宮のお返事を受け取った隆房が西八条を出ようとしていたということです。

「とて」は同じことの言い換えを表す！

傍線部の下に言い換えを表す「とて」があるので、その下を見ると、「扇のはしを折りて、書きてとらす」とあります。これは、扇の端に歌を書いて手渡したということですが、この主語は誰でしょう。その前に、この文章は「私家集」であり、日記的な性質を持っていることを思い出してください。

日記文において一人称（私）の主語は省略される！

ここは尊敬語が使われておらず、主語が明記されていないので、「私」つまり作者が主語だと判断できます。帰ろうとする隆房に歌を詠んで手渡したということです。隆房はそれに歌を返すので、すぐには帰らなかったということです。つまり、**作者は帰ろうとする隆房を引き留めようとした**のです。よって、「ただにやは」は「このまま何もしないで帰そうか、いや帰しません」という趣旨だと判断できるので、「ただにやは」の下に省略されていると考えられるのは、「帰そう」などの表現となります。「古語で答えなさい」と指示があるので、意志の助動詞「む」を用いて、「帰さむ」などとなります。

解答 帰さむ

補足説明 「帰さむ」のほかにも、「このまま済まそうか、いや済まさない」の意味でも同じことなので、「済まさむ」なども正解です。「にや」の「に」が断定の助動詞「なり」の連用形の場合、「にや」の下には「あらむ」が省略されることがあり、よく設問で問われます。もし「あらむ」が省略されて「ただにやはあらむ」だとすると、「何もしない様子であろうか、いやそうではない」となって、作者が隆房をそのまま帰すまいと歌を詠みかける状況に合致しません。文意を正しく理解することが重要です。知識に頼って形式的に答えを出すのは危険です。

現代で言えば、学校の行事が終わった後、このまま帰るのはつまらないから、みんなでカラオケに行って歌を歌おう！　というようなことです。楽しい夜が終わってしまうのを名残惜しく思う心情を読み取ることが読解を助けてくれます。

問四　主体判定

読解ルール **「て」「して」は主語を継続させる！**

問三で見たように、この一文

「ただにやは」とて、扇のはしを折り［て］、書き［て］とらす。

の主語はすべて「作者」です。よって、正解はエとなります。

解答 エ

問五　文法

まずは傍線部④を品詞分解します。

> ①忘ら｜②る｜③まじき
> ①動【忘る】忘れる。（四段活用の未然形）
> ②助動「る」の終止形。可能［～できる］
> ③助動「まじ」の連体形。打消推量［～ないだろう］

助動詞は「る」と「まじき」です。

「忘ら」は四段活用動詞「忘る」の未然形です。「忘る」には四段活用と下二段活用の二種類があり、それぞれ意味が少し違います。

・四段活用＝意識して忘れる
・下二段活用＝自然に忘れる

ここは四段活用なので、「意識して忘れる」という意味です。

傍線部④を前後に伸ばして、歌の上の句を見てみましょう。「かたがたに」は「あれこれと」の意味で、本文に描かれた風流を尽くした出来事を指します。よって、上の句は、あれこれと「忘るまじき」今夜のこと、となります。風流を尽くして格別だった今夜のことは「忘れないだろう・忘れられないだろう」という詠み手（隆房）の心情を想像でき、「るまじき」の部分に「不可能」や「推量」の意味を読み取ることができます。

ここで二つの助動詞を確認します。

「る」には、自発・可能・受身・尊敬の四つの意味があります。もとは自発の意味で、それが、可能や受身、尊敬の意味に広がりました。「自発」は「意識をしなくても自然とそうなる」ということです。ここでの「る」の意味を消去法で見ていくと、誰かから忘れられるわけではないので、「受身」ではありません。和歌には基本的に敬語が詠まれることはなく、「忘ら」の主語は自分たちなので、「尊敬」の意味にもなりません。よって「る」は「自発」か「可能」ということになります。

そもそも「自発」と「可能」の違いは、その行為をする人の意識の違いです。無意識で自然とそうなる場合は「自発」、そこに困難や障害があって意識が働くときは「可能」です。例えば、「寝らる」という場合、「寝る」という行為に意識は働かず、自然に寝てしまうので、この「らる」は「自発」の意味ですが、「寒くて寝られず」の場合は、寒さが「寝る」ことを邪魔して、寝ようと意識しても寝られないということで、「られ」は「可能」の意味になります。これを踏まえると、「忘ら」が意識的に忘れるという意味なので、「忘れようとしても忘れることができない」という意味になり、「る」は「可能」ととることができます。

「まじ」は「べし」を否定したもので、「打消推量・打消当然・打消意志・打消命令（禁止）・打消可能（不可能）」とさまざまな意味がありますが、「可能」の意味の「る」と合わせて使われていることから、「打消推量・打消当然」の意味に絞ることができます。「打消当然」の意味になるのは、強い根拠や理屈があるときで、「〜の理由から当然〜のはずはない」となります。ここは、「忘れるはずがない」といえる強い根拠がないので、「打消推量」ととるのが適当です。

よって、正解は、る＝可能、まじき＝打消推量となります。

解答 **る＝可能**
まじき＝打消推量

問六　内容把握

傍線部⑤は、経正が詠んだ歌に対する人々の反応なので、まずは経正の歌を訳します。

「今宵」は「管弦の遊びが行われた今夜」を指し、「友の数に入りて」は「仲間入りして」の意味です。「しのぶ」には「忍ぶ」と「偲ぶ」がありますが、11行目「かたがたに」の歌と13行目「心とむな」の歌の趣旨は、「今夜のことを忘れることができない」なので、「偲ぶ」だとわかります。「しのばれしのぶ」の「れ」は受身の助動詞で、「つま（端）」は「きっかけ」の意味です。歌全体の主語は「私」なので、**「うれしくも今夜の管弦の遊びの仲間に入って、私は（みんなから）思い出され、（みんなを）思い出すきっかけとなるだろう」**という意味になります。

次に、この傍線部⑤を、人々の発言とそれに抗弁した経正の発言に分けて考えます。「『我しも、分きてしのばるべきことと心やりたる』など、この人々の笑はれしかば」を訳します。

「①我｜②しも、｜③分きて｜④しのば｜⑤る｜⑥べき｜こと｜と｜⑦心やり｜たる」｜など、｜こ｜の｜人々｜⑧の｜笑は｜⑨れ｜⑩しか｜⑪ば

① 名 自分。
② 副助 強意
③ 副 特別に。
④ 動【偲ぶ】思い出す。
⑤ 助動「る」の終止形。受身［〜される］
⑥ 助動「べし」の連体形。当然［〜はずだ］
⑦ 動【心やる】いい気になる。得意になる。
⑧ 格助 主格［〜が］
⑨ 助動「る」の連用形。尊敬［〜なさる］
⑩ 助動「き」の已然形。過去［〜た］
⑪ 接助 順接［〜ので］

直訳 ▼「自分が、特別に思い出されるはずだといい気になっている」などと、この場の人々がお笑いになったので

「心やりたる」の主語は「あなた」で「経正」のことです。経正の歌を踏まえているので、「しのばる」の「る」は受身の意味で、「我しも、分きてしのばるべき」は**「自分が特別に思い出されるにちがいない」**という意味です。

読解ルール 「と」は同じことの言い換えを表す！

引用の「と」に着眼すると、「我しも、分きてしのばるべきこと」＝「心やりたる」となり、平家一族の気心の知れた仲間が、経正の歌の「しのばれ」の部分を「自分が特別に思い出される」と曲解して、経正に**「あなたはいい気になっているね」と突っ込みを入れた**のです。さらに「心やりたる」の直後の「など」は「と」と同じ働きで言い換えを表すので、「突っ込み」＝「笑い」となって、**突っ込みを入れて経正をからかった**のだとわかります。

続く「『いつかはさは申したる』と陳ぜしも」を訳します。

「①いつ｜かは｜②さ｜は｜申し｜③たる」｜と｜④陳ぜ｜⑤し｜⑥も

①「いつかは」＝反語。いつそんなことがあろうか、いや決してない。
② 副 そのように。
③ 助動「たり」連体形。完了の［〜た］
④ 動【陳ず】弁解する。
⑤ 助動「き」の連体形。過去［〜た］
⑥ 係助 並列［〜もまた］

直訳 ▼いつそのように申したか（、いや決して申していない）と弁解したのもまた

「申し」の主語は「私（＝経正）」です。「いつかは」には疑問と反語の意味がありますが、ここも言い換えを表す「と」に着眼すると、「いつかはさは申したる」＝「陳ず（＝弁解する）」となるので、「いつかは」は反語だとわかります。人々にからかわれた経正は、**「私はいい気になっているようなことは言っていない」ときまじめに弁解した**ということです。

ここで選択肢を見ると、このやりとりは決して**「辛辣」な（＝手厳しい）やりとりや評言ではない**ので、**イ**「一見辛辣なやりとりに見えるものの」が正解になりそうですが、念のため、本文を見ます。傍線部⑤の下の「をかしかりき」の「き」

は体験過去の助動詞で、このやりとりに対する作者の気持ちが「をかしかりき」だということです。「をかし」にはプラスとマイナスの両方の意味があるので、その検討をします。

作者が詠んだ「かくまでの」の歌は、「これほどまでの風流を尽くさないで普通に花と月とをただ見たとしてさえ(趣深いでしょうに、まして今夜の興趣は格別なものです)」の意味なので、**その夜の出来事は作者にとって情趣があって素敵なものだったということです**。「陳ぜしも」の**「も」は「ある事柄にもう一つのことを添える」働き**をする係助詞なので、傍線部⑤のやりとりも面白かったとなるはずで、「をかしかりき」はプラスの評価だと判断できます。選択肢の中でプラスの評価を的確に表現しているのは、**イ**「気の置けない場の雰囲気を表現しようとしている」だけです。「気の置けない」とは「気兼ねや気遣いが必要ないほど親密」の意味です。仲間内での一見辛辣に見える言葉のやり取りが、かえって親密な雰囲気を感じさせ、作者はそのことも面白く感じたのです。正解はイで間違いありません。

解答 イ

問七 **文学史**(190ページ参照)

建礼門院右京大夫は、高倉天皇の中宮徳子に仕えた女房です。平安時代に、天皇の中宮に仕えた人といえば、『源氏物語(げんじものがたり)』の作者紫式部が思い浮かぶでしょうか。それに加えて忘れてはならないのは、一条天皇の中宮定子に仕えた清少納言です。清少納言は春の明け方の美しさを『枕草子(まくらのそうし)』の冒頭で次のように記しました。

> 春はあけぼの。やうやう白くなりゆく山際、少しあかりて、紫だちたる雲の細くたなびきたる。(春は明け方が素敵。だんだん白くなっていく山際の空が、少し明るくなって、紫がかった雲が細くたなびいているさまは趣深い。)

波線部「やうやう白む山際」はこの「やうやう白くなりゆく山際」と似た表現で、まさしくこの一節を意識したものといえます。また、『枕草子』が「をかし」の文学といわれていることから、**問六**で見たように本文の最後に「をかしかりき」とあるのも参考になります。

よって、正解は、清少納言・枕草子となります。

解答 清少納言・枕草子

建礼門院右京大夫がこの作品を書いたのは、『枕草子』（一〇〇一年頃）が書かれてから二百年以上経った後（一二三二年頃）です。藤原道隆一族の衰退によって零落した中宮定子と、平家の滅亡によって中宮の座から去った建礼門院徳子を重ね、その中宮に仕えた清少納言と我が身を重ねているのかもしれません。『枕草子』はこのように多くの文学作品に影響を与えました。現代でも田辺聖子という作家には、『枕草子』をもとに書いた『むかし・あけぼの　小説枕草子』という名作があります。

現代語訳

春ごろ、宮 a の〔主格〕西八条に出でさせ〔尊敬・用〕給へり〔存続・用〕し〔過去・体〕ほど、**大方**に参る人は

春の頃、中宮様が（父清盛様の）西八条の邸に里帰りなさっていたときに、**普通**に参上する人は

さることに〔断定・用〕て、御**はらから**、御甥（をひ）たちなど、みな番にをりて、二、三人は

もちろんのこととして、ご**兄弟**や、御甥の方々などが、みな当番として詰めていて、二、三人は

たえずさぶらは れ〔尊敬・用〕し〔過去・体〕に、花の盛りに月明かりし〔過去・体〕夜を、「①**ただにや**〔反語(↓)〕あかさ**む**〔適当・体(↑)〕」

常にお側に控えなさっていたが、桜の花が盛りで月の明るかった夜を、「**何もしないで**明かしてよいものか、いやよ

とて、権亮朗詠し、笛吹き、経正琵琶（びは）ひき、御簾のうちにも琴かきあは

くない」ということで、平維盛（これもり）は朗詠をし、笛を吹き、経正は琵琶を弾き、御簾の中でも（女房たちが）琴を合奏す

せなど、**おもしろく遊び**し〔過去・体〕ほどに、**内**より隆房 b の少将 c の〔主格〕御文持ちて参りた

るなど、**風流に詩歌管弦の遊び**をしていたときに、**宮中**より隆房の少将が（帝の）お手紙を持って参上した

りし〔過去・体〕を、**やがて**呼びて、さまざま d のことども尽くして、のちには昔今 e の**物語り**

のを、**そのまま**呼んで、色々な風流な遊びを尽くして、しまいには昔話や最近の世間**話**

重要語句

□おほかた【大方】普通。一般に。

□さること【然る事】①そのようなこと。②もちろんのこと。言うまでもないこと。③もっともなこと。

□はらから【同胞】兄弟姉妹。

□ただなり【徒なり】何もしないで。むなしく。

□おもしろし【面白し】①すばらしい。美しい。風流だ。趣深い。②おもしろく興味がある。③晴れ晴れとして明るい。

□あそぶ【遊ぶ】①詩歌管弦の遊びなどをして楽しむ。②狩猟をする。行楽をする。

などして、明け方までながめし〔過去・体〕に、花は散り散らず同じ匂ひに〔断定・用〕、

などをして、明け方までぼんやりと見ていたが、桜は散っているのも散らないのもどちらも同じように**艶やかな美しさ**で、

月もひとつにかすみあひつつ、やうやう白む山際、いつと言ひながら、

月も（花と）一緒に霞(かす)みあいながら、しだいに白くなっていく山際は、（『枕草子』にある以来）いつものことだとはいいながら、

言ふ方なくおもしろかりし〔過去・体〕を、御返し給はりて、隆房出でし〔過去・体〕に、

言いようもなく趣深かったが、（中宮様から帝への）御返事の手紙を**いただい**て、隆房が退出しようとしたときに、

「②ただにやは〔反語（↓省）〕」とて、扇のはしを折りて、③書きてとらす。

「何もしないで帰そうか、いや帰すまい」と言って、（私は）扇の端を折って、次の歌を書いて**渡す**。

かくまでのなさけ尽くさでおほかたに花と月とをただ見ましだに〔類推〕

これほどの**風流**を尽くさないで普通に花と月とをただ見たとして**さえ**（趣深いでしょうに、まして今夜の興趣は格別です）。

少将、かたはらいたきまで詠じ誦(ずん)じて、硯(すずり)乞ひて、「この座なる〔存在・体〕人々、

隆房の少将は、（私が）**きまり悪く**なるほどに（何度も）声に出して詠み上げて、硯を求めて、「この場にいる人々は、

何ともみな書け」とて、わが扇に書く。

何でもいいので皆歌を書きなさい」と言って、自分も扇に書く。

かたがたに④忘らる〔可能・終〕まじき今宵をば誰も心にとどめてを思へ

あれやこれやと忘れられないだろう今夜のことを誰もみな心に留めてください。

権亮は、「歌もえ詠まぬ〔打消・体〕者はいかに」と言はれ〔尊敬・用〕し〔過去・体〕を、なほせめられて、

維盛は、「（私のように）歌を詠め**ない**者はどうすればよいのか」とおっしゃるけれど、やはり催促されて、

□うち【内】①中。内部。②宮中。内裏。③天皇。④心の中。⑤家。建物。⑥間。期間中。⑦以内。一部分。⑧妻。夫。⑨仏教。

□やがて ①そのまま。②すぐに。

□ものがたり【物語り】話をすること。話。

□にほひ【匂ひ】艶やかな美しさ。香り。

□たまはる【給はる・賜る】①いただく。頂戴する。②お与えになる。くださる。

□とらす【取らす】与える。やる。

□なさけ【情け】①思いやりの心。②男女の情愛や恋愛。③風流な心。情趣。

□だに ①せめて～だけでも。②～さえ。③～までも。

□かたはらいたし【傍ら痛し】①みっともない。いたたまれない。②恥ずかしい。きまりが悪い。③気の毒だ。

□え～ず ～できない。

心とむな思ひ出でそといはむだに今宵をいかがやすく忘れむ

心に留めるな、思い出すなと言われてさえも、こんな素晴らしい今夜のことを、どうして簡単に忘れようか。まして心に留めよというのだから、忘れるはずがない。

経正の朝臣

経正の朝臣は、

うれしくも今宵の友の数に入りてしのばれしのぶつまとなるべき

うれしいことに今夜の仲間の数に私も入って、後日思い出されたり思い出したりするきっかけとなるだろう。

と申ししを、⑤「我しも、分きてしのばるべきことと心やりたる」など、この人々の笑はれしかば、「いつかはさは申したる」と陳ぜしも、をかしかりき。

と申し上げたのを、「自分が、特に思い出されるはずだなどと得意になっている」などと、この場の人々が（経正を）からかってお笑いになったので、「いつそのようなことを（私が）申しましたか（、いや申していない）」などと弁解したのも、おもしろかった。

［出典：『建礼門院右京大夫集』］

- □な〜そ　〜するな。
- □つま【端】①端。②きっかけ。
- □わきて【分きて・別きて】特に。とりわけ。
- □こころやる【心遣る】①心を慰める。気晴らしをする。②得意になる。自慢する。
- □ちんず【陳ず】①弁解する。②うそをつく。
- □をかし　①すばらしい。美しい。趣がある。②こっけいだ。

ジャンル別文学史

●文学史を、ジャンル別・おおまかな年代順で示した。（成立年代に諸説ある作品や複数のジャンルにわたる作品もある。）
●おもな作品名（作者名）を掲げ、重要な作品は赤色で示した。（俳諧の流派を《　》で示した。）

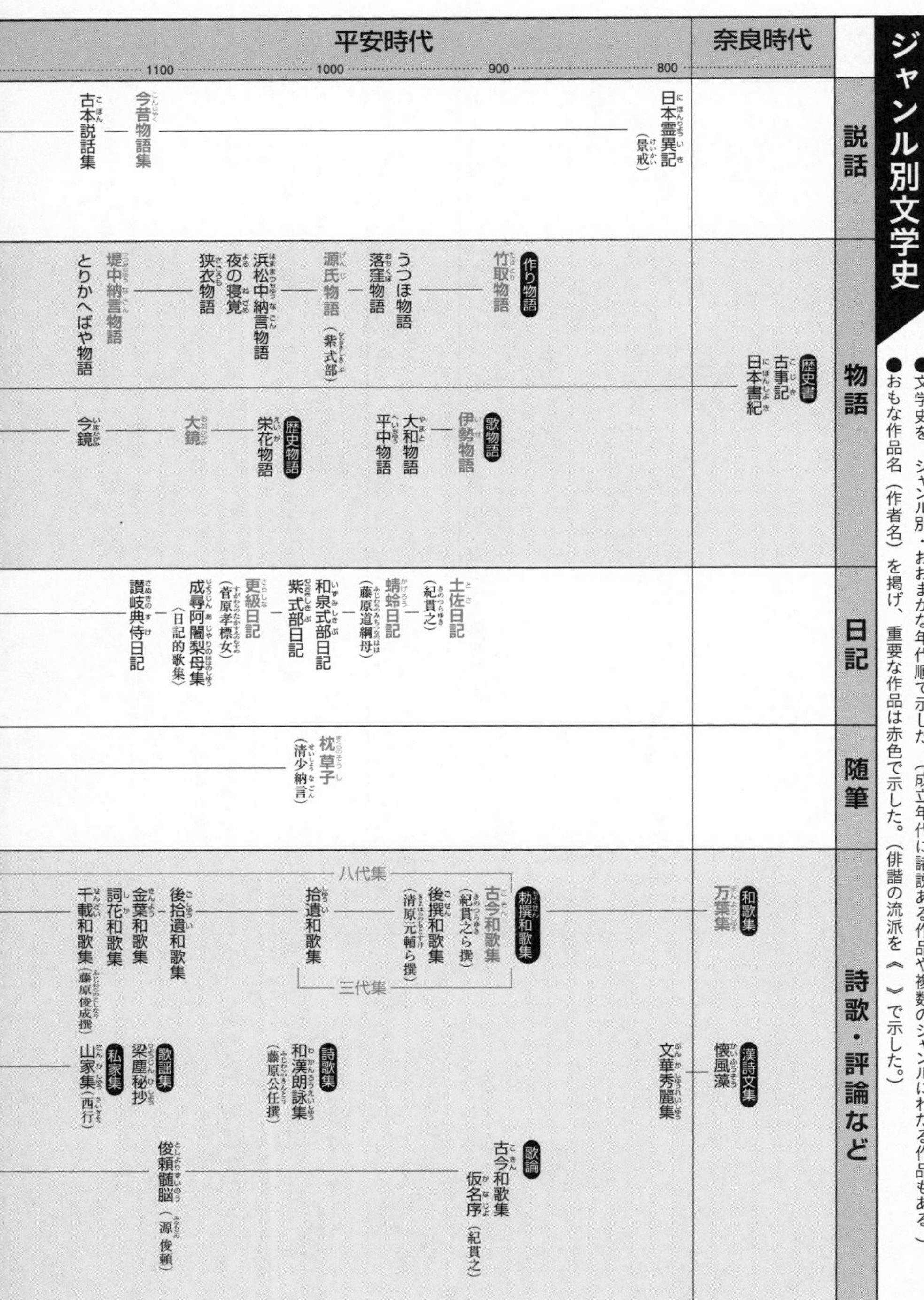

江戸時代	室町時代	鎌倉時代
1800 1700	1600 1400	1300 1200

鎌倉時代

発心集（鴨長明）
宇治拾遺物語
閑居友
十訓抄
古今著聞集（橘 成季）
沙石集（無住）

小説・戯曲など

鎌倉時代

擬古物語
松浦宮物語

愚管抄（慈円）
水鏡

軍記物語
保元物語
平治物語
平家物語

室町時代

源平盛衰記
神皇正統記（北畠親房）
増鏡
太平記
曽我物語
義経記

江戸時代

仮名草子
醒睡笑（安楽庵策伝）

浮世草子
好色一代男・好色五人女・日本永代蔵・世間胸算用（井原西鶴）

浄瑠璃
曽根崎心中・冥途の飛脚・国性爺合戦（近松門左衛門）

読本
雨月物語（上田秋成）
南総里見八犬伝（曲亭馬琴）

滑稽本
東海道中膝栗毛（十返舎一九）

紀行文
海道記
東関紀行

建礼門院右京大夫集（日記的歌集）
十六夜日記（阿仏尼）
とはずがたり

俳諧紀行文
おくのほそ道・笈の小文（松尾芭蕉）

方丈記（鴨長明）
徒然草（兼好法師）
折たく柴の記（新井白石）
玉勝間（本居宣長）
花月草紙（松平定信）

新古今和歌集（藤原定家ら撰）

私撰集
小倉百人一首（藤原定家撰）

金槐和歌集（源 実朝）

連歌集
菟玖波集（二条良基ら撰）
新撰菟玖波集（宗祇ら撰）

俳諧集
犬筑波集（山崎宗鑑編）
《貞門》（松永貞徳）
《談林》（西山宗因）
《蕉風》（松尾芭蕉）
猿蓑
炭俵

俳文集
風俗文選（森川許六編）
鶉衣（横井也有）

俳諧句文集
新花摘（与謝蕪村）
おらが春（小林一茶）

無名抄（鴨長明）
毎月抄（藤原定家）

物語論
無名草子

能楽論
風姿花伝（世阿弥）

連歌論
ささめごと（心敬）

国学
万葉代匠記（契沖）
歌意考・万葉考（賀茂真淵）
源氏物語玉の小櫛・古事記伝（本居宣長）

俳論
三冊子（服部土芳）
去来抄（向井去来）

用言活用表

◆動詞活用表

種類	例語	語幹	未然形	連用形	終止形	連体形	已然形	命令形	ポイント
四段活用	書く	書	a か	i き	u く	u く	e け	e け	・「a・i・u・e」の四段で活用する。
上二段活用	起く	起	i き	i き	u く	uる くる	uれ くれ	iよ きよ	・「i・u」の二段で活用する。
下二段活用	受く	受	e け	e け	u く	uる くる	uれ くれ	eよ けよ	・「u・e」の二段で活用する。
上一段活用	見る	○	i み	i み	iる みる	iる みる	iれ みれ	iよ みよ	・「i」の一段で活用する。
下一段活用	蹴(け)る	○	け	け	ける	ける	けれ	けよ	・「蹴る」の一語のみ。
カ行変格活用	来(く)	○	こ	き	く	くる	くれ	こ こよ	・「来」の一語のみ。
サ行変格活用	す	○	せ	し	す	する	すれ	せよ	・「す」「おはす」のみ。「具す」などの複合動詞もある。
ナ行変格活用	死ぬ	死	な	に	ぬ	ぬる	ぬれ	ね	・「死ぬ」「往(い)(去(い))ぬ」のみ。
ラ行変格活用	あり	あ	ら	り	り	る	れ	れ	・「あり」「をり」「侍(はべ)り」「いますがり」のみ。

◆形容詞活用表

種類	例語	語幹	未然形	連用形	終止形	連体形	已然形	命令形	「本活用」の後ろには助動詞以外の語が付く。「補助（カリ）活用」の後ろには助動詞が付く。
ク活用	高し	高	○	く	し	き	けれ	○	本活用
			から	かり	○	かる	○	かれ	補助（カリ）活用
シク活用	うつくし	うつく	○	しく	し	しき	しけれ	○	本活用
			しから	しかり	○	しかる	○	しかれ	補助（カリ）活用

◆形容動詞活用表

種類	例語	語幹	未然形	連用形	終止形	連体形	已然形	命令形
ナリ活用	あはれなり	あはれ	なら	なり に	なり	なる	なれ	なれ
タリ活用	漫々（まんまん）たり	漫々	たら	たり と	たり	たる	たれ	たれ

おもな助動詞活用表

接続	基本形	未然形	連用形	終止形	連体形	已然形	命令形	活用の型	おもな意味（訳）
未然形	る	れ	れ	る	るる	るれ	れよ	下二段型	①自発（自然と〜される・思わず〜してしまう）②可能（〜できる）③受身（〜される）④尊敬（〜なさる・お〜になる）
	らる	られ	られ	らる	らるる	らるれ	られよ		
	す	せ	せ	す	する	すれ	せよ	下二段型	①使役（〜させる）②尊敬（〜なさる・お〜になる）
	さす	させ	させ	さす	さする	さすれ	させよ		
	しむ	しめ	しめ	しむ	しむる	しむれ	しめよ		
	ず	○	ず	ず	ぬ	ね	○	特殊型	打消（〜ない）
		ざら	ざり	○	ざる	ざれ	ざれ		
	む（ん）	○	○	む（ん）	む（ん）	め	○	四段型	①推量（〜だろう）②意志（〜よう）③勧誘・適当（〜しないか・〜がよい）④仮定・婉曲（〜としたら・〜ような）
	むず（んず）	○	○	むず（んず）	むずる（んずる）	むずれ（んずれ）	○	サ変型	
	まし	ましか（ませ）	○	まし	まし	ましか	○	特殊型	①反実仮想（もし〜としたら…だろうに）②ためらいの意志（〜ようかしら）
	じ	○	○	じ	じ	じ	○	無変化型	①打消推量（〜ないだろう・〜まい）②打消意志（〜ないつもりだ・〜まい）
	まほし	○	まほしく	まほし	まほしき	まほしけれ	○	形容詞型	希望（〜たい）
		まほしから	まほしかり	○	まほしかる	○	○		
連用形	き	（せ）	○	き	し	しか	○	特殊型	過去（〜た）
	けり	（けら）	○	けり	ける	けれ	○	ラ変型	①過去（〜た・〜たそうだ）②詠嘆（〜たなあ）
	つ	て	て	つ	つる	つれ	てよ	下二段型	①完了（〜た・〜てしまった）②強意（きっと〜・必ず〜）
	ぬ	な	に	ぬ	ぬる	ぬれ	ね	ナ変型	

	たり	たら	たり	たり	たる	たれ	たれ	ラ変型	①存続（〜ている・〜てある）②完了（〜た・〜てしまった）
	たし	○ / たから	たく / たかり	たし / ○	たき / たかる	たけれ / ○	○ / ○	形容詞型	希望（〜たい・〜てほしい）
	けむ（けん）	○	○	けむ（けん）	けむ（けん）	けめ	○	四段型	①過去推量（〜ただろう）②過去の原因推量（〜たのだろう）③過去の伝聞・婉曲（〜たという・〜たような）
終止形（ラ変型には連体形接続）	らむ（らん）	○	○	らむ（らん）	らむ（らん）	らめ	○	四段型	①現在推量（今ごろ〜ているだろう）②現在の原因推量（〜ているのだろう）③現在の伝聞・婉曲（〜とかいう・〜ような）
	めり	○	（めり）	めり	める	めれ	○	ラ変型	①推定（〜ように見える）②婉曲（〜ようだ）
	らし	○	○	らし	らし	らし	○	無変化型	推定（〜らしい）
	べし	○ / べから	べく / べかり	べし / ○	べき / べかる	べけれ / ○	○ / ○	形容詞型	①推量（〜だろう）②意志（〜よう）③可能（〜できる）④当然（〜はずだ・〜べきだ）⑤命令（〜せよ）⑥適当（〜がよい）
	まじ	○ / まじから	まじく / まじかり	まじ / ○	まじき / まじかる	まじけれ / ○	○ / ○	形容詞型	①打消推量（〜ないだろう）②打消意志（〜ないつもりだ）③不可能（〜できない）④打消当然（〜はずがない）⑤禁止（〜してはいけない）⑥不適当（〜ないのがよい）
	なり	○	（なり）	なり	なる	なれ	○	ラ変型	①伝聞（〜そうだ・〜ということだ）②推定（〜が聞こえる・〜ようだ）
連体形・体言	なり	なら	なり / に	なり	なる	なれ	なれ	形容動詞型	①断定（〜だ・〜である）②存在（〜にある・〜にいる）
体言	たり	たら	たり / と	たり	たる	たれ	たれ	形容動詞型	断定（〜だ・〜である）
・連体形・体言 ・助詞「が」「の」	ごとし	（ごとく）	ごとく	ごとし	ごとき	○	○	形容詞型	①比況（〜のようだ）②例示（〜ような・〜など）
・サ変の未然形 ・四段の已然形	り	ら	り	り	る	れ	れ	ラ変型	①存続（〜ている・〜てある）②完了（〜た・〜てしまった）

おもな助詞一覧

●格助詞

語	意味（訳）	接続
の が	主格（〜が） 連体格（〜の） 同格（〜で） 準体格〈体言の代用〉（〜のもの） 連用格（〜のように）	体言 連体形
を	動作の対象・場所・時間（〜を）	
に	時間・場所・結果・原因・目的・〈受身・使役・比較の〉対象（〜に）	
へ	方向（〜へ）	体言
と	共同・変化・比較・並列・引用（〜と） 比喩（〜のように）	体言 連体形
より	比較（〜より） 起点（〜から） 経由（〜を通って） 手段・方法（〜で） 即時（〜とすぐに）	
にて	時・場所・原因・手段・状態（〜で）	
して	手段・方法（〜で） 使役の対象（〜に命じて） 動作の仲間（〜と）	

●係助詞

語	意味（訳）	接続
は	他と区別して取り立てる（〜は）	種々の語
も	添加（〜もまた） 並列・列挙（〜も） 強意・感動（〜もまあ）	
ぞ なむ（なん） こそ	強意〔訳さなくてよい〕	
や（やは） か（かは）	疑問（〜か） 反語（〜か、いや〜ない）	

●副助詞

語	意味（訳）	接続
だに	類推（〜さえ） 最小限の希望（せめて〜だけでも）	種々の語
すら	類推（〜さえ）	
さへ	添加（〜までも）	
のみ	限定（〜だけ） 強意（特に〜）	
ばかり	程度・範囲（〜くらい・〜ほど） 限定（〜だけ）	
まで	範囲・限度（〜まで） 程度（〜ほど）	
し しも	強意〔訳さなくてよい〕	

接続助詞

語	意味（訳）	接続
ば	順接仮定条件（もし〜ならば）	未然形
	順接確定条件 原因・理由（〜ので・〜から） 偶然条件（〜すると・〜したところ） 恒常条件（〜するといつも）	已然形（いぜん）
と とも	逆接仮定条件（たとえ〜ても）	動詞型の語の終止形 形容詞型の語の連用形
ど ども	逆接確定条件（〜のに・〜けれども）	已然形
が	逆接確定条件（〜のに・〜けれども） 単純接続（〜すると・〜したところ）	連体形
に を	逆接確定条件（〜のに・〜けれども） 単純接続（〜すると・〜したところ） 順接確定条件（〜ので・〜から）	
て して	単純接続（〜て）	連用形
で	打消の接続（〜しないで）	未然形
つつ	動作の反復・継続（〜しては、〜て） 動作の並行（〜ながら）	連用形
ながら	逆接確定条件（〜のに・〜けれども） 動作の並行（〜ながら） 状態の継続（〜のままで）	連用形 形容詞語幹 体言
ものの ものを ものから ものゆゑ	逆接確定条件（〜のに・〜けれども）	連体形

終助詞

語	意味（訳）	接続
ばや	自己の希望（〜したいなあ）	未然形
なむ（なん）	他者への願望（〜してほしい）	
てしがな にしがな	自己の希望（〜したいものだなあ）	連用形
がな もがな	願望（〜があればなあ・〜がほしいなあ）	体言など
かし	念押し（〜よ・〜ね）	文末
な	禁止（〜するな）	終止形 （ラ変型には連体形に付く）
そ	「な〔副詞〕〜そ」の形で禁止（〜するな）	連用形 （カ変・サ変には未然形に付く）
か かな	詠嘆（〜なあ）	体言 連体形
な	詠嘆（〜なあ）	文末

間投助詞

語	意味（訳）	接続
や よ	詠嘆（〜よ・〜なあ） 呼びかけ（〜よ）	種々の語
を	詠嘆（〜よ・〜なあ）	

おもな敬語動詞一覧

●尊敬語

尊敬語の本動詞	現代語訳	普通の語
おはす おはします	いらっしゃる	あり 行く・来
仰す のたまふ のたまはす	おっしゃる	言ふ
思す 思し召す	お思いになる	思ふ
大殿ごもる	おやすみになる	寝・寝ぬ
聞こし召す	お聞きになる 召し上がる お治めになる	聞く 食ふ・飲む 治む
御覧ず	ご覧になる	見る
奉る	召し上がる お召しになる お乗りになる	食ふ・飲む 着る 乗る
給ふ（賜ふ） 賜ぶ たまはす	お与えになる くださる	与ふ・授く
参る	召し上がる	食ふ・飲む
召す	お呼びになる お乗りになる 召し上がる お召しになる	呼ぶ 乗る 食ふ・飲む 着る

尊敬語の補助動詞	現代語訳
給ふ〔四段〕 おはす おはします	お〜になる・〜なさる （〜いらっしゃる）

●謙譲語

謙譲語の本動詞	現代語訳	普通の語
承る	お聞きする・お受けする	聞く・受く
存ず	存じる	思ふ・知る
侍り(はべ) 候ふ(さぶら)・候ふ(さうら)	お仕えする 伺候(しこう)する おそばに控え申し上げる	あり・をり・仕ふ
参る・まうづ	参上する	行く・来(く)
まかる・まかづ	退出する	行く・来(く)
参る・参らす・奉る(たてまつ)る	差し上げる	与ふ
賜(たまは)る	いただく	受く
仕(つか)うまつる・仕(つかまつ)る	お仕えする いたす	仕ふ す
申す・聞こゆ・聞こえさす 奏(そう)す 啓(けい)す	申し上げる (帝(みかど)・院に)申し上げる (中宮・皇太子に)申し上げる	言ふ

謙譲語の補助動詞	現代語訳
奉る 参らす 聞こゆ 申す	お〜申し上げる・お〜する・ 〜て差し上げる
給(たま)ふ〔下二段〕	〜ております・〜ます

●丁寧語

丁寧語の本動詞	現代語訳	普通の語
侍り(はべ) 候ふ(さぶら)・候ふ(さうら)	あります・ございます	あり・をり

丁寧語の補助動詞	現代語訳
侍り 候ふ(さぶら)・候ふ(さうら)	〜ございます・〜です・〜ます

編集協力　福岡千穂
　　　　　加藤陽子／中村悠季／細谷昌子／山下絹子
装丁デザイン　(株) ライトパブリシティ
本文デザイン　イイタカデザイン

大学入試　全レベル問題集　古文　④私大上位・私大最難関・国公立大レベル　改訂版（本冊）　S3k184